刘凯 著

杭州洞霄宫研究

儒道释博士论文丛书

巴蜀书社

《儒道释博士论文丛书》编委会

士学位论文的入选工作。我们掌握的入选条件是：（1）对有关学科带前沿性的重大问题做出创造性研究的；（2）在前人研究的基础上有新的重大突破、得出新的科学结论从而推动了本学科向前发展的；（3）开拓了新的研究领域、对学科建设具有较大贡献的。凡具备其中的任何一条，均可入选。但我们对入选论文还有一个最基本的共同要求，这就是文章观点的取得和论证，都须有科学的依据，应在充分占有第一手原始资料的基础上进行，并详细注明这些资料的来源和出处，做到持之有故、言之成理，避免夸夸其谈、华而不实。我们提出这个最基本的共同要求，其目的乃是期望通过本丛书的出版工作，在年轻学者中倡导一种实事求是地、一步一个脚印地进行学术研究的严谨学风。

由于编委会学识水平有限和经验与人力的不足，难免会有这样或那样的失误，恳切希望能够得到全国各有关博士点和博士导师以及博士研究生们的大力支持和帮助，对我们的工作提出批评和建议，加强联系和合作，给我们推荐和投寄好的书稿，让我们一道为搞好《儒道释博士论文丛书》的出版工作、为繁荣祖国的学术文化事业而共同努力。

2015 年 10 月 1 日于四川大学宗教、哲学

与社会研究创新基地，道教与宗教文化研究所

编委会按：2017 年，慈氏文教基金有限公司因自身原因中止资助，其资助金额由北京东岳庙管委会慷慨承担，谨此致谢。

目　录

第一章　序　论

一　选题缘起

自六朝以来，江南地区一直是道教传播发展的中心区域之一。先后有天师道、帛家道、李家道、葛氏道等道派在这一地区活动，南朝齐梁时代更形成了赫赫有名的茅山宗。唐代，江南地区则有茅山、天台山、洪州西山等众多道教中心。宋代，江南地区成为全国的经济中心，道教所谓"三山符箓"的茅山、阁皂山、龙虎山，也全部位于广义上的江南地区。杭州的著名道观洞霄宫，则以显赫且特殊的历史地位著称，在较大意义上反映了唐宋元时期江南道教发展的进程。

宋元杭州洞霄宫的前身是唐代天柱观，天柱观始建于唐高宗弘道元年（683）。其创建之初，仅为杭州余杭县一座普通的地方道观。唐玄宗时期，著名道士朱法满、叶法善、司马承祯、吴筠等先后在此进行道教活动，天柱观的影响力开始急剧扩大。唐末五代时期，吴越王钱镠延请天台山著名高道闾丘方远来此创建上清院派，此后天柱观异军突起，开始成为江南地区有重大影响的道观。北宋初期，宋真宗编修《道藏》，天柱观成为张君房等人编修《大宋天宫宝藏》的实际场所，事后天柱观因功敕改为洞霄宫。洞霄宫还是宋仁宗朝所确立的进行全国性斋醮投龙的主要名山洞府之一。宋神宗朝王安石变法时期，洞霄宫成为首批新增十处提举宫观之首，至宋末，两宋正副宰相提举洞霄宫者达120位以上，洞霄宫也因此而成为宋代祠禄制度的重要组成部分。宋徽宗于政和二年（1112）赐洞霄宫三百道度牒以大规模重修宫观。南宋时洞霄宫因位于行都杭州，其在全国道观中的地位显得更加重要。宋高宗晚年还以太上皇之尊驾临洞霄宫。陆游称："至我宋，遂与嵩山崇福，独为天下宫观之首……他莫敢望。"① 至元代，洞霄宫仍在较长时期保持了其在道教界的特殊地位。元末洞霄宫一度毁于战火，明初又得以大规模重建。直至明中叶以后，洞霄宫有组织的道教活动才略见于史书。虽然今天洞霄宫仅剩残垣断壁，但是自唐朝开始，其对江南道教乃至在全国道教的重要影响曾经绵延达数百年之久，因此，值得我们加以重视和研究。

二　相关学术史评述

　　数十年来，国内外学术界关于唐宋元道教史研究已经积累了十分丰富的研究成果。由于本课题属于唐宋元时期区域道教史和宫观史研究的范畴，因此，本书有关学术史的评述，将尽量限定在与唐宋元杭州道教、洞霄宫研究有关的各个方面。

---

① 〔元〕邓牧：《洞霄图志》卷6《洞霄宫碑》，《丛书集成初编》第3167—3168册，北京：中华书局，1985年，第76页。

（一）对唐宋元时期道教相关历史问题的研究

陈国符《道藏源流考》作为第一部对《道藏》进行系统研究的学术专著，其对唐宋元时期主要道教流派和历史事件进行了梳理和考证。① 由任继愈主编的《中国道教史》② 和卿希泰主编的《中国道教史》③，分别以通史的形式对唐宋元时期道教的发展演变以及重要道派和道教人物进行了系统研究。巴瑞特的《唐代道教——中国历史上黄金时期的宗教与帝国》，按唐代诸帝的次序对唐代道教与政治的关系进行了系统梳理。④ 王永平的《道教与唐代社会》从政治、经济、文化和社会生活四个方面论述唐代的道教，对唐朝政府在不同时期的道教政策以及对道教的管理制度等多方面进行了深入的研究。⑤ 洞霄宫是唐宋举行国家祠祀活动的重要道观，雷闻的《郊庙之外——隋唐国家祭祀与宗教》⑥、吴羽的《唐宋道教与世俗礼仪互动研究》⑦，均对国家祭祀礼仪与道教的互动关系进行了富有启发的讨论。汪圣铎的《宋代政教关系研究》对宋代政教关系进行了系统而深入的研究，涉及宋朝诸帝的道教政策以及宋代道教制度史的各个方面。⑧

① 陈国符：《道藏源流考》（修订本），北京：中华书局，2014 年。
② 任继愈主编：《中国道教史》（修订本）第 2、3 卷，成都：四川人民出版社，1992、1993 年。
③ 卿希泰主编：《中国道教史》，北京：中国社会科学出版社，2001 年。
④ ［英］巴瑞特著，曾维加译：《唐代道教——中国历史上黄金时期的宗教与帝国》，济南：齐鲁书社，2012 年。
⑤ 王永平：《道教与唐代社会》，北京：首都师范大学出版社，2002 年。
⑥ 雷闻：《郊庙之外——隋唐国家祭祀与宗教》，北京：生活·读书·新知三联书店，2009 年。
⑦ 吴羽：《唐宋道教与世俗礼仪互动研究》，北京：中国社会科学出版社，2013 年。
⑧ 汪圣铎：《宋代政教关系研究》，北京：人民出版社，2010 年。

道教宫观的最初形式可以追溯到东汉末年天师道的"静室"以及"二十四治"。吉川忠夫的《静室考》、王承文的《汉晋道教"静室"与斋戒制度的渊源考释》、傅飞岚的《二十四治和早期天师道的空间与科仪结构》等对此有专门研究。① 至六朝中期，随着道教隐修场所规模的逐渐扩大，"静室"逐步发展成规模更大的"道馆"。学术界一般都认为从"静室"到"道馆"的发展过程，体现了由个人或家族修道向"教团组织"的转变。"道馆"得到官方的承认，开始成为道教教团新的组织形式。隋唐统一后，"道观"逐渐取代"道馆"，道教宫观体系最终形成。② 这一转变不仅体现在道教教团名称的改变与规模的扩大上，更体现在中央王朝对道教组织和团体的承认与管理方式上。隋唐国家设立了全国统一的道教管理机构"崇玄署"，合法的道观被朝廷授予"敕额"、赐予"观产"，合法的道士被授予"度牒"，中央王朝对道教的管理与控制得到加强。③ 孙齐的《唐前道观研究》系统地研究了唐代以前道观的演变，认为从汉末到

---

① 参见 [日] 吉川忠夫：《静室考》，刘俊文主编，许洋主等译：《日本学者研究中国史论著选译》第七卷，北京：中华书局，1993 年。王承文：《汉晋道教"静室"与斋戒制度的渊源考释》，载第 6 回日中学者中国古代史论坛《中国史的时代区分的现在》（东京：2014 年 5 月），第 90—131 页。[法] 傅飞岚著，吕鹏志译：《二十四治和早期天师道的空间与科仪结构》，载《法国汉学》第七辑，北京：中华书局，2002 年。

② 王永平：《道教与唐代社会》，北京：首都师范大学出版社，2002 年。[英] 巴瑞特著，曾维加译：《唐代道教——中国历史上黄金时期的宗教与帝国》，济南：齐鲁书社，2012 年。萧潇：《隋唐道教宫观体系与出家理论初探》，中山大学硕士学位论文，2013 年。

③ [日] 都筑晶子：《六朝时代的江南社会与道教》，[日] 谷川道雄主编：《魏晋南北朝隋唐史学的基本问题》，北京：中华书局，2010 年。[日] 都筑晶子著，付晨晨译，魏斌校：《六朝后期道馆的形成——山中修道》，《魏晋南北朝隋唐史资料》第二十五辑，上海：上海古籍出版社，2009 年。

唐代，道观取代祭酒制度成为道教修道的主要方式，这一结果是由南北方道教界改革运动所致，最终道教与国家权力由对抗走向妥协，教权逐渐依附于皇权。① 六朝时期也是道教在杭州地区传播发展的重要时期。丁煌、都筑晶子等众多学者对这一时期的江南道教诸道派及道教宫观有过深入研究。② 2008 年出版的《天台山暨浙江区域道教国际学术研讨会论文集》，收录此次会议发表的浙江地区道教研究的新成果，其中不少论文对本书的写作有重要的借鉴意义。③

唐代剑的《宋代道教管理制度研究》，深入探讨了宋代国家对道教的管理和道教宫观内部的运作。④ 宋代祠禄制度及其与道教宫观的密切关系是宋代道教发展中的特殊现象。台湾学者梁天锡于 1978 年出版的《宋代祠禄制度考实》，是有关宋代祠禄制度最早的研究。⑤ 金圆的《宋代祠禄官的几个问题》⑥、冯千山的《宋代祠禄与宫观》⑦，对这一制度相关问题做了进一步研究。张振谦的《北宋宫观官制度流变考述》，则对北宋设置宫观使的时间、提举宫观官设立等问题有一定讨论。⑧ 1998 年汪圣铎的

---

① 孙齐：《唐前道观研究》，山东大学博士学位论文，2014 年。
② 丁煌：《汉末三国道教发展与江南地缘关系初探——以张陵天师出生地传说、江南巫俗与孙吴政权与道教关系为中心之一般考察》，氏著《汉唐道教论集》，北京：中华书局，2009 年。[日] 都筑晶子：《六朝时代的江南社会与道教》，[日] 谷川道雄主编：《魏晋南北朝隋唐史学的基本问题》，北京：中华书局，2010 年。
③ 连晓鸣主编：《天台山暨浙江区域道教国际学术研讨会论文集》，杭州：浙江古籍出版社，2008 年。
④ 唐代剑：《宋代道教管理制度研究》，北京：线装书局，2003 年。
⑤ 梁天锡：《宋代祠禄制度考实》，台北：学生书店，1978 年。
⑥ 金圆：《宋代祠禄官的几个问题》，《中国史研究》1988 年第 2 期。
⑦ 冯千山：《宋代祠禄与宫观》（上、下），《宗教学研究》1995 年第 3、4 期。
⑧ 张振谦：《北宋宫观官制度流变考述》，《北方论丛》2010 年第 4 期。

《关于宋代祠禄制度的几个问题》，指出宋代祠禄制度应分为"广义"和"狭义"两种，并对担任"宫观使""提举""提点""管勾"等宫观官所需条件、不同名称的宫观官对应的宫观地位等问题做了分析。①

唐宋时期佛教寺院和道教宫观内部住持选任制度是学术界关注的重点之一。佛道寺主和观主选任制度逐渐形成甲乙制与十方制两大类。甲乙制又称甲乙徒弟制，是由寺、观选任本寺、观出身的僧道担任主首职务，由寺、观自身决定最终人选。这种制度主要采取师徒相继的方式，采取这种制度的寺、观也因此称"子孙丛林""子孙庙"。十方制则是在全国范围内公开选举寺、观主首，由地方官府或中央朝廷决定最终人选。关于宋代佛教的住持选任制度，黄敏枝《宋代佛教社会经济史论集》一书对佛教甲乙制和十方制有专门研究，认为两种住持的产生方式体现了根本差异：十方制最后的决定权在地方官府，而甲乙制则有如世俗之父子兄弟相继，官府无权过问。因此，从官府的立场看，由于其能通过十方制控制寺、观主首的选任，进而掌握十方寺院，因此积极鼓励寺、观实行十方制。② 该书虽然专论佛教，但学者认为其结论也适用于道教研究。此后，日本学者金井德幸的《宋代禅刹的形成过程——十方住持的法制化》③、王大伟的《宋元禅寺中住持的象征与权力》④，对禅寺十方制的历史进行了考

---

① 汪圣铎：《关于宋代祠禄制度的几个问题》，《中国史研究》1998 年第 4 期。

② 黄敏枝：《宋代佛教社会经济史论集》，台北：学生书局，1989 年。

③ ［日］金井德幸：《宋代禅刹的形成过程——十方住持的法制化》，《驹泽大学禅研究所年报》第十五号，2003 年。

④ 王大伟：《宋元禅寺中住持的象征与权力》，《陕西师范大学学报》（哲学社会科学版）2013 年第 5 期。

察。刘长东发表的《论宋代的甲乙与十方寺制》，认为十方制的确定与唐宋以来禅宗的兴盛有直接关系。① 如果这一结论成立，唐宋道观并没有大规模的十方化便可得到解释。

唐代剑的《宋代道教管理制度研究》②、汪圣铎的《宋代政教关系研究》③，则对宋代道观住持制度的定义、沿革、职任、选任方式等做了整体性的研究，在宏观上丰富了对道教甲乙、十方制的讨论。在寺、观个案研究方面，最新的成果有胡孝忠《北宋前期京外敕差住持制度研究》《北宋山东〈敕赐十方灵岩寺碑〉研究》两文，作者利用现存于济南灵岩寺的《敕赐十方灵岩寺碑》，研究北宋前期佛教京外敕差住持选补制度的具体方式与程序。④ 日本学者高桥文治的《从张留孙登场前看后的传授文书看蒙古时代的道教》以及《有关承天观公据》，是元代道教甲乙住持制个案研究的典范。⑤ 刘晓《元代道教公文初探——以〈承天观公据〉与〈灵应观甲乙住持札付碑〉为中心》，也以杭州承天观公据为基本史料，从公文格式的角度对元代杭州灵应观、承天观甲乙、十方住持制度进行了研究。⑥

---

① 刘长东：《论宋代的甲乙与十方寺制》，《四川大学学报》（哲学社会科学版）2005 年第 1 期。

② 唐代剑：《宋代道教管理制度研究》，北京：线装书局，2003 年。

③ 汪圣铎：《宋代政教关系研究》，北京：人民出版社，2010 年。

④ 胡孝忠：《北宋前期京外敕差住持制度研究》，《宗教学研究》2010 年第 4 期。胡孝忠：《北宋山东〈敕赐十方灵岩寺碑〉研究》，《北京理工大学学报》（社会科学版）2011 年第 2 期。

⑤ ［日］高桥文治：《从张留孙登场前后的传授文书看蒙古时代的道教》，《东洋史研究》第五十六卷第一号，1997 年。《有关承天观公据》，《追手门学院大学文学部纪要》第三十五号，1999 年。

⑥ 刘晓：《元代道教公文初探——以〈承天观公据〉与〈灵应观甲乙住持札付碑〉为中心》，《东方学报》第 86 册，2011 年。

对宋元时期重要道教宫观的研究，在北方，比较典型的是对山西芮城永乐宫的研究。① 在南方，江西南昌西山的著名道观玉隆万寿宫的前身是许逊祠庙，这里也是净明道的发源地。北宋真宗大中祥符五年（1012），万寿宫得到赐予"玉隆"二字及免除田租等赏赐，宋神宗时成为宋代官员致仕制度中有名的提举宫观。日本学者秋月观暎所著《中国近世道教的形成：净明道的基础研究》是系统研究广义净明道的最早力作，该书考证了净明道从东晋到明清的整个历史过程，还从"功过格"的角度讨论了净明道与明清民间信仰的融合，指出了其在明清持续发展的动力。② 郭武的《〈净明忠孝全书〉研究》是净明道研究的又一力作，该书以宋末元初刘玉创立净明忠孝道为契机，系统研究了《净明忠孝全书》的文本、宋元时期西山的宗教氛围和主要宫观、净明道的教团组织、净明道与蒙元朝廷的政教关系等问题。③ 本书的研究方法、关注的问题和时间段都与该书有相似之处，因此该书对本书的写作具有重要的借鉴意义。

广州元妙观始创于唐代，此后一直是广州府的首要宫观，也是管理广州道教事务的道纪司所在地。黎志添的《广州元妙观考释》一文，对元妙观从宋代一直到民国的历史进行了研究，

---

① 宿白：《永乐宫创建史料编年》，《文物》1962 年第 4、5 期。宿白：《永乐宫调查日记》，《文物》1963 年第 8 期。景安宁：《吕洞宾与永乐宫纯阳殿壁画》，傅飞岚、林富士主编：《遗迹崇拜与圣者崇拜》，台北：允晨文化，2000 年。景安宁：《道教全真派宫观、造像与祖师》，北京：中华书局，2012 年。康豹（Paul R. Katz）著，吴光正、刘玮、刘耳译：《多面相的神仙——永乐宫的吕洞宾信仰》，济南：齐鲁书社，2010 年。

② ［日］秋月观暎著，丁培仁译：《中国近世道教的形成：净明道的基础研究》，北京：中国社会科学出版社，2005 年。

③ 郭武：《〈净明忠孝全书〉研究》，北京：中国社会科学出版社，2005 年。

其中对宋代元妙观的内部结构和管理制度以及与地方官府的关系进行了重要讨论。①

（二）有关唐宋元杭州洞霄宫历史的专门研究

1985 年奚柳芳发表的《洞霄宫遗址考实》简要地回顾了洞霄宫的历史，对洞霄宫遗址进行实地考察，并提出应对宫观进行保护与重建。② 林正秋的《杭州道教史》是对整个杭州地区道教史的全面研究，其中有较多篇幅都涉及洞霄宫，反映了洞霄宫在杭州地区道教发展中的突出地位。③ 该书的最大特点是其对历史事实叙述较为全面，但是对历史上洞霄宫的具体演变及其与唐宋元道教一系列重大历史事件之间关系的研究，我们认为还可以进一步加强。

历史上洞霄宫出现了一批有全国性影响的高道，特别是唐代朱法满、叶法善、吴筠、闾丘方远等著名道士的活动，大大提升了洞霄宫在道教史中的地位。因而，对于这些重要道教人物的研究，也是杭州洞霄宫研究的组成部分。丁煌的《叶法善在道教史上地位之探讨》，对叶法善的道教活动做了最早且最全面的讨论。吴真《为神性加注：唐宋叶法善崇拜的造成史》是近年研究叶法善的新成果，她认为前人研究叶法善最大的问题在于对文学性史料的过于信任，导致了叶法善"原始形象"失真，因此她的研究以文本批判为核心，对叶氏形象的神化过程做了剖

---

① 黎志添：《广州元妙观考释》，《"中央"研究院历史语言研究所集刊》第 75 本第 3 分册，收入氏著《广东地方道教研究——道观、道士及科仪》，香港：香港中文大学出版社，2007 年。

② 奚柳芳：《洞霄宫遗址考实》，《浙江师范学院学报》1985 年第 1 期。

③ 林正秋：《杭州道教史》，北京：中国社会科学出版社，2011 年。

析。① 唐代著名文人兼道士吴筠在天柱观的道教活动是在"安史之乱"以后不久。巴瑞特《唐代道教——中国历史上黄金时期的宗教与帝国》指出吴筠似乎"更愿意在长江流域继续他的道士与文人志向，而不想待在长安。吴的道教著作可以与司马承祯的相比……但吴作为道士的地位远不如司马，因为他只受过初级的正一法箓"。② 有关吴筠的晚年活动以及死亡的地点，新、旧《唐书》皆笼统地记载为"越中"。卢仁龙认为，吴筠晚年隐居及埋葬的地点不是"越中"，而是安徽的天柱山（潜山）。③ 郁贤皓《吴筠荐李白说辨疑》认为吴筠《天柱观记》作于宣城，他最终死于该地。④ 朱玉麒《唐代道教人物三考》对卢仁龙的"潜天柱"说、郁贤皓的"宣城说"提出了批评，认为吴筠的葬地应当是杭州余杭的天柱山。⑤ 麦谷邦夫《吴筠事迹考》辨明了吴筠的道教师承、嵩山活动、长安活动等，对天宝之后、庐山、越中、天柱时代的吴筠事迹也有精彩的论述。⑥ 杨曦《颜真卿与湖州文人群体》对吴筠于宝应（762—763）之后，参与浙东、浙西两大诗会，与士大夫的交游活动有详尽的考查。⑦《厨院新池记》是洞霄宫现存最早的碑文。张晓芝、黄大宏《〈厨院新池记〉作者新考》考证该碑文为李幼卿所作，同时对吴筠、李幼

---

① 吴真：《为神性加注：唐宋叶法善崇拜的造成史》，北京：中国社会科学出版社，2012 年。

② ［英］巴瑞特著，曾维加译：《唐代道教——中国历史上黄金时期的宗教与帝国》，济南：齐鲁书社，2012 年，第 55 页。

③ 卢仁龙：《吴筠生平事迹著作考》，《中国道教》1990 年第 4 期。

④ 郁贤皓：《吴筠荐李白说辨疑》，氏著《李白丛考》，西安：陕西人民出版社，1982 年，第 65 页。

⑤ 朱玉麒：《唐代道教人物三考》，《中国道教》1995 年第 2 期。

⑥ ［日］麦谷邦夫：《吴筠事迹考》，《东方学报》第 85 册，2010 年。

⑦ 杨曦：《颜真卿与湖州文人群体》，河北师范大学硕士学位论文，2010 年。

卿在天柱观的活动进行了介绍。① 活动在唐末五代时期的间丘方远对洞霄宫的发展与历史地位的形成具有特殊意义。陈国符《道藏源流考》、卿希泰《中国道教史》及袁清湘《徐灵府与上清派南岳天台系》等著作，对间丘方远的师承及道教南岳天台一系进行了研究。② 王明指出间丘方远是《太平经钞》创作者。③

汪圣铎的《宋代政教关系研究》一书中有对杭州洞霄宫的管理制度和国家赐田等一系列具体问题的讨论。④ 曾国富《道教与五代吴越国历史》一文，讨论了吴越国道教史，对间丘方远与钱镠重建天柱观的关系也做了讨论。⑤ 劳伯敏《南宋临安的道观和通玄观造像》探讨了宋徽宗时期道教艺术对南宋临安诸道观与道教造像的影响。⑥ 在黎志添主编的《道教图像、考古与仪式——宋代道教的演变与特色》一书中，酒井规史的专章《宋元时期甲乙住持之道观》，以南方的杭州洞霄宫与北方的易州龙兴观为例，讨论宋元时期甲乙住持之制，提出了不少新的问题。⑦ 对于叶林、邓牧二位隐居洞霄宫的宋遗民在短短半月内相继无疾而终，傅乐淑（Lo-Shu Fu）认为这不是道教文献中常见

① 张晓芝、黄大宏：《〈厨院新池记〉作者新考》，《四川师范大学学报》（社会科学版）2011 年第 2 期。

② 陈国符：《道藏源流考》（修订本），北京：中华书局，2014 年。卿希泰主编：《中国道教史》（修订本）第 2 卷，成都：四川人民出版社，1993 年。袁清湘：《徐灵府与上清派南岳天台系》，《中国道教》2009 年第 6 期。

③ 王明：《太平经合校》，北京：中华书局，1979 年。

④ 汪圣铎：《宋代政教关系研究》，北京：人民出版社。

⑤ 曾国富：《道教与五代吴越国历史》，《宗教学研究》2008 年第 2 期。

⑥ 劳伯敏：《南宋临安的道观和通玄观造像》，《杭州师范学院学报》1987 年第 2 期。

⑦ 黎志添主编：《道教图像、考古与仪式——宋代道教的演变与特色》，香港：香港中文大学出版社，2016 年。

的羽化升天等虚构故事，她提出了令人信服的观点："两人的死亡不是简单的虚构故事，而是一次庄严神圣的殉难行动，他们的死因是拒绝蒙元朝廷的征招，绝食而亡。"①

宋真宗时期在洞霄宫编修《大宋天宫宝藏》是道教史上的重大事件。如陈国符所指出的，在此之前北周编《玄都观经目》、唐高宗武后时期尹文操编《玉纬经目》、唐玄宗时期编《一切道经音义》及《开元道藏》都是在首都长安进行的，就连此前不久宋太宗命徐铉等人整理《道藏》也在首都开封。而宋真宗却选择杭州洞霄宫而非开封作为编纂地点，这一事件本身就值得研究。陈国符的《道藏源流考》、吉冈义丰的《道教经典史论》②、卿希泰主编的《中国道教史》，都有对《大宋天宫宝藏》编撰过程的专门研究。北宋著名道教学者张君房与《大宋天宫宝藏》的编纂和洞霄宫的关系密切。柳存仁的《张君房与宋代道书》一文，对张君房修藏前后的仕宦经历以及其他修藏官员和道士的事迹进行了考证。③ 卢仁龙的《张君房事迹考述》一文对张君房的生平事迹及其领校《道藏》和编纂《云笈七签》等事迹进行了考证。④ 该文可以说是到目前为止对张君房最为详细的研究。台湾学者李登详《北宋官方〈道藏〉编纂初探》对北宋修藏史做了系统研究，其对《大宋天宫宝藏》的成书经过、内容、

---

① Lo-Shu Fu, Teng Mu: A Forgotten Chinese Philosopher, *T'oung Pao*, Second Series, Vol. 52, Livr. 1/3（1965）, pp. 35 – 96.

② ［日］吉冈义丰:《道教经典史论》，东京: 道教刊行会，1955 年。

③ 柳存仁:《张君房与宋代道书》，《和风堂文集》中册，上海: 上海古籍出版社，1991 年。

④ 卢仁龙:《张君房事迹考述》，《世界宗教研究》1990 年第 1 期。

卷数、新增经典情况做了研究。① 刘全波《〈云笈七签〉编纂者张君房事迹考》也对这一事件进行了研究。② 这些研究或从《道藏》编纂史、或从张君房等人物的生平传记着手。

总的看来，前人有关洞霄宫的研究成果，为我们奠定了良好的基础，但是仍然存在许多薄弱环节甚至空白点，主要表现在这样几个方面：一是唐宋元时期洞霄宫历史资料尚待进一步发掘；二是前人对唐宋元时期道教宫观的研究多集中在对宫观的整体性讨论，而对这一时期具体道观的个案研究还相当少见；三是历史上洞霄宫与唐宋元中央王朝以及江南区域道教发展之间的关系尚待进一步揭示。

三　本书所讨论的基本问题

本书试图以唐宋元杭州洞霄宫为中心，探讨洞霄宫创建的背景及其发展演变的历史过程，并以此进一步揭示唐宋元道教与国家政治和区域社会的关系。本书第二章讨论了东晋到唐初天柱观建立的历史背景，认为东晋时期郭文和许迈在余杭山一带的宗教活动以及此后这一地区浓厚的佛、道宗教氛围，是唐代正式建立天柱观的先决条件。而唐朝前期普建道观的政策和地方精英（潘尊师）的资助是天柱观得以最终创立的主要原因。

第三章主要讨论盛唐到五代天柱观的重要历史事件。学界一直存在关于著名道士朱法满生活时代和出身经历的争论，本书认

---

① 李登详：《北宋官方〈道藏〉编纂初探》，《道教学探索》10，"国立"成功大学历史系道教研究室出版，1997 年。

② 刘全波：《〈云笈七签〉编纂者张君房事迹考》，《中国道教》2008 年第 4 期。

为朱法满主要生活于武则天到唐玄宗的盛唐时期，朱法满与暨齐物都是洞霄宫的著名道士。暨齐物出身的暨氏家族是六朝以来余杭地区的地方豪族，而且这一家族有着浓厚的道教背景。学界对唐代著名道士吴筠在安史之乱以后的最终落脚点也有争论，本书考证认为其最终落脚点就是余杭天柱观。吴筠在此建立起了一定规模的教团组织，亲自参与浙东和浙西两次诗会，与众多文人墨客频相往来，使天柱观在江南名士圈和道教界的影响进一步扩大。唐末闾丘方远教团源自唐代著名道士司马承祯的后传南岳天台一系。该教团因天台山遭到战火破坏而依附于吴越国王钱镠。钱镠为吴越国的建立笼络各方人才，而闾丘方远教团则为其提供了"神道设教"的支持，二人的关系突显了唐末五代时期道教与地方政权的特殊关系。

第四章以杭州洞霄宫与两宋中央王朝的关系为主要研究对象。学界已经对《大宋天宫宝藏》在《道藏》编纂史上的地位有过较多讨论。本书则主要从编纂者道士冯德之、张君房的人际交往入手进行考察，认为时任两浙转运使的陈尧佐及其家族与这次编纂《道藏》有着密切关系，选择杭州洞霄宫而非开封作为编纂地的背后，体现的是北宋前期南、北方官员群体间争夺最高权力的明争暗斗。南宋高宗亲临洞霄宫奠定了南宋朝廷与洞霄宫关系的基础，而其访问洞霄宫的背后，则与宋高宗退位和宋金"隆兴和议"等重大历史事件有密切关系。本章还对宋代洞霄宫与祠禄官制度的关系进行了讨论，探析了提举洞霄宫这一特定"官职"在两宋各个时期的状况和特点。

第五章以宋代道观内部甲乙住持制度为研究对象。学界一般认为，宋代道教与佛教一样，在主要道观内部亦采用了十方住持制。而本书则认为宋代的主流道观仍然采用甲乙住持制，特别是有着悠久历史的重要道派和道观。杭州洞霄宫不仅明确采用甲乙住持制，而且是一种较为少见的由闾丘方远教团（上清院派）中的四个主要支派（斋）轮流担任主持的制度，而这种特殊的甲乙住持制与该宫观内部某些支派在南宋时期的兴起和主要支派间的势力均衡有关。洞霄宫这种特殊的内部组织形式，使主要支派间充满竞争性的活力，这构成了洞霄宫长期兴盛的动力，但同时也埋下明清洞霄宫衰亡的伏笔，深刻地影响了其在南宋以降的道教史中的地位。第三节是对洞霄宫宫观经济状况的讨论，简要勾勒了唐代天柱观创立和宋元洞霄宫兴盛的物质基础。

四　基本史料介绍

对杭州洞霄宫的研究得以展开，得益于唐宋以来洞霄宫以及杭州地区成体系的史料记载。从北宋末年唐子霞的《大涤洞天真境录》，到陈垣先生的《道教金石略》，形成了相对完整的杭州洞霄宫史料体系。

1. 唐子霞编《大涤洞天真境录》。《大涤洞天真境录》是杭州洞霄宫最早的宫观志，本名《天目山真境录》，由北宋晚期道士唐子霞编修而成，记载了包括洞霄宫在内的天目山地区的道教历史。宋徽宗崇道时期，洞霄宫知宫金致一邀请时任余杭县丞的成无玷，增补了郭文、吴筠、闾丘方远等洞霄宫史上重要人物的传记，最终将其改写成《大涤洞天真境录》。该书保存了洞霄宫在北宋以前的珍贵史料，虽然今已不存，但南宋初陈葆光编《三洞群仙录》、南宋末年方志《咸淳临安志》等著作均引用该书。特别是在元代邓牧编纂的《洞霄图志》一书中，北宋以前的内容，包括郭文、许迈、吴筠、朱法满、闾丘方远等洞霄宫早期最重要人物的传记，基本上依靠该书编纂而成。因此，该书实际上是北宋及其以前洞霄宫史料的主要来源。

2. 潜说友编《咸淳临安志》。① 在南宋末年潜说友编纂《咸淳临安志》之前，原有《乾道临安志》和《淳祐临安志》② 两部杭州的官修地方志书，但其篇幅短小且残缺，记载洞霄宫之处亦不多。《咸淳临安志》以《乾道临安志》《淳祐临安志》为基础，旁搜博采，增补成书，共一百卷，其中山川、祠祀、寺观等部分均有大量有关道教的史料。该志成书的宋度宗咸淳年间（1265—1274），正是洞霄宫极盛之时，因此，其有关洞霄宫的史料颇多，不仅保存了唐子霞《大涤洞天真境录》中有关北宋以前的记载，还对洞霄宫最兴盛的南宋时期做了详细的记录。邓牧所编《洞霄图志》的南宋部分曾大量引用此书。该志现在通行的版本为清道光十年（1830）钱塘汪氏振绮堂刻本，由北京中华书局印行。另有明代抄本一种，由台湾成文出版社出版。

3. 邓牧编《洞霄图志》③ 与孟宗宝编《洞霄诗集》④。元代前期，邓牧《洞霄图志》与孟宗宝《洞霄诗集》，是对洞霄宫史料的一次大规模整理。邓牧为宋元时期著名的文人及思想家，但他并非史学家，因此书中存在某些缺失，其引用前人文字时也常

---

① 〔南宋〕潜说友：《咸淳临安志》，《宋元方志丛刊》第 4 册，北京：中华书局，1990 年。

② 〔南宋〕施谔：《淳祐临安志》，《中国方志丛书》华中地方第 514 号，台北：成文出版社，1983 年。

③ 〔元〕邓牧：《洞霄图志》，《丛书集成初编》第 3167—3168 册，北京：中华书局，1985 年；〔元〕邓牧：《洞霄图志》，《中国道观志丛刊》第 16 册，南京：江苏古籍出版社，2000 年；〔元〕邓牧：《洞霄图志》，《中国方志丛书》华中地方第 559 号，台北：成文出版社，1983 年。（本书征引的《洞霄图志》有以上三种。）

④ 〔元〕孟宗宝：《洞霄诗集》，《中国道观志丛刊续编》第 18 册，扬州：广陵书社，2004 年。

加以润色。至明初，洞霄宫道士将《洞霄图志》删节为《大涤洞天记》三卷，[1] 并请著名道教学者龙虎山天师张宇初作序，该书亦因此被收入由其主编的《道藏》而得以流传至今。有关《洞霄图志》版本的研究，详见本书附录。在唐宋元时期洞霄宫是文人墨客经常登临流连之地，他们在此留下了大量诗文。《洞霄图志》之《碑记门》收入一系列长篇碑文。而孟宗宝所编《洞霄诗集》，则收入唐、宋、元三朝关于洞霄宫的近千余首诗词。这些都是研究洞霄宫最核心的原始资料。

4. 戴日强《万历余杭县志》。[2] 关于明代洞霄宫的史料主要来自戴日强的《万历余杭县志》。该志不仅在各卷中对洞霄宫记载颇多，而且在全书最后单设一卷，名曰《洞霄志》。经历元末明初战乱，洞霄宫已经衰落，无力整理出版文献，只能依靠文人学者的记载。因此，该书为了解元代大德以后到明万历时期洞霄宫的情况提供了宝贵资料。

5. 朱彝尊《杭州洞霄宫提举题名记》。[3] 朱彝尊是最早对洞霄宫进行研究的学者之一。康熙三十一年（1692）、四十六年（1707），朱彝尊两度游览并考察洞霄宫，完成了《杭州洞霄宫提举题名记》。他统计出宋代提举洞霄宫者，"自建炎迄咸淳，凡一百一十五人"。根据现有的资料，宋代提举洞霄宫的官员不止这115人。同时，他有意漏题了章惇、汪伯彦等后世名声不太好的宰相，乾嘉学者中已有人批评朱彝尊《题名记》是"扬善隐恶"。

---

① 《大涤洞天记》，《道藏》第18册，文物出版社、上海书店、天津古籍出版社，1988年。

② 〔明〕戴日强：《万历余杭县志》，《四库存目丛书》史部第210册，济南：齐鲁书社，1994—1997年。

③ 〔清〕朱彝尊：《曝书亭集》卷65《杭州洞霄宫提举题名记》，《四部丛刊初编》第1702册，上海：商务印书馆，1922年。

6. 闻人儒《洞霄宫志》。① 清乾隆时期，全真道士贝本恒从北方来到余杭"中兴"洞霄宫，并邀邑人闻人儒纂《洞霄宫志》，该书成书于乾隆十八年（1753）。此志明万历前大体沿袭邓志、戴志，其主要意义在于保存万历到乾隆前期的资料，特别是贝本恒时期全真教派在洞霄宫的活动。邓牧《洞霄图志》号为"图志"，但现存版本中却基本无图。闻人儒《洞霄宫志》的卷首却完整地保存了《洞霄宫图》和《洞霄山图》。但该志的编纂略显仓促，其引用前人志书的文字多有错误，不严谨之处也甚多。

7. 朱文藻《洞霄图志续》。乾隆、嘉庆年间，朱文藻有感于洞霄宫衰落以及戴志、闻志的不够完备，遂对洞霄宫史料进行系统整理，编成《洞霄图志续》六卷。该书已失传，但朱氏著述颇丰，曾参加阮元主持的《两浙𬨎轩录》、王昶主持的《西湖志》《金石萃编》等书的编写工作，因此这些书中记载洞霄宫颇多。朱氏还是《嘉庆余杭县志》② 的实际编纂者，此志中随处可见关于洞霄宫的记载和考证，相当多是直接抄自他自己编著的《洞霄图志续》。此书不仅如前几部书具有史料价值，实则颇得乾嘉考据之风，对洞霄宫的不少问题都做了严谨的考证，朱氏实为系统研究洞霄宫的第一人。

8. 厉鹗《宋诗纪事》。③ 乾嘉时期，厉鹗编著《宋诗纪事》，全书收录宋诗作者 3812 家，各系以小传，以事存诗，以诗存人。元代《洞霄诗集》中的大部分诗作被该书重新收录，两书可以

---

　　① 〔清〕闻人儒：《洞霄宫志》，《中国道观志丛刊续编》第 17 册，扬州：广陵书社，2004 年。

　　② 〔清〕张吉安等修，朱文藻等纂：《嘉庆余杭县志》，《中国方志丛书》华中地方第 56 号，台北：成文出版社，1970 年。

　　③ 〔清〕厉鹗：《宋诗纪事》，上海：上海古籍出版社，1983 年。

做版本文字方面的校订。另外，该书对诗文作者的身份和写作背景做了一定的考证和介绍，具有重要参考价值。

9.《宋会要辑稿》。① 清代学者徐松辑录的《宋会要辑稿》保存有大量宋代原始史料，特别是最新出版的点校本《宋会要辑稿》使其内容大大增加，该书的礼、瑞异、职官、选举、食货、方域、道释等门均与本研究有一定关系。不过，该书大体以南宋宁宗时期为界，少有宋理宗以后的史料，而宋理宗以后却恰恰是洞霄宫的鼎盛时期。

10. 陈垣《道家金石略》。② 陈垣的《道家金石略》一书是有关道教碑刻的最重要工具书。《洞霄图志》的大部分碑刻被该书收入（共16通），由于洞霄宫各碑实物均已不存，因此该书对洞霄宫各碑以文献辑录为主，并且加以整理、点校，为我们今天的研究提供了很大方便。另外，元代张伯淳《体玄崇教安道法师洞霄宫住持提点郎尊师墓铭》一文未被《洞霄图志》收录，而该书进行了收录。该书收录的杭州洞霄宫相关碑刻如下表所示：

表1

序号	碑刻名称	时　间	作　者
1	《天柱观碣》	唐代宗大历十三年（778）	道士吴筠
2	《天柱观记》	唐昭宗光化三年（900）	吴越国王钱镠
3	《洞霄宫碑》	宋宁宗开禧元年（1205）	陆游

---

① 〔清〕徐松辑，刘琳、刁忠民等校点：《宋会要辑稿》，上海：上海古籍出版社，2014年。

② 陈垣编，陈智超、曾庆瑛校补：《道家金石略》，北京：文物出版社，1988年。

续表

序号	碑刻名称	时　间	作　者
4	《洪钟记》	宋宁宗时期	曹叔远
5	《演教堂揭扁法语》	嘉定十年（1217）	道士白玉蟾
6	《栖真洞神光记》	宋理宗绍定五年（1232）	洞霄宫道士王思明
7	《演教堂记》	淳祐三年（1243）	吴泳
8	《东阳楼记》	宋度宗咸淳元年（1265）	杨栋
9	《洞霄宫庄田记》	咸淳九年（1273）	家铉翁
10	《洞晨观记》	咸淳十年（1274）	宇文十朋
11	《重建洞霄宫记》	元成宗元祯元年（1295）	家铉翁
12	《体玄崇教安道法师洞霄宫住持提点郎尊师墓铭》	大德二年（1298）	张伯淳
13	《集虚书院记》	大德三年（1299）	邓牧
14	《元清宫记》	大德四年（1300）	张伯淳
15	《清真道院记》	大德四年（1300）	邓牧
16	《冲天观记》	大德五年（1301）	邓牧
17	《昊天阁记》	大德六年（1302）	邓牧

　　洞霄宫尚有大量资料散见于其他资料之中：第一，相关正史以及《续资治通鉴长编》《建炎以来系年要录》《文献通考》等。第二，唐宋元时期的文集和笔记，特别是那些与洞霄宫有密切关系的政治、宗教人物的文集。例如，唐吴筠的《宗玄集》，北宋苏轼的诗文集和笔记，南宋叶绍翁的《四朝闻见录》，元代

周密的《齐东野语》《癸辛杂识》，邓牧的《伯牙琴》，家铉翁的《则堂集》，等等。第三，明代《道藏》所收的各种仙传及名山志，如唐代沈汾的《续仙传》，北宋张君房的《云笈七签》，张继先的《三十代天师虚靖真君语录》，南宋陈葆光的《三洞群仙录》，元代赵道一的《历世真仙体道通鉴》，等等。第四，各种地理志与杭州城市史志文献，如乐史《太平寰宇记》，王象之《舆地纪胜》，南宋的三部《临安志》《西湖老人繁胜录》，吴自牧《梦粱录》，耐得翁《都城纪胜》，元代周密《武林旧事》，等等。以上是对宋元以来有关洞霄宫基本资料的介绍，它们构成了笔者研究洞霄宫的资料主体。

第二章 唐代前期杭州天柱观的兴起

第一节 东晋至唐初余杭山佛道活动历史资料的考察

历史上杭州洞霄宫一带最早的宗教活动，可以追溯至东晋时期的郭文和许迈二人。而郭文和许迈也是少数几位被列入《晋书·隐逸传》的著名宗教人物。郭文是永嘉之乱前后南渡的北方人士，许迈则是出自东晋时期江南著名道教世家丹阳许氏的著名道士。[①] 唐宋以来的洞霄宫（天柱观）道士往往将郭文与许迈一起奉为开山祖师，洞霄宫内大量历史遗迹以及宗教传说都与二人密切相关。至后梁乾化三年（913）七月，吴越王钱镠和高道间丘方远在重建天柱观的过程中，向后梁皇帝奏请赐封郭文为"灵曜真君"、许迈为"归一真君"，使二人作为开山祖师的地位

[①] 关于许氏家族的相关研究很多，较新的研究参见 Stephen Bokenkamp, *Ancestors and Anxiety: Daoism and the Birth of Rebirth in China*. University of California Press, 2007。马晓坤：《东晋的名士和道术——许迈与鲍靓交游考论》，《西南民族大学学报》（人文社科版）2007 年第 4 期。孙齐：《唐前道观研究》，山东大学博士学位论文，2014 年。

得到了官方的正式确认。① 因此，郭文和许迈在洞霄宫一带的宗教活动及其演变为"开山祖师"的过程，是我们研究杭州洞霄宫历史的起点。

一　东晋郭文和许迈在洞霄宫历史中的地位

虽然一些史籍记载唐宋洞霄宫一带早在秦汉时期就有道教传播，但多为后人附会而成，其可信度不高。而东晋隐士郭文和许迈的相关活动，则比较具有可信性。众所周知，东晋是江南地区宗教发展的黄金时期，在钱塘江两岸的会稽、吴郡、吴兴（含余杭、临安两县）等地都是当时宗教传播发展的重要地区，佛教以及道教中的天师道和南方本土上清派，在这一地区有过显著的交流与竞争。② 而郭文与许迈都是当时与宗教有关名声显赫的隐士。

邓牧编纂的《洞霄图志》是杭州洞霄宫史料的集大成作，该书记载郭文曰："晋室乱，乃入余杭大涤山，伐木倚林，苫覆为舍，不置四壁，时猛兽害人，先生独居十余年无害。鹿裘葛巾，区种菽麦，或采箬以贸盐酪，有余即施贫人。"③ 又记载："三清殿，即郭真君结茅之地，殿前三松其所手植。"④ 显然，在

---

① 〔元〕邓牧：《洞霄图志》卷5《灵曜郭真君》《归一许真君》，《丛书集成初编》第3167—3168册，北京：中华书局，1985年，第37—39页。

② 丁煌：《汉末三国道教发展与江南地缘关系初探——以张陵天师出生地传说、江南巫俗及孙吴政权与道教关系为中心之一般考察》，收入氏著《汉唐道教论集》，北京：中华书局，2009年。

③ 〔元〕邓牧：《洞霄图志》卷5《灵曜郭真君》，《丛书集成初编》第3167—3168册，北京：中华书局，1985年，第37页。

④ 〔元〕邓牧：《洞霄图志》卷1《三清殿》，《丛书集成初编》第3167—3168册，北京：中华书局，1985年，第4页。

后来的洞霄宫道士看来，郭文是名副其实的开拓者。

《洞霄图志》记载许迈说："永和二年（346），（许迈）入临安西山。登岩茹芝，渺然自得，有终焉之志，即今大涤也。常谓余杭山是洞庭西门，潜通五岳……先生四十八，于大涤中峰丹成，天降玉童白鹿，下迎而去。"① 许迈在洞霄宫所属的大涤山中峰骑白鹿成仙而去。该书又记载："南陵，亦今之道院址。因许真君居宫北之大涤山，既而升举，预报南陵知己曰：来日上朝玉帝矣。至期，登陵北望，果见彩云满空，真君乘白鹿，冉冉而去。故名此地为南陵，今亦别为流派也。"② 这段引文中许迈的形象更为丰满，为纪念其升举之地，南陵成为日后洞霄宫三大院派中的第一个，许迈则被视为该院派的创建者。

总之，在唐宋洞霄宫道士们看来，东晋时期的郭文、许迈二人曾在洞霄宫一带有过频繁的宗教活动，两人为宫观开山祖师的地位不容置疑。不过，唐宋洞霄宫道士们的说法与历史事实之间的关系还有待进一步辨析。

二　历史上郭文事迹及其宗教信仰辨析

（一）郭文与佛教的关系辨析

在早期的史料记载中，郭文其实与佛教的关系更为密切。汤用彤就明确指出郭文"奉佛"③，但并未详论。在永嘉南渡前，

---

① 〔元〕邓牧：《洞霄图志》卷5《归一许真君》，《丛书集成初编》第3167—3168册，北京：中华书局，1985年，第38—39页。

② 〔元〕邓牧：《洞霄图志》卷4《南陵》，《丛书集成初编》第3167—3168册，北京：中华书局，1985年，第30—31页。

③ 汤用彤：《汉魏两晋南北朝佛教史》，北京：中华书局，1983年，第143页。

郭文曾生活和游历过的名山主要是陆浑山、华山两地。陆浑山则是中岳嵩山的余脉，地处洛阳附近，离郭文老家河内轵县仅一条黄河之隔。郭文离开之后，陆浑山的佛教仍然十分活跃，佛图澄弟子释道安（312—385）也曾在陆浑山活动。[①] 陆浑山当为东晋佛教传播的一个重要地点，汤用彤称"此山原系高人隐居之地"[②]。《世说新语》注引《安和上传》载：

> 释道安者，常山薄柳人，本姓卫，年十二作沙门。神性聪敏而貌至陋，佛图澄甚重之。值石氏乱，于陆浑山木食修学，为慕容俊所逼，乃住襄阳。[③]

郭文之所以见载于《晋书》，主要是因其南渡后与东晋门阀王导等人关系密切。郭文的完整传记现存于唐修《晋书》中，逯耀东认为《晋书》郭文本传的史源为庾阐、葛洪所著两部《郭文别传》。[④]《晋书·郭文传》前半部称：

> 郭文字文举，河内轵人也。少爱山水，尚嘉遁。年十三，每游山林，弥旬忘反。父母终，服毕，不娶，辞家游名山，历华阴之崖，以观石室之石函。洛阳陷（311），乃步担入吴兴余杭大辟山中……王导闻其名，遣人迎之，文不肯就船车，荷担徒行。既至，导置之西园。园中果木成林，又

---

① 有关佛图澄和释道安，参见汤用彤：《汉魏两晋南北朝佛教史》第八章《释道安》，北京：中华书局，1983年，第133—163页。严耕望：《魏晋南北朝佛教地理稿》，上海：上海古籍出版社，2007年，第19—21页。

② 汤用彤：《汉魏两晋南北朝佛教史》，北京：中华书局，1983年，第143页。

③〔南朝宋〕刘义庆撰，〔南朝梁〕刘孝标注，余嘉锡笺疏：《世说新语笺疏》卷中上《雅量第六》，北京：中华书局，2011年，第328页。

④ 逯耀东：《魏晋史学的思想与社会基础》，北京：中华书局，2006年，第81、84页。

有鸟兽麋鹿，因以居文焉。于是朝士咸共观之，文颓然踑
踞，傍若无人。温峤尝问文曰："人皆有六亲相娱，先生弃
之何乐？"文曰："本行学道，不谓遭世乱，欲归无路，是
以来也。"又问曰："饥而思食，壮而思室，自然之性，先
生安独无情乎？"文曰："情由忆生，不忆故无情。"又问
曰："先生独处穷山，若疾病遭命，则为乌鸟所食，顾不酷
乎？"文曰："藏埋者亦为蝼蚁所食，复何异乎？"又问曰：
"猛兽害人，人之所畏，而先生独不畏邪？"文曰："人无害
兽之心，则兽亦不害人。"又问曰："苟世不宁，身不得安。
今将用先生以济时，若何？"文曰："山草之人，安能佐
世？"导尝众宾共集，丝竹并奏，试使呼之。文瞪眸不转，
跨蹑华堂，如行林野。于时坐者，咸有钩深味远之言，文常
称："不达来语，天机铿宏，莫有窥其门者。"温峤尝称曰：
"文有贤人之性，而无贤人之才，柳下、梁踦之亚乎？"①

郭文在永嘉之乱前后南渡，入吴兴郡余杭县大辟山中，东晋
时余杭属吴兴郡，此时尚无杭州之建制。有关余杭大辟山，《水
经注》称："（余杭）县南有大壁山，郭文自陆浑迁居也。"②
《太平御览》所引唐代《郡国志》称："余杭大辟山，本名余杭
山，一名由拳，高峻为最，旁有由拳村，出藤纸。"③《元和郡县
图志》亦称："由拳山，晋隐士郭文举所居。旁有由拳村，出好

---

① 〔唐〕房玄龄等：《晋书》卷 94《郭文传》，北京：中华书局，1974 年，第
2440—2441 页。
② 〔北魏〕郦道元注，陈桥驿注释：《水经注》卷 40，杭州：浙江古籍出版
社，2001 年，第 619 页。
③ 〔北宋〕李昉：《太平御览》卷 46，北京：中华书局，1960 年，第 223 页。

藤纸。"① 总之，郭文南渡后曾在余杭大辟山一带活动应无异议，大辟山又称余杭山或名由拳山，与唐宋洞霄宫所在地即使不完全一致，也应非常接近。因此，郭文在唐宋洞霄宫附近活动的史实当可以成立。

引文中郭文与温峤等人的对话，可视为魏晋清谈的机辩。冢本善隆认为："在洛阳伴随着玄学与兴盛的道家式的格义佛教，则和玄学一起南渡，它为喜好清谈、玄义的贵族社会提供非常丰富的思想话题，成为贵族社会教养的必要之学，僧人作为玄学清谈的指导者，被视同竹林七贤的方外隐逸之士，受到贵族社会的礼遇。"② 事实上，王导本人及相当一批东晋门阀贵族都有佛教信仰，或受佛教影响的玄学信仰。其建造建康西园就是为了延请像郭文这种佛教清谈之士，因王导及其王氏家族在东晋初期门阀贵族中的特殊地位，西园逐渐成为东晋初期佛教传播的中心之一。

《晋书》郭文本传虽然没有明确提及郭文的佛教信仰，但不少佛教典籍中却记载了郭文的佛教徒身份。南朝梁慧皎《高僧传》曾记载：

> 释慧严，姓范，豫州人。年十二为诸生，博晓诗书……至如前代群英，则不负明诏矣。中朝已远，难复尽知。渡江以来，则王导、周颛、庾亮、王蒙、谢尚、郗超、王坦、王恭、王谧、郭文、谢敷、戴逵、许询，及亡高祖兄弟、王元琳昆季、范汪、孙绰、张玄、殷颛，或宰辅之冠盖，或人伦

---

① 〔唐〕李吉甫：《元和郡县志》卷25，北京：中华书局，1983年，第603页。
② 〔日〕冢本善隆著，许洋主译：《魏晋佛教的开展》，载刘俊文主编：《日本学者研究中国史论著选译》第7卷，北京：中华书局，1993年，第231—232页。

之羽仪，或置情天人之际，或抗迹烟霞之表。并禀志归依，厝心崇信。其间比对，则兰护开潜，渊遁崇邃，皆亚迹黄中，或不测人也。近世道俗，敷谈便尔。若当备举夷夏，爰逮汉魏，奇才异德，胡可胜言？①

以上被点名者皆在玄谈与佛教的融合过程中占有一席之地，其中就有郭文。宗炳（375—443）所撰《明佛论》称：

> 近孙绰所颂耆域、健陀勒等八贤，支道林像而赞者，竺法护、于法兰……皆神映中华，中朝竺法行，时人比之乐令。江左尸梨蜜，群公高其卓朗。郭文举廓然邃允，而所奉唯佛。②

在《宗答何书》中亦论及：

> 释氏何为其不得已乎？若不信之流，亦不肯修利而迁善矣。夫信者，则必耆域犍陀勒、夷陀蜜、竺法乘、帛法祖、竺法护、于法兰、竺法行、于道邃。阙公，则佛图澄、尸梨蜜、郭文举、释道安、支道林、远和尚之伦矣。③

宗炳将郭文与佛图澄、释道安、支道林、慧远等东晋高僧相提并论，给予其极高的地位，并称"郭文举廓然邃允，而所奉唯佛"。他认为郭文的信仰就是佛教。刘宋何尚之《答宋文帝赞扬佛教事》称：

---

① 〔南朝梁〕释慧皎撰，汤用彤校注：《高僧传》卷 7《宋京师东安寺释慧严》，北京：中华书局，1992 年，第 260—261 页。

② 〔南朝梁〕僧祐编撰，刘立夫、胡勇译注：《弘明集》卷 2《明佛论》，北京：中华书局，2011 年，第 183 页。

③ 〔南朝梁〕僧祐编撰：《弘明集》卷 3《宗答何书》，《四部丛刊初编》，上海：商务印书馆，1922 年，第 38 页。

渡江已来，则王导、周颚，宰辅之冠盖。王蒙、谢尚，人伦之羽仪。郗超、王坦、王恭、王谧，或号绝伦，或称独步，韶气贞情，又为物表。郭文、谢敷、戴逵等，皆置心天人之际，抗身烟霞之间。①

何尚之亦列举上述有佛教信仰的东晋著名人物，并将郭文归为"置心天人之际，抗身烟霞之间"的隐士一类。总之，被后世洞霄宫道士视为开山祖师的郭文，很有可能是东晋时期活跃于门阀贵族间的一位佛教信徒。

（二）东晋以来余杭山的佛教发展

郭文在余杭山活动后不久，著名僧人支遁也在此活动。刘宋成书的《世说新语》记载："支遁，字道林。河内林虑人，或曰陈留人。本姓闵氏，少而任心独往，风期高亮，家世奉法。尝于余杭山沉思道行，泠然独畅。"② 梁慧皎《高僧传》亦记载："支遁，字道林。本姓关氏，陈留人，或云河东林虑人……隐居余杭山，深思道行之品，委曲慧印之经。"③ 支遁是东晋佛教史上的著名僧④，这两则史料记载其家乡为河内林虑或陈留，这两地点与郭文的家乡都相距不远。特别是前一处，则其与郭文同为河内郡人。

值得注意的是，支遁也是谢安、王羲之圈子中人，两人都与

---

① 〔南朝梁〕僧祐编撰：《弘明集》卷11《答宋文帝赞扬佛教事》，《四部丛刊初编》，上海：商务印书馆，1922年，第136页。

② 〔南朝宋〕刘义庆撰，〔南朝梁〕刘孝标注，余嘉锡笺疏：《世说新语笺疏》卷上之上《言语第二》，北京：中华书局，2011年，第109页。

③ 〔南朝梁〕释慧皎撰，汤用彤校注：《高僧传》卷4《晋剡沃洲山支遁》，北京：中华书局，1992年，第159页。

④ 有关支遁的研究，参见汤用彤：《汉魏两晋南北朝佛教史》，北京：北京大学出版社，1983年，第125—128页。

东晋一批高官贵族相识。郭文与王导等人相识，支遁则与王羲之、谢灵运等人有过交往。《高僧传》称："谢安闻而善之……王洽、刘恢、殷浩、许询、郗超、孙绰、桓彦表、王敬仁、何次道、王文度、谢长遐、袁彦伯等，并一代名流，皆著尘外之狎。"① 刘义庆《世说新语》亦称："《安和上传》曰：释道安者……佛图澄甚重之。值石氏乱，于陆浑山木食修学，为慕容俊所逼，乃住襄阳……自支道林等，皆宗其理。"②

支遁与郭文是同乡，都有佛教信仰，并都可能与佛图澄法系高僧有来往。支遁也很可能与许迈相熟，支遁隐居于余杭山，而许迈隐居于余杭悬雷山及临安山，两地十分接近，当不是巧合。总之，郭文、许迈、支遁虽然宗教信仰不同，但他们之间存在某种若隐若现的联系。南宋释志磐《佛祖统纪》记载："昙翼，余杭人，初入庐山依远公，后往关中见罗什。东还会稽……初，余杭山沙门法志常诵《法华》，有雉巢于庵侧，翔集座隅，若听受状，如是七年。"③ 也就是说东晋另有沙门法志在此活动，并在此讲诵《法华经》。因此，唐宋洞霄宫所在的余杭山，在东晋时代其实是郭文、支遁等著名佛教徒活动的重要场所。

郭文死后，乡人为其立祠，其故居或"修道"之处也被建为佛寺，《咸淳临安志》就记载：

> 天真院，在（余杭）县西南二十里招德乡，旧名"真

① 〔南朝梁〕释慧皎撰，汤用彤校注：《高僧传》卷 4《晋剡沃洲山支遁》，北京：中华书局，1992 年，第 109—110 页。

② 〔南朝宋〕刘义庆撰，〔南朝梁〕刘孝标注，余嘉锡笺疏：《世说新语笺疏》卷中之上《雅量第六》，北京：中华书局，2011 年，第 328 页。

③ 〔南宋〕志磐撰，释道法校注：《佛祖统纪校注》卷 27，上海：上海古籍出版社，2012 年，第 563 页。

君"。咸和二年（327）建，郭文举曾于此修道，故名。治平二年（1065）改今额。①

东晋咸和二年（327）冬，苏峻叛乱，第二年春余杭陷落，此时郭文尚在世。此天真院在余杭县西南二十里，而后世洞霄宫则在余杭县西南十八里，两地甚近，已在洞霄宫整体范围之内。郭文的另一处祠庙则是杭州新城县宁国院，《咸淳临安志》又载：

> 宁国院，在县南七里青峦山。晋郭文举尝隐于此，邑人祠之，有祷必应，又相与建佛宇于祠之旁，隆安五年（401），赐额曰"碧流"，咸通中（860—874）重建。门枕小池，吴越王更为"碧沼"。大中祥符元年（1008），改今额。有白莲堂、妙乐堂、定轩、碧沼轩。②

也就是说，最初这里也是众多"郭文祠"之一，不久，"建佛宇于祠之旁"，并在隆安五年（401），即郭文去世近七十年后被官方赐额。

南宋方夔有《游碧沼寺》一诗，其诗题后有原注"即晋郭文举旧隐"，原诗为：

> 古寺萧萧昼闭房，我来无处觅春阳。
> 门前绿静江湖汛，松下清阴暑月凉。
> 空寄郭公留旧隐，愁听望帝断离肠。

①〔南宋〕潜说友：《咸淳临安志》卷83，《宋元方志丛刊》第4册，北京：中华书局，1990年，第4122页。

②〔南宋〕潜说友：《咸淳临安志》卷85，《宋元方志丛刊》第4册，北京：中华书局，1990年，第4145页。

借君拍板都无用，看尽伶优老戏场。①

这几则材料显示郭文死后，在杭州的余杭、临安、新城等县，即其生前活动过的地方多建有祠庙。这些祠庙，有的在后来发展成了天柱观这样的道观，但大部分仍以佛教为主，从而昭示了郭文原有的佛教徒身份。

（三）郭文与道教的关系及其彻底"道士化"的过程

东晋时期佛教与道教的分立并不明显，因此大量隐士往往与佛教和道教都有关系。郭文就是其中之一，《晋书》记载郭文曰：

> 少爱山水，尚嘉遁。年十三，每游山林，弥旬忘反。父母终，服毕，不娶，辞家游名山。历华阴之崖，以观石室之石函。洛阳陷（316），乃步担入吴兴余杭大辟山中穷谷无人之地，倚木于树，苫覆其上而居焉，亦无壁障。时猛兽为暴，入屋害人，而文独宿十余年，卒无患害。恒着鹿裘葛巾，不饮酒食肉，区种菽麦，采竹叶木实，贸盐以自供。②

《晋书》对郭文修道方式的记载，其实也符合六朝早期道士山林修道的特征。东晋著名道士葛洪就很推崇郭文。《晋书·郭文传》载：

> 余杭令顾飏与葛洪共造之，而携与俱归。飏以文山行或须皮衣，赠以韦绔褶一具，文不纳，辞归山中。飏追遣使者置衣室中而去，文亦无言，韦衣乃至烂于户内，竟不服

---

① 〔南宋〕方一夔：《富山遗稿》卷9，《景印文渊阁四库全书》第1189册，台北：台湾商务印书馆，1986年，第436页。

② 〔唐〕房玄龄等：《晋书》卷94《隐逸传·郭文》，北京：中华书局，1974年，第2440页。

用……（郭文）终。宠葬之于所居之处而祭哭之，葛洪、庾阐并为作传，赞颂其美云。①

同书《葛洪传》亦载：

（葛洪）性寡欲，无所爱玩，不知棋局几道，摴蒲齿名。为人木讷，不好荣利，闭门却扫，未尝交游。于余杭山见何幼道、郭文举，目击而已，各无所言。②

这段文字出现在葛洪传记的第一段，当是其早年的活动经历。文中提及的何幼道即何准，出自庐江何氏，是东晋宰相何充之弟，亦是当时著名的佛教信徒。《晋书·何准传》载：

何准字幼道，（晋穆帝）穆章皇后父也。高尚寡欲，弱冠知名，州府交辟，并不就。兄充为骠骑将军，劝其令仕，准曰："第五之名何减骠骑？"准兄弟中第五，故有此言。充居宰辅之重，权倾一时，而准散带衡门，不及人事，唯诵佛经，修营塔庙而已。征拜散骑郎，不起。年四十七卒。③

葛洪"于余杭山见何幼道、郭文举"说明何准当时亦在余杭山活动，其与郭文可能是一同修行的师友。作为宰相之弟、皇后之父，何准在余杭山的修行活动，无疑将增加这一地区的宗教

---

① 〔唐〕房玄龄等：《晋书》卷94《隐逸传·郭文》，北京：中华书局，1974年，第2440—2441页。

② 〔唐〕房玄龄等：《晋书》卷72《葛洪传》，北京：中华书局，1974年，第1911页。

③ 〔唐〕房玄龄等：《晋书》卷93《外戚传·何准》，北京：中华书局，1974年，第2417页。

氛围。

对于郭文和葛洪交往的情形,《洞霄图志》亦载:"双仙桥,在宫外三里,俗呼为双桥头。昔郭真君与葛仙翁倚杖对谈于此,故名。"① 在葛洪的相关传记中,并未发现其与任何佛教徒有过交往,王明先生的研究也证明葛洪的著作没有佛教的影响。② 然而在郭文传记中,葛洪却不仅与顾飑拜访郭文,还送其"韦绔褶一具",可谓关怀备至,郭文死后更为其作传赞美,更非一般朋友所为。因此,我们认为郭文可能并非纯粹的佛教徒,其对道教亦当有所修行,才会与著名道士葛洪有密切的交往。六朝时期,对佛道二教的信仰并非非此即彼,而是常为人所共同习练。与葛洪同时代的"异人"单道开亦在释道之间,与郭文颇为相似,王承文老师曾详细考证过其事迹。③ 这就解释了《晋书》未将郭文归为"僧人",而是归为"隐士"的原因。唐代著名道士兼诗人吴筠在"安史之乱"后来到天柱观,为洞霄宫留下了目前所见最早的文字记载,其文称:

> 于是傍讯有识,稽诸实录。乃知昔高士郭文举,创隐于兹。以云林为家,遂长往不复,元和贯于异类,猛兽为之驯扰。《晋书》逸人传具纪其事,可略而言。自先生阒景潜

① 〔元〕邓牧:《洞霄图志》卷2,《丛书集成初编》第3167—3168 册,北京:中华书局,1985 年,第 21 页。

② 王明:《葛洪》,收入《中国古代著名哲学家评传》(续编二　魏晋南北朝部分),济南:齐鲁书社,1980 年,第 215—256 页。

③ 王承文:《葛洪晚年隐居罗浮山事迹释证——以东晋袁宏〈罗浮记〉为中心》,陈鼓应主编:《道家文化研究》第 21 辑,北京:生活·读书·新知三联书店,2006 年。

升，而遗庙斯立。①

吴筠在"傍讯有识，稽诸实录"之后，将郭文称为"高士"，而未将其称为"道士"，可谓严谨。而郭文死后"遗庙斯立"的现象，则很可能是导致其形象最终道士化的原因之一。在吴筠记载天柱观一百多年后，钱镠于唐光化三年（900）所撰《天柱观记》中称：

> 东晋有郭文举先生，得飞化之道，隐居此山。群虎来柔，史籍具载。乃于蜗庐之次，手植三松，虬偃凤翘，苍翠千载，今殿前者是也。②

以上碑文中已称郭文"得飞化之道"，实际上已将其描绘为一位道士。而且将天柱观主殿的三松明确为郭文手植。至后梁乾化三年（913），郭文与许迈被并封为道教"真君"。南宋陈葆光《三洞群仙录》所引北宋末年唐子霞的《大涤洞天真境录》称：

> 《真境录》："郭文字文举，尝于华阴山石室中得《神虎内真紫元丹章》，值晋室衰，乃负笈入余杭大涤山。"③

郭文入"华阴石室"在前引《晋书》等较早史料中出现过，但在石室中取得《神虎内真紫元丹章》的说法，则始见于此。元代邓牧《洞霄图志》的记载相同，应直接抄自《大涤洞天真境录》。所谓《神虎内真紫元丹章》，六朝道书《太玄都四极明

---

① 〔元〕邓牧：《洞霄图志》卷6，《丛书集成初编》第3167—3168册，北京：中华书局，1985年，第74页。

② 〔元〕邓牧：《洞霄图志》卷6，《丛书集成初编》第3167—3168册，北京：中华书局，1985年，第71页。

③ 〔南宋〕陈葆光：《三洞群仙录》卷10《郭无四壁刘有二困》，《道藏》第32册，文物出版社、上海书店、天津古籍出版社，1988年，第297页。

科》称："《玉清神虎内真紫文丹章》二诀，玉清紫晨君所修，自然之章，以传太上大道君。"①《大涤洞天真境录》将郭文与道教经典《神虎内真紫元丹章》联系起来，表明郭文形象的道士化在宋代彻底完成了。

三　东晋道士许迈的活动地域与唐宋洞霄宫关系考

许迈是东晋著名道士，其生卒年不详，主要活动于东晋中期，出自丹阳郡句容县（今江苏句容县）许氏这个世代信道的家族，其家族的许逊、许谧、许翙等都是六朝上清派历史上显赫的人物。许迈与葛洪同出于道士鲍靓师门，并且都在余杭、临安两县山区有过频繁的活动。邓牧《洞霄图志》记载曰：

> 永和二年（346），（许迈）入临安西山。登岩茹芝，渺然自得，有终焉之志，即今大涤也。尝谓余杭山是洞庭西门，潜通五岳。②

大涤山是洞霄宫众山中的主峰之一。邓牧认为许迈出游的"临安西山"即今大涤山，后文紧接着又以许迈的语气说"余杭山"的情况，显然是把"临安西山""余杭山"与宋元时期的大涤山等视之，并以此确立了许迈与唐宋洞霄宫之间的关系。不过，这三座山峰是否为同一座山，还需要进一步讨论。余杭之名，春秋时已见诸史籍；临安县则是东汉三国时由余杭析置。临

①　《太真玉帝四极明科经》卷2，《道藏》第3册，文物出版社、上海书店、天津古籍出版社，1988年，第422页。
②　〔元〕邓牧：《洞霄图志》卷5《归一许真君传》，《丛书集成初编》第3167—3168册，北京：中华书局，1985年，第38—39页。

安在西，余杭在东，两县的相对位置在后代的政区沿革中没有变化。唐宋洞霄宫位于临安、余杭两县的交界之地，即位于临安以东、余杭以西。如此，《洞霄图志》将"临安西山"视为大涤山明显有误，大涤山应为"临安东山"。

有关许迈的传记资料，首要的是梁代陶弘景所辑的《真诰》，其中甚至包括许迈写作的一些书信。其次是《许迈别传》。逯耀东认为"别传"是魏晋史学的重要特色。① 清人姚振宗考证，《许迈别传》当为王羲之亲撰②，亦为第一手之史料。虽然此书现已不存，但许多内容保存在后代类书中。再次是南朝末道书《道学传》。该书原文已散佚，然许多条目亦为后世类书所保存，陈国符将其辑录附在《道藏源流考》之末。最后是唐初所修《晋书·许迈传》。自唐以来的各种许迈传记，或承袭以上四种，或为道教徒添加的神怪附会之词。前引《洞霄图志》许迈本传就是这两种资料的结合。

许迈的道教经历丰富，在此只讨论其与"临安西山"及"余杭山"的关系。前文已指出，"余杭山"也作"由拳山"，大体可视为唐宋洞霄宫的所在地，皆在旧余杭县城西南十八里。《晋书》本传亦称："父母尚存，未忍违亲。谓余杭悬霤山近延陵之茅山，是洞庭西门，潜通五岳，陈安世、茅季伟常所游处，于是立精舍于悬霤，而往来茅岭之洞室，放绝世务，以寻仙馆，

---

① 逯耀东：《魏晋别传的时代性格》，引自《魏晋史学的思想与社会基础》，北京：中华书局，2006年，第71—97页。

② 〔清〕姚振宗：《隋书经籍志考证》卷20杂传《仙人许远游传》一卷，北京：清华大学出版社，2014年，第875页。

朔望时节，还家定省而已。"① 可见许迈确实曾隐居余杭悬霤山，而隐居余杭悬霤山的原因一方面是因为此山早有仙道所居，另一方面因其邻近家乡丹阳的茅山，可以随时往来于"茅岭之洞室"，"朔望时节，还家定省"，因此余杭悬霤山当为许迈远游学道较早的隐居地。

关于许迈游历于"临安西山"的记载也很多，《许迈别传》称："迈好养生，遣妻归家……移入临安，自以无复反，乃改名远游，书与妇别。"②《道学传》称："许迈字叔玄，少名映，后改名远游。志求仙道，入临安西山。经月不返，人亦不知其所之。先娶散骑常侍吴郡孙宏女为妻，迈居临安山中，为书谢遣其妻云：欲闻悬霤之响，山鸟之鸣，自为箫韶九成，不胜能也。偶景青葱之下，栖息岩岫之室，以为殿堂广厦，不能过也。情愿所终，志绝于此，吾其去矣，长离别矣。"③《无上秘要》称："许迈字叔玄……少好道，弃家游山于临安西山。"④《晋书》本传称："永和二年（346），移入临安西山，登岩茹芝，眇尔自得，有终焉之志。乃改名玄，字远游。与妇书告别。"⑤ 可见，许迈大约在东晋永和年间，即其 46 岁时，隐于临安西山。临安西山当指悬霤山。许迈在此期间与山阴王羲之关系密切，并参与数年

---

① 〔唐〕房玄龄等：《晋书》卷80《许迈传》，北京：中华书局，1974 年，第2106—2107 页。

② 〔唐〕欧阳询：《艺文类聚》卷 29《许迈别传》，上海：上海古籍出版社，1982 年，第 512 页。

③ 〔北宋〕李昉：《太平御览》卷 666，北京：中华书局，1960 年，第 2974 页。

④ 《无上秘要》卷83，《道藏》第 25 册，文物出版社、上海书店、天津古籍出版社，1988 年，第 236 页。

⑤ 〔唐〕房玄龄等：《晋书》卷80《许迈传》，北京：中华书局，1974 年，第2107 页。

后的山阴兰亭集会，其在《晋书》的传记亦附于《王羲之传》后。

不过，唐朝吴筠在《天柱观碣》中并未提及东晋高道许迈，而是提及"正观初，有许先生曰迈，怀道就闲，荐召不起。后有道士张整、叶法善、朱君绪、司马子微、暨齐物、夏侯子云，皆为高流，或游或居，穷年忘返"①。这里的"正观初"如果从字面上来理解，显然是指唐太宗"贞观"年号，东晋并无与此接近的年号，东晋的许迈也没有"荐召不起"的记载。也就是说《天柱观碣》中的许迈还有可能是指唐初的另一位许迈，而非东晋高道许迈。总之，关于许迈的隐居地，最明确的记载是悬雷（悬雷）山或称临安西山，此距唐宋洞霄宫所在的余杭山不远，故唐宋时期洞霄宫道士将余杭山看成是许迈道教活动的地区有一定的合理性。

总之，在郭文、许迈活跃的东晋前中期，后世洞霄宫所在的余杭、临安两县交界之山区，有着浓厚的佛、道二教积淀，众多高僧、名道频繁活动于此。

第二节　唐高宗敕建天柱观考

东晋时期，洞霄宫所在的余杭山及其附近地区，先后有郭文、许迈、支遁等佛道著名人物活动，使这一地区的宗教氛围日渐浓厚。南朝以下，郭、许二人成为当地百姓的崇奉对象，不少

---

① 陈垣编，陈智超、曾庆瑛校补：《道家金石略》，北京：文物出版社，1988年，第162页。

祠庙建立起来，这一崇奉现象持续到唐代，最终为唐高宗敕建天柱观奠定了基础。天柱观在唐高宗末年建立的历史背景、具体过程以及对唐宋洞霄宫发展的影响等，值得专门讨论。

一 唐高宗时期天柱观创立的背景

在郭文死后，当地百姓为其立祠，于是在余杭山一带形成了祠祀郭文的民间祠庙，其中最有说服力的证据是唐代著名道士吴筠在《天柱观碣》中的一段话：

> 昔高士郭文举创隐于兹，以云林为家……自先生阆景潜升，而遗庙斯立。暨我唐宏（弘）道元祀，因广仙迹，为天柱之观。①

吴筠在"安史之乱"后隐居天柱观，此碑是洞霄宫现存最早的碑文之一，其完成于大历十三年（778），距弘道元年（683）建立天柱观不足百年。碑文将郭文死后"遗庙斯立"的现象与唐高宗敕建"天柱之观"相联系，正说明郭文的"遗庙"与"天柱之观"的建立具有联系。而郭文死后的仙迹不止一处，元人邓牧称："今临安冲虚宫、武康郭林、余杭天真仙洞，亦各有遗迹。"② 可见临安、余杭等地的郭文崇祀，在宋元时期依然兴盛。

天柱观创建的唐高宗弘道元年（683）正是唐高宗驾崩的那

---

① 〔元〕邓牧：《洞霄图志》卷 6《天柱观碣》，《丛书集成初编》第 3167—3168 册，北京：中华书局，1985 年，第 74 页。

② 〔元〕邓牧：《洞霄图志》卷 5《灵曜郭真君》，《丛书集成初编》第 3167—3168 册，北京：中华书局，1985 年，第 38 页。

一年。中国历史上最早的两次全国性普置道观均发生在唐高宗年间。第一次发生于乾封元年（666）高宗、武后封禅泰山之后，诏令"天下诸州置观、寺一所"①。巴瑞特认为这一诏令"明显朝着有利于道教的方向加大了佛、道两教间相应的差异，使道教第一次在国家政权的支持下将道观遍布全国"②。第二次发生在弘道元年（683），诏令"天下诸州，置道士观，上州三所，中州二所，下州一所，每观各度七人"③。第一次诏令各州只建观一座，按逻辑推理，应当建在州城所在地，比如杭州应当在附郭的钱塘、仁和二县。而第二次则规定"上州三所"，查《元和郡县图志》及新旧《唐书》，杭州为上州，因此得以在州治所之外的余杭县创立天柱观。总之，杭州天柱观的创立，与唐高宗后期尊崇道教并加强对道教的控制有关，是全国性普置道观的组成部分。

然而，邓牧《洞霄图志》却未提及创建天柱观与唐高宗《改元弘道诏》的关系，而是将天柱观的创立之功全部记在"潘尊师"的名下。邓牧称：

> 先生（潘尊师）不知何许人，亦不详其名字。遍游山川，爱天柱止焉。自郭、许二君仙去，泉石荒芜，元封古坛，亦且湮没。先生慨然发愤，请诸朝，唐高宗凤闻其名，为敕创天柱观。仍以四维之中，壁封千步，禁断樵采，为长生

---

① 〔后晋〕刘昫：《旧唐书》卷5《高宗纪》，北京：中华书局，1975年，第90页。

② ［英］巴瑞特著，曾维加译：《唐代道教——中国历史上黄金时期的宗教与帝国》，济南：齐鲁书社，2012年，第19页。

③ 〔北宋〕宋敏求：《唐大诏令集》卷3《改元弘道诏》，上海：学林出版社，1992年，第13页。

之林。①

文中明确称唐高宗"敕创天柱观",却并未提及改元诏书,而认为敕建一事仅与潘先生"慨然发愤,请诸朝"的努力有关。但是,关于这位"唐高宗凤闻其名"的道士,邓牧在遍查史籍后却称"不知何许人,亦不详其名字",邓牧的这一结论颇为可疑与矛盾。天柱观的建立究竟是因为唐高宗临死前所发布的普建宫观的诏令,还是因为"潘尊师"的不懈努力呢?唐代吴筠《天柱观碣》称:

> (吴筠)于是傍讯有识,稽诸实录,乃知昔高士郭文举,创隐于兹……自先生(郭文)閟景潜升,而遗庙斯立。暨我唐宏(弘)道元祀,因广仙迹,为天柱之观……正(贞)观初,有许先生曰迈,怀道就闲,荐召不起。后有道士张整、叶法善、朱君绪、司马子微、暨齐物、夏侯子云,皆为高流,或游或居,穷年忘返。②

吴筠所称"傍讯有识,稽诸实录",是说其结论是经过严谨的考查得出的。他认为天柱观得以创立的原因,一是因为郭文的"遗庙斯立",二是因为唐高宗于弘道元年(683)"广仙迹"的行为,显然他认为天柱观之创立是朝廷的诏令所致。"我唐弘道元祀,因广仙迹"即当指《改元弘道诏》中普建道观等内容。碑文中却未提及"潘尊师"其人,而且在后文提及唐代以来在天柱观

---

① 〔元〕邓牧:《洞霄图志》卷5《潘先生》,《丛书集成初编》第3167—3168册,北京:中华书局,1985年,第39页。

② 〔元〕邓牧:《洞霄图志》卷6《天柱观碣》,《丛书集成初编》第3167—3168册,北京:中华书局,1985年,第74—75页;陈垣编,陈智超、曾庆瑛校补:《道家金石略》,北京:文物出版社,1988年,第162页。

活动的著名道士名字时，亦没有提及"潘尊师"。而吴越王钱镠于公元900年所作《天柱观记》则称："天皇大帝（案：指唐高宗，"天后"则指武后），握图御宇，授箓探符，则有潘先生，宏演真源，搜访神境，宏（弘）道元年，奉敕创置天柱观焉。仍以四维之中，壁封千步，禁彼樵采，为长生之林。"① 钱镠在碑记中肯定了潘先生创建天柱观的功绩，但亦明确指出高宗皇帝与创建天柱观的关系，是因为先有唐高宗"授箓探符"这一诏令，然后"则有潘先生"奉敕创建天柱观的具体行动，而不是相反。

结合"吴筠碑""钱镠碑"及史书记载，天柱观是一座奉高宗遗诏《改元弘道诏》敕建的道观，特别是其"壁封千步，禁彼樵采，为长生之林"的封禁政策，也进一步暗示了其与朝廷之间的紧密关系。《洞霄图志》还记载："政和间（1111—1118），援唐天柱观例，经尚书礼部，给洞霄宫印记。宁宗庆元二年（1196），知宫陈以明，以岁久漫灭重给。"② 证明天柱观在唐代已经由朝廷颁给印信，进一步显示其敕立道观的性质，而这一颁给印信的行为很可能从潘氏创观就已经开始。

天柱观作为敕立道观的性质对天柱观后来的发展有着非常重要的影响，除了其合法地位得到保证之外，还会得到来自朝廷源源不断的各方面扶持。宋真宗于此编纂《大宋天宫宝藏》并敕改洞霄宫和作为宋代致仕制度重要一环的"提举洞霄宫"，都与天柱观本身属于唐代敕建的官立道观有关。

---

① 〔元〕邓牧：《洞霄图志》卷6《天柱观记》，《丛书集成初编》第3167—3168册，北京：中华书局，1985年，第71—72页。

② 〔元〕邓牧：《洞霄图志》卷1，《丛书集成初编》第3167—3168册，北京：中华书局，1985年，第2页。

二　唐天柱观创立者潘尊师考

邓牧称潘尊师"不知何许人，亦不详其名字"，表明后世洞霄宫道士对这位建观祖师的陌生，也暗示了作为天柱观创建者的"潘尊师"并非唐代著名道士。然而其作为杭州天柱观及福业观两座道观的实际创建者的地位是不容置疑的。邓牧称："盖汉武建坛后，历年虽久，不过名山而已。至先生（潘尊师）乃建为宫观，传道至今，非所谓真师者哉？"① 邓牧认为，虽然在潘尊师之前此地已是"名山"，但若没有潘尊师身体力行地创为道观，就不会有宋元时期洞霄宫的兴盛。唐末道士杜光庭编《神仙感遇传》中有一篇富有传奇色彩的潘尊师故事：

> 杭州曹桥福业观，有潘尊师者，其家赡足，虚襟大度，延接宾客，行功济人。一旦，有少年容状疏俊，异于常人，诣观告潘曰："某远聆尊师德义，拯人急难，甚欲求托师院后竹径中茆斋内寄止两月，以避厄难，可乎？或垂见许，勿以负累为忧，勿以食馔为虑，只请酒二升（斗），可支六十日矣。"潘虽不测其来，闻欲逃难，欣然许之。少年遂匿于茅斋中，亦无人追访之，亦不饮不食。六十日既满，再拜谢焉。从容问潘曰："尊师曾佩授符箓乎？"潘云："所受已及洞玄中盟矣，但未敢参进上法耳。"少年曰："师之所受，品位已高，然某曾受正一九州社令箓一阶，以冒奉传，以申

---

① 〔元〕邓牧：《洞霄图志》卷5《潘先生》，《丛书集成初编》第3167—3168册，北京：中华书局，1985年，第39页。

报答耳。"即焚香于天尊前,传社令名字,及灵官将吏,随所呼召,兵士骑乘,应时皆至。既毕,令之曰:"传授之后,随逐尊师,营卫召命,与今无异。"由是兵士方隐。又谓潘曰:"可于中堂垒床为坛,设案机,焚香恭坐,九州内外吉凶之事,靡不知也。但勿以荤血为犯,苟或违之,冥必有谴。若精洁守慎,可致长生神仙矣!"言讫隐去,不知所之。潘即设榻隐几,坐于中堂。须臾,四海之内,事无巨细,一一知之。如是旬日,为灵官传报,颇甚喧聒。潘勃然曰:"我闲人也,四远之事,何须知之?"严约灵官,不使传报。答曰:"职司不宜旷阙。"所报益多,约之不已,潘乃食肉啗蒜以却之。三五日,所报之声渐远,灵官不复至以亡。一夕,少年来曰:"吾轻传真诀,已罹谴责。师犯污真灵,罪当冥考。念以前来相容之恩,不可坐观沦陷。别授一术,广行阴功,救人疾苦,用赎前过。不尔,当堕于幽狱矣。"潘自啗荤食之后,自知己失,及闻斯说,忧惧异常。少年乃取米屑,和之为人形,长四五寸,置于壁窦中。又授玉子符两道。戒潘曰:"民有疾苦厄难来求救者,当问粉人以知灾祟源本,然以吾符救之,勿取缯钱,务在积功赎过耳!勤行不替,十年后,我当复来。"自是潘以朱篆救人,祛灾蠲疾,赴之者如市。十余年,少年复至,淹留逾月,多话诸天方外之事,然后别去。岁余,潘乃无疾而终,疑其得尸解之道也。①

---

① 〔五代〕杜光庭:《神仙感遇传》卷3《曹桥潘尊师》,《道藏》第10册,文物出版社、上海书店、天津古籍出版社,1988年,第892页;〔北宋〕张君房编:《云笈七签》卷112《神仙感遇传》,北京:中华书局,2003年,第2444—2445页。

据上可知，潘尊师是余杭本地人，生活在离天柱观不远的余杭曹桥镇，家境十分殷实。他乐善好施，因帮助某位仙人而得其传授"正一九州社令箓"，这一法箓能使其"四海之内，事无巨细，一一知之"，结果潘氏因嫌其"喧聒"而故意破戒吃荤，遭到真灵惩罚，最后只能以救助他人为己赎罪。这篇传文有以下几个问题值得讨论：第一，引文开头提及的曹桥福业观，《洞霄图志》记载："至道宫，在余杭县北三十里曹桥西。唐文明元年（684）建，初名福业观。潘尊师成道于此，《云笈》所载者。宋治平三年（1066）改今额。"① 这座福业观创建于唐睿宗文明元年（684），是由潘尊师的宅基地改建而成。这座道观的创建时间仅比天柱观晚几个月，但由于朝廷对道教宫观数量的严格控制，前一年《改元弘道诏》中的名额已被天柱观占去，故这座道观很难得到敕额，因而最终成为天柱观的附属道观。第二，文中提及潘尊师"所受已及洞玄中盟矣，但未敢参进上法耳"，可知其并非道法特别高深的著名道士，而这可能就是邓牧不知其名字的原因。第三，其乐善好施的形象使其创建天柱观的可能性大增。虽然朝廷下令天下各州普建一到三座道观，但并不是每一个地方官府都有此种能力和资金，因此需要依靠地方士绅资助才能完成，杭州天柱观很可能就是以这一模式建起来的。

从天柱观创建的过程看，虽然有唐高宗的诏令，但看不到杭州及余杭地方官府直接参与的任何记载。因此，天柱观的创建很可能并不是由地方官府出资，而是由既是本地富人、又是虔诚道教徒的潘先生出资，地方官府提供的只是国家给予的敕额。唐高

---

① 〔元〕邓牧：《洞霄图志》卷1《至道宫》，《丛书集成初编》第3167—3168册，北京：中华书局，1985年，第7页。

宗、武后先后两次普建道观，亦是将道教纳入国家管理体制的具体体现，唐朝由此加强了对道教的管理和规范。

　　唐朝杭州天柱观的创建过程，在古代南方道观中也具有一定的典型意义。前人研究证明，南北朝时期出现的道馆（观）数量很多，建造的途径也很多样，包括"历代皇帝下令为有名的道士所建""地方官吏为名道士所建""达官权贵出资所建""富室出资所建""道士募化所建"。① 南朝道馆（观）创建的原因及出资方式，存在着某种常见的模式。而杭州天柱观的创建过程，经历了从早期隐逸名人（郭文、许迈）的宗教活动和民间祠庙，到唐代敕建宫观的过程。道教史上一些重要的派别都有由民间宗教向官方（正统）道教（派）转变的过程和趋势，郭武《道教与民间宗教关系综述》一文对正统道教与民间宗教关系的相关研究做过系统的总结。② 例如，茅山是六朝唐宋时期最重要的道教中心之一，因西汉景帝时茅盈、茅固、茅衷三茅真君结庵修道而得名。陶弘景著《真诰》记载，三茅"飞升"后不久，在茅山就已建立起以三茅为崇奉对象的白鹄庙，成为茅山的民间信仰中心。此后崇奉不断，并在王莽至东汉初期三次得到皇室的献金及重修，体现了官方的认可。③ 东汉以降，各种以三茅为崇奉对象的祠庙，更在茅山周围层出不穷，汉晋之间，茅山地区有浓厚的宗教信仰氛围。直到东晋杨、许营宅降经，刘宋长沙王建精舍，梁天监十三年（514），梁武帝为陶弘景"敕贸此精舍，

---

　　① 卿希泰主编：《中国道教史》（修订本）第1卷，成都：四川人民出版社，1988年，第558页。

　　② 郭武：《道教与民间宗教关系综述》，《江西社会科学》2001年第12期。

　　③ 〔南朝梁〕陶弘景：《真诰》卷11《稽神枢第一》，北京：中华书局，2011年。

立为朱阳馆"①，正式开创道教茅山派。茅山的发展过程，与天柱观"隐逸名士活动——民间祠庙——敕建宫观"的模式相同。南昌西山万寿宫的创建也与此类似，以东晋名道许逊的活动为基础，在六朝建立民间信仰的游帷祠，至唐高宗时，胡慧超重建游帷观，南宋时大盛，成为忠孝净明道派。② 龙虎山天师道以六朝张道陵在龙虎山炼丹传说为基础，在唐代正式建立宫观。广东静福山是道教七十二福地之一，南朝廖真人在此活动，此后形成祠庙，唐宋建立道观，廖氏亦被封为"灵禧真君"。③ 总之，唐代杭州天柱观的创建在江南一系列道观中具有一定的代表性和普遍性。

小　结

《晋书》等正史将郭文视为隐逸之士，而多部早期佛教文献则将其记载为佛教徒。郭文与著名道士葛洪的交往，证明郭文也有可能与道教有关，表明佛道二教在东晋时期界限并不明显，具有一定的模糊性。洞霄宫所在的余杭山，在东晋时是郭文、何准、支遁、许迈等著名佛道教徒活动的场所。在东晋以后，余杭山一带对郭文的祠祀活动越来越兴盛。到唐高宗敕立天柱观时，

---

① 〔南朝梁〕陶弘景：《茅山志》卷 20《上清真人许长史旧馆坛碑》，《道藏》第 5 册，文物出版社、上海书店、天津古籍出版社，1988 年，第 632 页。

② ［日］秋月观暎著，丁培仁译：《中国近世道教的形成：净明道的基础研究》，北京：中国社会科学出版社，2005 年。

③ 刘凯：《六朝到唐宋连州静福山的道教发展——以唐蒋防〈连州静福山廖先生碑铭〉为中心》，《岭南文史》2011 年第 4 期。

才最终促使这一地区道教化。最晚至唐末，郭文与许迈已开始被奉为天柱观（洞霄宫）的两位开山祖师。

创建于唐弘道元年（683）的天柱观，是由唐高宗临死前的《改元弘道诏》在全国普建道观的诏令、六朝以来本地区浓厚的郭文祠祀氛围，以及当地富人潘尊师出资等多个因素共同造成的，并非文献记载的出自潘尊师一人之力。唐天柱观这种由隐逸仙道活动到民间祠庙，再到合法的敕建道观的过程，与六朝以来的茅山、南昌西山、龙虎山等著名道教圣地的创立过程类似，具有一定的普遍意义。

第三章　从盛唐到五代的天柱观与江南道教

第一节　朱法满与盛唐时期的天柱观

天柱观于唐高宗弘道元年（683）正式创建，自此其与唐中央王朝的关系建立了起来。《洞霄图志》记载："中宗皇帝，玉叶继昌，元关愈辟，特赐观庄一所，以给香灯。于是台殿乃似匪人工，廊槛而皆疑化出，星坛月砌，具体而微，则有被褐幽人，据梧高士，挹澄泉之味，息青萝之阴。"① 南宋洪咨夔《檀越施田记》亦称："唐中叶，尝赐观庄田一所。国初，钱氏籍以归有司。"② 唐中宗两度做皇帝，此次赐田应以紧接弘道元年的684年为是。田产是古代寺观得以维持的经济基础，唐中宗赐予官田，也是敕立道观得到国家支持的具体体现和应有之意。

在潘尊师创立天柱观后，天柱观并没有留下其法脉传续的明

---

① 〔元〕邓牧：《洞霄图志》卷6，《丛书集成初编》第3167—3168册，北京：中华书局，1985年，第72页。

② 〔元〕邓牧：《洞霄图志》卷6，《丛书集成初编》第3167—3168册，北京：中华书局，1985年，第18页。

确记载，其建立初期可能并不太兴旺。直到唐代著名道士朱法满（？—720）带领弟子来到天柱观后，这一状况才得以改变。《正统道藏》中收录有朱法满撰《要修科仪戒律钞》一书，该书共16卷，是朱法满根据唐代以前50余种道教典籍编撰而成的重要道教类书。现代学者对这部类书的学术和史料价值评价很高，特别是这部著作中保存了大量六朝以来的道教科仪和戒律文献。然而，对于朱法满的生平事迹和生卒年代，学界一直都有争论。小林正美最初认为朱法满是唐代后半期的道士，在后来的研究中，小林正美又认为朱法满是"武则天时期的道士，玄宗开元八年时去世"[①]。而《洞霄图志》其实对朱法满的生平有明确记载：

> 朱君绪，字法满，余杭县人。年十八入道，居玉清观。闭户下帷，终日燕坐而已。后以玉清地迫喧嚣，不可久处，乃拂衣入天柱山，数年道成。一日微疾，倏起，命水澡浴，具冠褐，焚香端坐。暨齐物、朱韬光等，知当羽化，跪泣而辞。师曰："吾于彭殇存亡，齐之久矣。悲忻顾恋，何有于其间哉？然道妙寂寂，感者通焉。神理冥冥，契者昭焉。吾言之矣，汝知之矣。"言讫而逝，时开元八年（720）五月二十九日也。[②]

南宋道士陈葆光的《三洞群仙录》所引北宋末年唐子霞《大涤洞天真境录》也有朱法满的传记，其文称：

---

①　［日］小林正美著，王皓月、李之美译：《唐代的道教与天师道》，济南：齐鲁书社，2013年，第48页。

②　〔元〕邓牧：《洞霄图志》卷5《朱法师》，《丛书集成初编》第3167—3168册，北京：中华书局，1985年，第43页。

　　《真境录》：法师朱君绪，字法满，居玉清观。即解纷异俗，尚行全真，闭户闲庭，下帷虚室，器宇宏雅，泰定发乎天光，情性渊默雷声，洊乎江表。爰以玉清本观，地迫喧烦，天柱古坛，境远闲静。乃拂衣不驻，策杖攸往。数年之间，诸业未就。忽寝微疾，一朝倏起，命水澡浴，具冠服，焚香端坐。语弟子曰："吾于彭殇存亡，齐之久矣。然道妙寂寂，感者通焉。神理冥冥，契者昭焉。吾言之矣，汝知之矣。经法戒行，尔其勉诸。"言讫，奄然而逝。①

　　从以上两段引文有多处文字完全相同这一情况看，二者当有共同的来源，很有可能都是出自唐子霞的《大涤洞天真境录》。但两段引文在某些细节上仍有不同，也是最值得玩味之处。第一，晚出的《洞霄图志》提及朱法满是"余杭县人，年十八入道"，此为《三洞群仙录》所无。第二，两文皆描述了朱法满远离尘俗、崇尚玄虚的性格，并因此离开"地迫喧烦"的玉清观，前往"境远闲静"的天柱山。第三，在有关朱法满的道业方面，《大涤洞天真境录》称"数年之间，诸业未就"，而《洞霄图志》称其"数年道成"，这很可能是元代洞霄宫道士对作为祖师之一的朱法满的美化。第四，传记中都提及朱法满羽化前对弟子说的一段话，早出的《三洞群仙录》并未提及弟子的姓名，而后出的《洞霄图志》则明确记载为暨齐物、朱韬光两人。第五，关于其最终羽化的时间，早出的《三洞群仙录》并未提及，而后出的《洞霄图志》则明确提到是"开元八年"。通过以上分析

---

　　① 〔南宋〕陈葆光：《三洞群仙录》卷13，《道藏》第32册，文物出版社、上海书店、天津古籍出版社，1988年，第324页。

可知，《三洞群仙录》作为早出史料，记载较为简朴，而后出的《洞霄图志》则在某些细节上更加具体和丰富，带有明显的加工和修改的痕迹。

朱法满来到杭州天柱观的时间约为武后末期到唐玄宗初年，当为朱法满晚年道法深厚之时。①《要修科仪戒律钞》有可能就是朱法满为在天柱观创立新的道教团体、约束本山道士编辑而成的一部具有实用意义的"观规"类戒律类书。

大约稍晚于朱法满，当时名震天下的天师叶法善来天柱观讲学，对天柱观及朱法满道团的发展产生了重要影响。叶法善是唐高宗到玄宗时期的著名道士，其家族数代为道士，他自己也深深卷入唐朝宫廷政治斗争中，其生前被授予银青光禄大夫、鸿胪卿、越国公等其他道士不可企及的官职或爵位。丁煌《叶法善在道教史上地位之探讨》②、吴真《为神性加注：唐宋叶法善崇拜的造成史》③ 等论著对叶法善有过专门、深入的研究。

值得进一步探讨的是他与杭州洞霄宫的关系。杭州是大运河的南方终点，也是他从老家括苍山北上长安、洛阳的必经之路。《洞霄图志》记载叶法善受余杭青山镇长沈愈之请，"平居二十余载，尝役鬼神，建讲堂观门外，听法者云集"④，"开元中，天师讲《道德》《度人》诸经于此，有仙花灵鹤，自天而下。吴越

---

① 〔元〕邓牧：《洞霄图志》卷5《朱法师》，《丛书集成初编》第3167—3168册，北京：中华书局，1985年，第43页。

② 丁煌：《叶法善在道教史上地位之探讨》，《成功大学历史学系历史学报》1988年第1期，氏著《汉唐道教论集》，北京：中华书局，2009年。

③ 吴真：《为神性加注：唐宋叶法善崇拜的造成史》，北京：中国社会科学出版社，2012年。

④ 〔元〕邓牧：《洞霄图志》卷5《叶天师》，《丛书集成初编》第3167—3168册，北京：中华书局，1985年，第40页。

高士，辐辏听法，咸有所悟，愿居弟子列者，三百余人"①。以叶法善在道教中的显赫地位，如果在此地"平居二十余载"，应当留下丰富的记载，但在其他史籍中却鲜有记载。只有唐代吴筠在《天柱观碣》中回顾唐代以来活动于天柱观的著名道士时记载道："后有道士张整、叶法善、朱君绪、司马子微、暨齐物、夏侯子云，皆为高流，或游或居，穷年忘返。"② 叶法善活跃于玄宗前期，而吴筠活跃于唐玄宗后期，两个时间相当接近，这段史料的可信性较高。

叶法善在天柱观活动的记载虽然有所神化和夸张，但其真实性还是毋庸置疑的，并且他与朱法满及暨齐物似乎有着较为密切的关系，"建讲堂观门外，听法者云集"的盛况并非不可能发生。因此我们认为，叶法善确实曾在天柱观有过"或游或居"的宗教活动，对天柱观早期的声望提升起到过作用，但其在天柱观"平居二十载"等记载则可能有夸大之嫌。另外，朱法满的弟子暨齐物同时也是叶法善的弟子。《太平广记》收入《原仙记》中的叶法善传记，其中记载叶法善"告化于上都景龙观，弟子既齐物、尹愔，睹真仙下降之事，秘而不言"③。《洞霄图志》亦载：

> 暨齐物，字子虚。师玉清观朱法师君绪，受法箓，神符秘方，救物不息。后随入大涤山精思院，创垂象楼三间，又名"书楼"。积书数千卷其上，日以著述为事，每讲贯元

① 〔元〕邓牧：《洞霄图志》卷4《叶天师讲堂》，《丛书集成初编》第3167—3168册，北京：中华书局，1985年，第30页。
② 〔元〕邓牧：《洞霄图志》卷6《天柱观碣》，《丛书集成初编》第3167—3168册，北京：中华书局，1985年，第75页。
③ 〔北宋〕李昉：《太平广记》卷26《叶法善》，北京：中华书局，1961年，第172页。

学，听者叹服。钱氏赐度弟子，对曰："乐静久矣，不愿有之。"王曰："师必鬼神侍卫，凡徒何为哉？"所居室壁，东西各置一窍，采炼日月光华。每语人云："吾非久往罗浮石楼矣。"一旦，不知所之。①

这则材料明确记载了朱法满和暨齐物之间的师承关系，并提及其跟随朱法满从玉清观迁入天柱观之事。但"钱氏赐度弟子"之"钱氏"明显为唐末五代的吴越国王钱氏，邓牧将吴越国王与暨齐物联系起来明显有误。在前引《朱法满传》中，邓牧称"暨齐物、朱韬光等知当羽化，跪泣而辞师"，则朱韬光亦当为朱法满弟子，但在同书卷四《草堂》末尾有双行小字载：

> 道士朱韬光撰《篆坛记》，立石，文博义精，为时珍爱。自钱氏纳土举高道，其石遂运至汴京。②

这一"草堂"是唐末闾丘方远初入天柱观时"开坛授法篆"并具有神圣性的宗教建筑，亦号"上清坛"，是后世洞霄宫闾丘方远法派（上清院派）的真正"祖庭"，即所谓"今道院上清流派所自出也"。朱韬光撰《篆坛记》以纪念，则朱韬光应为闾丘方远之后学，当为唐末五代时期人，不可能是朱法满的弟子，"钱氏赐度弟子"的主角应是朱韬光，而非暨齐物。《真境录》以来的记载将盛唐朱法满及其弟子暨齐物与唐末五代时期闾丘方远法派的朱韬光混为一谈，这可能也是造成后世学者对朱法满和

---

① 〔元〕邓牧：《洞霄图志》卷5《暨天师》，《丛书集成初编》第3167—3168册，北京：中华书局，1985年，第43页。

② 〔元〕邓牧：《洞霄图志》卷4《草堂》，《丛书集成初编》第3167—3168册，北京：中华书局，1985年，第30页。

暨齐物生活年代产生分歧的原因之一。唐代诗人李颀有《送暨道士还玉清观》诗曰：

> 仙宫（一作官）有名籍，度世吴江濆。
>
> 大道本无我，青春长与君。
>
> 中州（一作洲）俄已到，至理得而闻。
>
> 明主降黄屋，时人看白云。
>
> 空山何窈窕，三秀日氤氲。
>
> 遂此（一作道）留书客，超遥烟驾分。①

诗以"还玉清观"为题，可见此时暨齐物与朱法满尚未来到天柱观。"度世吴江濆"，可见这座玉清观与天柱观一样，也位于三吴地区。前引《真境录》中《朱法满传》称"法师朱君绪，字法满，居玉清观"，《洞霄图志》中《暨齐物传》称其"师玉清观朱法师君绪受法箓"，均未指出是位于何处的玉清观，似乎表明这一玉清观是一所道教界人所共知的知名道观。遍搜唐玄宗之前的"玉清观"，只有温州②和茅山两处。温州位于浙东地区，属于越地而非吴地，因此只有这座位于茅山的玉清观符合所有条件。

茅山玉清观始建于梁武帝大同三年（537），唐许嵩《建康实录》"大同三年"条载："置玉清观，西北去县五十八里，南康令麙哲造。"③ 南宋王象之《舆地碑记目》载："（建康府句容

---

① 〔清〕曹寅、彭定求等：《全唐诗》卷134，北京：中华书局，1960年，第1364页。

② 〔南宋〕陈思编：《宝刻丛编》卷13，《丛书集成初编》第1601—1605册，北京：中华书局，1985年，第347页。

③ 〔唐〕许嵩撰，张忱石点校：《建康实录》卷17，北京：中华书局，1986年，第686页。

县）《唐玉清观四等碑》，开元十五年。"① 南宋张敦颐《六朝事迹编类》亦载："《大唐玉清观四等碑》，开元十五年（727）立，陶巨庄书，碑石损断。今置崇礼乡玉清观墓上。"② 六朝时期是茅山道教最兴盛的时期，道教宫观遍布四周，梁代玉清观只是依附茅山的众多道观（馆）之一③，朱法满和暨齐物最初的修道之地当为此观。此观位于茅山这一道观林立之地，必然给人以"地迫喧烦"之感。综合各种史实，我们认为，朱法满与暨齐物最初修道的玉清观应位于当时的道教中心——茅山，朱法满是广义上的"茅山道士"，其能完成《要修科仪戒律钞》这一重要道教典籍应与其早年修道茅山的经历有关。

暨齐物作为两位著名道士朱法满和叶法善的共同弟子的现象，恰恰反映了唐代道士转益多师的传统。暨齐物很可能受到叶法善的影响，去长安参与过政治活动，但其在《洞霄图志》中的形象则是一位学问道士。更为重要的是，我们从暨齐物背后看到了一个世代信奉道教的大家族的影子。"暨"这个姓氏在中国是一个比较罕见的姓氏，但六朝以来，余杭暨氏却不时见于历史记载。除唐代暨齐物，还有三国孙吴时代选曹尚书暨艳、晋代以孝道著称的暨逊。《咸淳临安志》载："吴选曹尚书暨艳墓，在余杭县南由拳山之东。吴给事骁骑大将军新丰侯暨惠景墓，在余杭县东北八里董舍村。"④ 南朝末期，马枢《道学传》又记载南

---

① 〔南宋〕王象之：《舆地碑记目》卷1，《丛书集成初编》第1580册，北京：中华书局，1985年，第22页。

② 〔南宋〕张敦颐：《六朝事迹编类》卷14《碑刻门》，北京：中华书局，2012年，第184页。

③ 参见孙齐：《唐前道观研究》，山东大学博士学位论文，2014年。

④ 〔南宋〕潜说友：《咸淳临安志》卷87，《宋元方志丛刊》第4册，北京：中华书局，1990年，第4167页。

朝隐居天目山的女道士暨慧琰曰：

> 暨慧琰，吴兴余杭人也。幼出家为比丘尼，后舍尼为女道士，遂入居天目山，断谷服食。人有疾，急施一符，莫不立愈也。
>
> 蝉蜕之后，依俗礼葬之。数年中，忽有闻山，盖山訇然如雷霆之声，乡人往看，见棺版飞空，上片落南村，今为上片村，底版落北村，今为下片村。两边版同在一处，今为版同村。因此升天也。①

　　这位暨姓女道士学道之地正是天柱山邻近的天目山，她当出身于余杭暨氏。以上四位载于史籍的暨姓人物中，竟有两人有明确的道士身份。田余庆先生最初将暨艳及其家族断为小户，他之后又否定了自己的观点，认为暨氏是东晋余杭县的四姓之一，"当为一方土豪"，并进一步推断暨艳家族可能在孙吴政权早期领导"山民"或"山越"对抗孙氏家族，并因此而遭祸。②

　　总之，朱法满与暨齐物皆为盛唐时期道士。朱韬光并非朱法满弟子，应为五代时期闾丘方远法派的道士。朱法满和暨齐物前期入道的玉清观可能是位于茅山的玉清观。暨齐物所在的暨氏家族是六朝以来余杭地区的重要族姓，并且这一家族应有道教的家学传统。叶法善、朱法满与暨齐物都是当时的著名道士，他们在唐朝天柱观的道教活动，对于提升唐代天柱观的地位具有重要意义。

---

①〔南宋〕马枢：《道学传》卷20，转引自陈国符：《道藏源流考》，北京：中华书局，2019 年，第443 页。

② 田余庆：《暨艳案及相关问题——再论孙吴政权的江东化》，氏著《秦汉魏晋史探微》（重订本），北京：中华书局，2011 年，第311—315 页。

第二节　吴筠与安史之乱后的天柱观

一　吴筠生平事迹及其在道教史上的地位

吴筠（？—778）是唐玄宗时著名道士，也是著名道教思想家。华州华阴（今陕西华阴）人，字贞节（一作正节）。少举儒子业，进士落第后隐居南阳倚帝山。天宝初召至京师，请隶道门。后入嵩山，师从道教上清法主潘师正（实为潘师正再传弟子），被授上清经法。与当时著名文士李白等交往甚密。受唐玄宗多次征召，他以道士身份任翰林供奉，并以微言讽帝，深蒙赏赐。后被高力士谗言所伤，固辞还山。东游至茅山，大历十三年（778）卒于江南。弟子私谥"宗玄先生"。其主要著作有《玄纲论》和《神仙可学论》，文集为《宗玄先生文集》。学术界对吴筠的研究主要集中在其道教思想、生平事迹、文学交友三个方面。巴瑞特、詹石窗、卢仁龙、郁贤皓、朱玉麒、麦谷邦夫、杨曦等人的研究，使吴筠的真实形象不断呈现出来。[①] 在前人研究的基础上，本节将以安史之乱后吴筠在天柱观的活动为中心，考

---

① ［英］巴瑞特著，曾维加译：《唐代道教——中国历史上黄金时期的宗教与帝国》，济南：齐鲁书社，2012 年，第 55 页。卢仁龙：《吴筠生平事迹著作考》，《中国道教》1990 年第 4 期，第 38 页。郁贤皓：《吴筠荐李白说辨疑》，氏著《李白丛考》，西安：陕西人民出版社，1982 年，第 65 页。朱玉麒：《唐代道教人物三考》，《中国道教》1995 年第 2 期，第 39 页。［日］麦谷邦夫：《吴筠事迹考》，《东方学报》第 85 册，2010 年，第 243—270 页。杨曦：《颜真卿与湖州文人群体》，河北师范大学硕士学位论文，2010 年。张晓芝、黄大宏：《〈厨院新池记〉作者新考》，《四川师范大学学报》（社会科学版）2011 年第 2 期。

察唐代中期天柱观与江南道教的关系。

二　吴筠在天柱观活动起始时间考

唐代安史之乱后，有一批北方道士文人来到天柱山避难隐居，天柱观由此迎来了新的发展契机。在这批文人道士中，尤以吴筠最为重要。吴筠留下了《天柱观碣》和一批诗文，为我们提供了有关天柱观早期历史的宝贵资料。吴筠在天柱观的活动从大历五年（770）持续到大历十三年（778）。

《旧唐书·吴筠传》称："禄山将乱，求还茅山，许之。既而中原大乱，江淮多盗，乃东游会稽。尝于天台、剡中往来，与诗人李白、孔巢父诗篇酬和，逍遥泉石，人多从之。竟终于越中。"① 《新唐书·吴筠传》称："安禄山欲称兵，乃还茅山，而两京陷，江淮盗贼起，因东入会稽剡中。大历十三年（778）卒，弟子私谥为宗元先生。"② 新、旧《唐书》也对吴筠安史乱后的经历作了大体描述，但其中有许多不准确和错误之处。两书给人的感觉是安史之乱不久，吴筠就已"东入会稽、剡中"，实际上在此之前吴筠还在南阳、庐山等地停留过，特别是其在庐山的活动一直持续到宝应年间（762），这时距安史之乱爆发已经七八年了，安史之乱即将结束。

根据麦谷邦夫等学者的考证，吴筠大体由嵩山出发，经南阳

① 〔后晋〕刘昫：《旧唐书》卷192《吴筠传》，北京：中华书局，1975年，第5129页。

② 〔北宋〕欧阳修、宋祁：《新唐书》卷196《吴筠传》，北京：中华书局，1975年，第5604—5605页。

至襄阳，由汉水而入长江，最终到达庐山，然后以庐山为中心，在周边的安徽（当涂）、江西（龙虎山）等地活动，这一时期可称为吴筠的庐山时期。[①]吴筠离开庐山的原因应当与"刘展之乱"有关。发生于唐肃宗上元年间（760—761）的"刘展之乱"，是继安史之乱期间的"永王之乱"后在江淮地区发生的又一起重要的政治事件，而其对江淮的破坏实又远甚于前者。刘展之乱所波及的区域，是以扬州为中心的长江沿岸地区，庐山位于扬州上游，故受此波及。麦谷邦夫指出吴筠离开庐山前往江南的时间大约就是宝应年间，此后吴筠先后经当涂、建康到达茅山，然后由茅山到浙东会稽，最终在浙西的天柱山落脚。[②]没有史料记载吴筠抵达天柱山的具体时间，但最晚应在唐代宗大历五年（770）。《文苑英华》及《洞霄图志》均收录有李玄卿《厨院新池记》，其文曰：

> 遇知己而用者，匪唯于人，物亦有之。初，厨院因前池余派，浸润坳堂，数步及霤（主屋），才供厨任涤器而已。邑大夫南（一作顺）阳范惜，迹累人群，心在退旷，每休沐之暇，访道山林，见其有天造池沼之形，而隧为沟窦，乃命黄冠等，颐指广袤，凿周宇下，骈石以涯之，畜流以深之，清澜忽平，秋阴满院，执爨无欲清之仆，挈瓶无汲深之劳。不造机事，而功赡于物。范公实所谓新池知己矣。静胜则道淳，境幽则神王。予与吴天师，采真洞府，朝夕窥临，莹彻心胆，滑昏潜遁，事苟惬于心，则与登姑苏，望五湖而

---

①　[日]麦谷邦夫:《吴筠事迹考》,《东方学报》第85册,2010年,第260页。
②　[日]麦谷邦夫:《吴筠事迹考》,《东方学报》第85册,2010年,第260页。

齐矣。故因碑籀余地，刻石志之，犹诗人有泌泉之作。大历
五年，岁号阉茂，八月一日，处士李元卿记。①

这通碑刻是洞霄宫现存碑文中时间最早的（770），但是由
于其只是一篇描写改造天柱观厨院的文字，其重要性不如其后吴
筠的《天柱观碣》（778）和钱镠的《天柱观记》（900）。关于
这块碑文的作者李玄卿，学术界也有过争论。按照《文苑英华》
及《洞霄图志》的记载，此文作者为李玄卿，但张晓芝、黄大
宏《〈厨院新池记〉作者新考》一文认为李玄卿不是该文的作
者，二人经过考查李勉（字玄卿）、李华（《四库提要》）等人
的行迹，否认了其为《厨院新池记》作者的可能，并认为真正
的作者应为陇西李幼卿（字长夫），因为其行迹与吴筠相合。②

《厨院新池记》称"予与吴天师采真洞府，朝夕窥临，莹彻
心胆，滑昏潜遁，事苟惬于心，则与登姑苏望五湖而齐矣"，表
明在整修厨院新池的过程中，作者与吴筠都非常重视，"朝夕窥
临"，并且认为其"与登姑苏望五湖"等游览唱和之事同等重
要。余杭县令范憕更是"心在遐旷，每休沐之暇，访道山林"，
并由其亲自主持，并被作者称为"新池知己"，体现出天柱观与
余杭县官府的密切关系，并且这种关系是靠宫观道士（吴筠）
与地方官的私人关系建立起来的。这与宋元时期洞霄宫道士活跃
于皇帝、士大夫圈的模式是一致的。吴筠在其《天柱观碣》中，
再次称赞了县令范憕以及刺史相里造，其文曰：

---

①〔元〕邓牧：《洞霄图志》卷6《厨院新池记》，《丛书集成初编》第3167—
3168册，北京：中华书局，1985年，第75页。

② 张晓芝、黄大宏：《〈厨院新池记〉作者新考》，《四川师范大学学报》（社
会科学版）2011年第2期。

> 宝应中，群寇蚁聚，焚热城邑，荡然煨烬，唯此独存。非神灵扶持，曷以臻是？州牧相里造、县宰范愔，化洽政成，不严而理，遗氓景附，复辑其业。①

所谓"宝应中（762—763），群冠蚁聚，焚热城邑"，应当指安史之乱后江南最大规模的农民起义——袁晁起义。袁晁起义源于朝廷为了平定安史之乱而在江南采取的重赋政策。宝应元年（762）八月，袁晁攻下台州，建立政权，改元"宝胜"。根据宁可的研究，短短数月之内，江东十州之地，多被义军控制，义军最多时达二十万人，是当时各支义军中最强大的一支。② 杭州也是起义军波及的区域，因此吴筠碑记中的劫难当指这次起义。其文称："群冠蚁聚，焚热城邑，荡然煨烬，唯此独存"，所谓"唯此独存"当指天柱观，"非神灵扶持，曷以臻是"的对象也只能是天柱观，而不应被理解为整个余杭县，并且这段碑文的语气似乎是对自己亲身经历的描述。吴筠在《天柱观碣》中有一段描述其刚来天柱观的路线与情景：

> 自余杭郭溯溪十里，登陆而南，弄潺湲，入峥嵘，幽径窈窕，才越千步，忽岩势却倚，襟领环拚，而清宫辟焉。于是傍讯有识，稽诸实录，乃知昔高士郭文举创隐于兹。③

可知吴筠从余杭县城出发，沿溪（木竹河，苕溪支流）向西十里，在溪南岸登陆，进入天柱山附近的山地。这条从余杭县

---

① 〔元〕邓牧：《洞霄图志》卷6，《丛书集成初编》第3167—3168册，北京：中华书局，1985年，第74—75页。
② 宁可：《唐代宗初年的江南农民起义》，《历史研究》1961年第3期。
③ 〔元〕邓牧：《洞霄图志》卷6，《丛书集成初编》第3167—3168册，北京：中华书局，1985年，第74—75页。

出发，经溪水而达天柱山的路线，成为日后进出天柱观最主要的
路线。吴筠称"于是傍讯有识，稽诸实录，乃知昔高士郭文举
创隐于兹"，显示吴筠来到天柱观似乎出于偶然，而且来之前并
不清楚其宫观情况，所以他看到天柱观的清宫感到惊讶且兴奋。
这符合因躲避战乱而慌乱逃难的情景。而其之所以能够偶然来到
这里，很可能是因天柱观便捷的地理位置。吴筠往来于江南的
"三江五湖之间"，杭州作为大运河的南部终点，发挥着交通枢
纽的作用。碑文只从"余杭郭"说起，而他来到余杭之前很可
能就是从杭州经余杭运河来到余杭县的。《洞霄图志》还记载：

> 神应钟，《旧志》：唐大历四年（769），台州黄岩大旱，
> 遍祷弗应，遂祈于杭之大涤洞。既雨，土神见梦于邑大夫
> 曰：宜铸金为钟，以酬厥贶。大夫从之。①

众所周知，台州天台山是佛、道二教共同的胜地，在"遍
祷弗应"后，选择了杭州大涤山，即天柱观作为祈祷之地。所
谓"遍祷"必定包括天台各大寺观，但最终选择在杭州的天柱
山祈祷，可能与拥有极高声望的吴筠在天柱山活动有关。

由此，我们推论，吴筠于刘展之乱前后向两浙地区转移，结
果又遇宝应年间爆发的袁晁起义，为躲避这一战乱，吴筠逃到相
对安全的天柱山作为栖身之所。如果这一推论成立，吴筠可能早
在宝应二年（763）就已隐居于杭州天柱观。

---

① 〔元〕邓牧：《洞霄图志》卷 4《神应钟》，《丛书集成初编》第 3167—3168
册，北京：中华书局，1985 年，第 32—33 页。

三　吴筠在天柱观的活动及其重要意义

从宝应二年（763）开始，吴筠除在天柱山隐居外，最重要的活动就是先后参与了以鲍防为盟主的浙东（会稽）诗会和以颜真卿为盟主的浙西（湖州）诗会。巴瑞特认为，"吴筠在遁入道门潜心修道的同时又继续发挥他作为文士的世俗天赋，这显得有些不寻常，因为入道常常意味着与世俗生活相隔绝"。① 其实吴筠一直以道士和文人（诗人）的双重身份活跃在唐代历史舞台，吴筠在长安时就不仅仅是一位纯粹的道士，其受到玄宗宠幸并与李白同为翰林供奉，因能作优美的诗文而成为文学道士，其入道很大程度上是因为唐玄宗的钦赐。

（一）浙东诗会时期（762—770）

鲍防于宝应元年（762）任浙东观察使从事，居于越州（会稽），远近文人慕其贤德，纷纷前往越州，举行了多次浙东诗会。杨曦认为诗会以越州的历史人文为核心，却"充斥着与土著居民不同的审美体验……先后组织了十七次唱和活动，作有四十九首联句诗"，但"弘扬越州文化并非这些外来文人的初衷，他们在追慕越州历史人文的同时，怀念的却是昔日繁华的长安。诗会成员中除朝廷委派的越州官员和少数本土文士之外，绝大多数是因北方战乱而被动迁徙"。② 唐代穆员《工部尚书鲍防碑》

---

① ［英］巴瑞特著，曾维加译：《唐代道教——中国历史上黄金时期的宗教与帝国》，济南：齐鲁书社，2012年，第55页。

② 杨曦：《颜真卿与湖州文人群体》，河北师范大学硕士学位论文，2010年，第18页。

也称：“是时中原多故，贤士大夫以三江五湖为家，登会稽者，如鳞介之集渊薮，以公故也。”① 鲍防在其中担任盟主的角色，吴筠亦是其中的常客，而且还有以吴筠为主题的诗会联句活动。《中元日鲍端公宅遇吴天师联句》全文为：

维、鲍防、谢良辅、杜奕、李清、刘蕃、谢良弼、郑概、陈元初、樊珣、丘丹、吕渭、范淹、吴筠

道流为柱史，教戒下真仙。维

共契中元会，初修内景篇。防

游方依地僻，卜室喜墙连。良辅

宝笥开金箓，华池漱玉泉。奕

怪龙随羽翼，青节降云烟。清

昔去遗丹灶，今来变海田。蕃

养形奔二景，炼骨度千年。良弼

骑竹投陂里，携壶挂牖边。概

洞中尝入静，河上旧谈玄。元初

伊洛笙歌远，蓬壶日月偏。珣

青骡蓟训引，白犬伯阳牵。丹

法受相君后，心存象帝先。渭

道成能缩地，功满欲升天。淹

何意迷孤性，含情恋数贤。筠②

---

① 〔唐〕穆员：《工部尚书鲍防碑》，〔宋〕李昉：《文苑英华》卷896，北京：中华书局，1966年，第4720页。《文苑英华》误将《工部尚书鲍防碑》的作者标为唐初人苏颋（670—727）。苏颋远早于鲍防（722—790），此碑作者实为中唐的穆员（约750—810）。

② 〔清〕曹寅、彭定求等：《全唐诗》卷789，北京：中华书局，1960年，第979页。

首先，诗文题目指出作诗的时间为中元日，地点为浙东观察使从事鲍防的宅邸，显然这是一场事先约定好的以中元节为契机的联句诗会活动。诗文题目称吴筠为"吴天师"，显示出吴筠特殊的道教身份与地位，以及众人对吴筠的尊敬。诗文题目以"遇吴天师"为中心词，联句的最后一句为吴筠所写，均显示出这首诗的写作以吴筠为主题，而一个"遇"字，给人以偶然、意外与惊喜之感，似乎表明众人之前并不知吴筠的到来，而众人似乎又与吴筠早已相识。"游方依地僻，卜室喜墙连"一句，大意是说吴天师在江南这个荒僻之地游方，而其卜居之室刚好与他们不远（墙壁相连），表达的是一种同是天涯沦落人之感。这首诗除去赞美吴筠道法与道术的诗句外，还有不少另有玄机的诗句。"华池漱玉泉"一句让人立刻想到长安的华清池，想到吴筠和李白在唐玄宗与杨贵妃身边任翰林供奉时的情景。"昔去遗丹灶，今来变海田"，这里的"昔"当指天宝年间李白与吴筠的浙江之行，也就是安史乱前的盛唐景象，而今的变化则是因安史之乱众人被迫居处之地。"伊洛笙歌远"一句大意是离伊洛的笙歌越来越远了，这里的"伊洛"当指以洛阳、嵩山为中心的伊洛之地，一语双关点明吴筠曾经的修道之地与大唐的东都，带有无限的伤感与怀旧之情。吴筠最后的点睛之句"何意迷孤性，含情恋数贤"，表达的是对众人（数贤）充满眷恋，表明了吴筠与众人的深厚感情。总之，我们认为《中元日鲍端公宅遇吴天师联句》一诗，除一般的赞美吴筠道法的意思外，还有借助中元日这个特殊的节日，表现众多诗人深深地怀念盛唐，怀念长安、洛阳的感情，突显了参与浙东诗会的这批南迁诗人的情感状态。

东晋永和九年（353）王羲之等人集会的山阴兰亭当属浙东

会稽一带最有名的古迹之一，每年的上巳日（农历三月初三）均有文人墨客在山阴兰亭题诗作赋，以纪念这一盛事。王羲之家族的天师道身份，陈寅恪先生早已指出。安史之乱后浙东诗会以会稽为大本营，自然不会放过这一古迹。刘长卿《上巳日越中与鲍侍御泛舟若耶溪》称：

> 兰桡万转望汀沙，应接云峰到若耶。
> 旧浦远来移渡口，垂杨深处有人家。
> 永和春色千年在，曲水乡心万里余。
> 君见渔船时借问，前洲几路入烟花。[1]

《上巳日上浙东孟中丞》又称：

> 世间禊事风流处，镜里云山若画屏。
> 今日会稽王内史，好将宾客醉兰亭。[2]

大历五年（770）秋，随着诗会核心人物鲍防入京为官，浙东文人群体也迅速解散。李幼卿《厨院新池记》的题写时间为"大历五年，岁号阉茂，八月一日"，恰恰与鲍防入京为官同时。吴筠拥有著名诗人、道士的双重身份，决定了他在此其间不仅要以诗人的形象参与浙东诗会的联句活动，还要以道士的身份发挥救死扶伤、为人排忧解难的作用。

《洞霄图志》载："女冠王真一，亦先生（吴筠）弟子。才十余岁，即绝粒，诵《黄庭经》。天宝间，于天柱山得道。"[3] 这

---

① 〔明〕高棅编：《唐诗品汇》，上海：上海古籍出版社，1982 年，第 878 页。
② 〔明〕赵宦光等编：《万首唐人绝句》卷 27，北京：书目文献出版社，1983 年，第 882 页。
③ 〔元〕邓牧：《洞霄图志》卷 5《吴天师》，《丛书集成初编》第 3167—3168 册，北京：中华书局，1985 年，第 41 页。

则记载显然不准确，天宝年间吴筠尚在北方活动，不可能在天柱观收徒。但是在参与浙东诗会的广德至大历年间，吴筠确有收女弟子的记载。宋代张君房《云笈七签》记载：

> 王氏者，中书舍人谢良弼之妻也，东晋右军逸少之后，会稽人也。良弼进士擢第，为浙东从事而婚焉。既而抱疾沉痼，历年未愈，良弼赴阙，竟不果行，而加绵笃。时吴筠天师游四明、天台、兰亭、禹穴，驻策山阴，王氏之族谒而求救，为禁水吞符，信宿即愈。王氏感道力救护，乃诣天师，受箓精修，焚香寂念，独处静室，志希晨飞。因绝粒咽气，神和体轻，时有奇香异云，临映居第，仿佛真降，密接灵仙，而人不知也。忽谓其女曰："吾昔之所疾，将仅十年，赖天师救之，而续已尽之命。悟道既晚，修奉未精，宿考过往，忏之未尽。吾平生以俗态之疾，颇怀妒嫉。今犹心闲藏黑，未通于道。当须阴景炼形，洗心易藏，二十年后，方得蝉蜕耳。吾死勿用棺器，可作柏木帐，致尸于野中，时委人检校也。"是夕而卒，家人所殡如其言，凡事俭约，置其园林间，俨然如寐，亦无变改。二十年，有盗发殡，弃其形于地。隆冬之月，帐侧忽闻雷震之声，举家惊异，驰行看之。及举其尸，则身轻如空壳，肌肤爪发，无不具备，右胁上有拆痕长尺余，即再收瘗焉。南岳夫人尝言："得道者，上品白日升天，形骨俱飞，上补真官；次者蜕如蛇蝉，亦形骨腾举，肉质登天，皆为天仙，不居山岳矣。"良弼亦执弟子之

礼，躬侍天师，仍与天师立传，详载其事迹矣。①

以上引文中的女弟子王氏，既是浙东诗会重要成员中书舍人谢良弼之妻，也是山阴王氏王羲之、王献之之后。其家族在东晋时就是著名的天师道家族，有着浓厚的道教传统，王谢家族的联姻历六朝，至唐代仍在继续。② 王氏病重，因吴筠教其"禁水吞符"而"信宿即愈"，从此拜在吴筠门下成为虔诚的道教徒。引文还点出吴筠此时，"游四明、天台、兰亭、禹穴"，并在此间"住策"山阴王氏宅中，与我们前文分析的吴筠参与浙东诗会活动一致。另外，引文还提到其夫谢良弼"亦执弟子之礼，躬侍天师"，进一步点明了吴筠与这一诗会核心成员的特殊关系。引文中称谢良弼还为吴筠立传，《宋史·艺文志》亦著录："谢良弼（嗣）《中岳吴天师内传》一卷。"③ 可见《云笈七签》所言不虚，可惜这部吴筠传已经失传。唐赵璘《因话录》还记载了师从吴筠的刘氏女的生平，其文曰：

> 刑部郎中元沛妻刘氏，全白之妹，贤而有文学。著《女仪》一篇，亦《直训》。夫人既寡居……奉玄元之教，受道箓于吴筠先生，精苦寿考。长子固，早有名，官历省郎、刺史、国子司业。次子察，进士及第，累佐使府，后高卧庐山。察之长子潾，好道不仕；次子充，进士及第，亦尚

---

① 〔宋〕张君房编：《云笈七签》卷115《王氏》，北京：中华书局，2003年，第2549—2550页。

② 参见〔唐〕房玄龄：《晋书》卷80《王羲之传》，北京：中华书局，1974年，第2093—2105页。陈寅恪：《天师道与滨海地域之关系》，氏著《金明馆丛稿初编》，北京：生活·读书·新知三联书店，2001年。

③ 〔元〕脱脱：《宋史》卷205，北京：中华书局，1985年，第5190页。

灵玄矣。①

刘氏是刘全白之妹，而刘全白与吴筠相同，不仅是浙东诗会的成员，还参与了其后的浙西诗会。吴筠并传教于其妹及其甥。刘氏是一位懂得文学诗赋的才女，其在寡居后"受道箓于吴筠"，当与吴筠具有诗人、道士的双重身份有关系。"次子察，进士及第，累佐使府，后高卧庐山。察之长子潾，好道不仕；次子充，进士及第，亦尚灵玄矣"，表明道教不仅影响刘氏自身，还影响到其子孙后代，使其家族成为道教世家。

吴筠在浙东所收的两位女弟子，其中谢良弼夫人是东晋名门山阴王氏之后；刘全白之妹刘氏亦为官宦之后，其夫是北魏拓跋王族之后，其子孙多人中进士、任职高官，表明这也是一个在唐代很有名望的进士家族。这两段材料让我们得以窥见吴筠在唐代名门望族中的影响力。

（二）吴筠与佛道论战（770—773）

吴筠的好友中虽不乏如释皎然这样的僧人，但其反对佛教的名声在当时亦非常响亮。《新唐书·吴筠传》载：

> 筠每开陈，皆名教世务，以微言讽天子（玄宗），天子重之。群沙门嫉其见遇，而高力士素事浮屠，共短筠于帝，筠亦知天下将乱，恳求还嵩山，诏为立道馆。
>
> 始，筠见恶于力士而斥，故文章深诋释氏。②

《旧唐书》亦载：

① 〔唐〕赵璘：《因话录》卷3，上海：上海古籍出版社，1957年，第91页。
② 〔北宋〕欧阳修、宋祁：《新唐书》卷196《吴筠传》，北京：中华书局，1975年，第5604—5605页。

　　筠在翰林时，特承恩顾。由是为群僧之所嫉，骠骑高力士素奉佛，尝短筠于上前，筠不悦，乃求还山。故所著文赋深诋释氏，亦为通人所讥。①

元代释念常《佛祖历代通载》有更细节的描绘：

　　乙酉（745），立杨太真为贵妃矣。道士吴筠是年诏见于大同殿。帝问道要，对曰："深于道者，无如老子《五千文》，其余徒丧纸札耳。"复问神仙治炼法，对曰："此野人事，积岁月求之，非人主宜留意。"筠每陈，皆名教世务，以微言讽天子。天下重之，沙门嫉其见遇，而高力士素事佛，共短筠于帝。筠知不得留，辞还山。下诏为立道馆。②

　　可见两《唐书》及《佛祖历代通载》等书均提及，吴筠因得玄宗宠信而遭到以高力士为首的佛教信仰者诬陷，由此从长安返回嵩山，并在其著作中多有诋毁佛教的言辞。而《旧唐书》中更有"亦为通人所讥"，就是指吴筠在安史乱后居浙期间遭到僧人神邕反击之事。释赞宁《宋高僧传》记载：

　　先是，中岳道士吴筠造邪论数篇，斥毁释教，昏蒙者惑之。本道观察使陈少游请邕决释、老二教孰为至道，乃袭世尊之摄邪见，复宝琳之破魔文，爰据城堑，以正制狂。旗鼓才临，吴筠覆辙，遂著《破倒翻迷论》三卷，东方佛法再

---

　　① 〔后晋〕刘昫：《旧唐书》卷192《吴筠传》，北京：中华书局，1975年，第5129页。

　　② 〔元〕释念常：《佛祖历代通载》卷13，《大正藏》第49册，财团法人佛陀教育基金出版部，1990年，第596页。

兴，实邕之力。①

元释念常《佛祖历代通载》亦载：

> （吴筠）后徙茅山，由会稽剡中卒。初筠见恶于力士而斥，故其文深诋释氏，议者讥其背向。时浙西（东）观察使陈少游，大恶筠所为，因命法师神邕著论折之，邕著《翻迷论》以订其妄，筠论遂废。给事中窦绍见邕论，叹曰："邕可谓尘外摩尼，论中师子。"②

所谓"师子"，佛家用以喻"佛"，指其无畏，法力无边。结合两段史料可知，神邕是唐越州焦山大历寺的僧人，发动这场论战的是浙东观察使陈少游，可见论战的发生地就在会稽（越州，今绍兴）。史载陈少游于"大历五年，改浙东观察使。八年，迁淮南节度使"，论战时间当在此间（770—773），也正是吴筠参与浙东诗会，流落两浙期间。这场佛道论战发起的原因是"时浙东观察使陈少游，大恶筠所为"，因此陈少游专门请焦山大历寺高僧神邕与吴筠论战。所谓"旗鼓才临，吴筠覆辙"，似乎两人实力相差极为悬殊。其实这场论战从一开始就已预示吴筠必败。因为论战的发起人陈少游是整个浙东的最高官员，他是虔诚的佛教徒，并极度仇视道教，而吴筠却刚刚失去保护人——浙东诗会的盟主、浙东从事鲍防（刚好于大历五年入京）。而评判胜负的裁判者显然就是陈少游，因此吴筠的失败是必然的，佛书

---

① 〔宋〕赞宁撰，范祥雍点校：《宋高僧传》卷17《唐越州焦山大历寺神邕传》，上海：上海古籍出版社，2014年，第422—423页。
② 〔元〕释念常：《佛祖历代通载》卷13，《大正藏》第49册，财团法人佛陀教育基金出版部，1990年，第596页。

中描绘的神邕大胜吴筠，吴筠失败的狼狈场面实有夸张之语。这场辩论，佛、道教义的较量是一方面，另一方面也有政治斗争的影子。其实吴筠本不反佛，从他与释皎然良好的交往就可以看出，是高力士等佛教信徒的谗言激怒了他。因此，吴筠反佛从一开始就有政治色彩。陈少游主政浙东，欲佛教胜利，实在易如反掌。其后不久，观察使陈少游就因拥兵自重且不顾朝廷安危而被朝廷赐死。事实上，浙东诗会不仅是一个学术团体，还是一个政治团体，其成员大多怀念安史之乱前的唐朝。以颜真卿为盟主的浙西诗会亦然，这不仅表现在两者会员有交叉，而且最明显的就是颜真卿及其家族忠于唐朝的种种表现。

　　总之，浙东观察使陈少游主持的佛道大论战看似为教义间的争论，本质上却是一场政治斗争，以吴筠为代表的道教方面必然失败。陈少游主政浙东，也加速了浙东诗会的瓦解，吴筠的落难生涯又蒙上一层阴影，实为其人生的最低点，只有等到陈少游于大历八年（773）离开、颜真卿于同年任湖州刺史并组织浙西诗会后才重新活跃起来。

（三）浙西诗会时期

　　从大历八年到十二年（773—778），著名政治家兼文坛领袖颜真卿任湖州刺史。由于他的政治地位及其对诗歌创作的兴趣，他身边聚集了大批文士，形成了著名的浙西诗会。根据贾晋华的考证，"在鲁公（颜真卿）刺湖近四年半时间里，以鲁公、皎然为核心，大开诗会，前后共聚集了九十五位文士，游赏赋诗，联句唱和，形成了一个规模宏大的联唱诗人群"。[①] 浙东诗会在大

---

　　① 贾晋华：《唐代集会总集与诗人群研究》，北京：北京大学出版社，2001年，第93页。

历五年（770）解体后，仍有不少成员滞留两浙，吴筠以及浙东诗会的多名诗人就在此时参与了以颜真卿为盟主的浙西诗会。

大历八年（773）仲春，颜真卿偕宾友登岘山观李适石樽，作《登岘山观李左相石尊联句》一首，而后他设宴清风楼送道士吴筠归林屋洞，有《七言滑语联句》《七言醉语联句》等诗句。

参与浙西诗会期间，吴筠曾在湖州长兴县之吴山居住。宋代刘一止撰《吴君平墓志铭》称："郡东北距城五里曰毗山，下临大泽，耕者得断碑，盖唐天宝中隐人吴筠所居。"① 南宋谈钥《嘉泰吴兴志》载："吴山在县南四十三里，高六百尺。山墟名云：吴王送女至此，梁吴均卜宅，唐吴筠复居之……吴筠诗云：家住青山下，时向青山上。"②《明一统志》载："吴山在长兴县南四十三里，昔吴王送女至此山，梁吴均卜宅于此，唐吴筠复居之，因名。"③ 及清代雍正《浙江通志》亦载："《西吴里语》：在长兴南四十三里，梁吴均卜宅，唐吴筠又居之。"④ 当地还有关于吴筠在此炼丹的记载，《明一统志》载："胭脂岭，在长兴县西南六十里。唐道士吴筠炼丹之处，土色如胭脂。"⑤ "长兴南四十三里"，正位于余杭县天柱山正北方向。

① 〔南宋〕刘一止：《苕溪集》卷49《吴君平墓志铭》，《景印文渊阁四库全书》第1132册，台北：台湾商务印书馆，1986年，第240页。
② 〔南宋〕谈钥：《嘉泰吴兴志》卷4，《宋元方志丛刊》第50册，北京：中华书局，1990年，第4699页。
③ 〔明〕李贤等：《明一统志》卷40，《景印文渊阁四库全书》第472册，台北：台湾商务印书馆，1986年，第989页。
④ 雍正《浙江通志》卷12，《景印文渊阁四库全书》第519册，台北：台湾商务印书馆，1986年，第386页。
⑤ 〔明〕李贤等：《明一统志》卷40，《景印文渊阁四库全书》第472册，台北：台湾商务印书馆，1986年，第991页。

　　总之，吴筠在天柱山活动期间参与了两次诗会与一次"失败"的佛道大辩论。并且在此期间，他收下数位有地位的弟子，加之其从北方带来的原有弟子，形成了一个不小的道教教团。吴筠对杭州天柱观的认同感也是逐步确立的，他撰写的《天柱观碣》的最后题款为"大历十三年正月十五日，中岳道士吴筠记"，也就是说在他去世前不久，内心深处仍把自己当作一位来自北方的中岳（嵩山）道士，而不是天柱山的道士。吴筠在死于宣城道院后，弟子邵翼元等人将其归葬于天柱山西麓，可能体现了吴筠（或弟子）对天柱观的认同。不论如何，吴筠作为当时著名的道士活动于天柱观，并形成一定规模的教团组织，与众多文人墨客频相往来，对天柱观及江南道教都具有重要影响，大大提高了天柱观的名气与地位。

（四）唐后期天柱观的衰落

　　九世纪，随着晚唐政局的动荡和皇帝权威的衰弱，朝廷对道教宫观的支持力度在不断减弱，整个道教也呈现逐渐衰败的景象，这种衰败亦在天柱观若隐若现地表现出来。

　　从元和十二年（817）八月"威仪道士"白元鉴"解化瘗于天柱山"①，直到景福年间（890—893）闾丘方远"始居余杭大涤

---

　　① 有关白元鉴的具体死亡时间，只有《洞霄图志》卷5白氏本传中记载的元和十二年（817）。南宋陈葆光《三洞群仙录》卷17引用北宋末年唐子霞《大涤真境录》的记载，称白元鉴"至余杭天柱观止焉，元和间遁化"，见《道藏》第32册，文物出版社、上海书店、天津古籍出版社，1988年，第346页。《洞霄图志》卷5载："白元鉴，不详其字，西川成都府人。高祖君敏，武德功臣。父洪演，高蹈不袭封，娶申屠氏，生一子，即先生也。元宗幸蜀时，为威仪道士，住上皇观。志在绝俗，逍遥遐举，周览山川，访前贤高蹈之躅，得余杭天柱观，止焉。四十年矣。元和十二载（817）八月解化，瘗于天柱山大涤洞东北，尝有《山中十咏》。"见《洞霄图志》卷5，《丛书集成初编》第3167—3168册，北京：中华书局，1985年，第53页。

洞"的七十多年间，有关天柱观的记载稀少且零散。这期间唯一有明确时间的一段记载是天柱观"重荣木"①，相传此木为吴筠天师种于唐咸通二年（861），但吴筠早在大历十三年（778）已经羽化，因此时间有误。可确定为这七十年间的史料只有三首诗，但均不能确定具体年份。其一为李郢的《游天柱观》：

> 听钟到灵观，仙子喜相寻。
> 茅洞几千载，水声寒至今。
> 读碑丹井上，坐石洞亭阴。
> 清兴未云尽，烟霞生夕林。

史载李郢字楚望，长安人。大中十年（856）进士，终侍御史。前两句中提到的"仙子"当指天柱观中的道士，表明在白元鉴死后，天柱观内仍有道士活动。第三句中的"茅洞"应指天柱山的"白茅洞"，《洞霄图志》称因晋代隐士白茅先生而得名；"水声寒至今"盖指天柱山"冷泉"，此泉"寒甚冰雪，四时不绝"。②"读碑丹井上"最具时代意义，李郢为晚唐人，在此之前的碑刻只有李玄卿《厨院新池记》和吴筠《天柱观碣》；"坐石洞亭阴"当指翠蛟亭，此亭"在宫门外三十余步，自门内

---

① 《余杭图经》载："宫外有大栎木，相传唐咸通二年（861）吴天师所种。至宋咸平元年（998）无故自枯……"这段史料的时间显然有问题，吴筠（吴天师）早在大历十三年（778）已经羽化，不可能在咸通二年（861）种栎木。但此处的吴天师不可能指其他道士，唐代有"天师"称号的道士少之又少，《洞霄图志》中的"吴天师"均特指吴筠。咸通年间，如果天柱山有另一位吴天师出现，必然会大书特书，亦不至于史料如此的稀少了。因此"重荣木"这条唯一有明确时间的记载与九世纪下半叶的天柱观并没有关系。见《洞霄图志》卷4，《丛书集成初编》第3167—3168册，北京：中华书局，1985年，第33页。

② 〔元〕邓牧：《洞霄图志》卷3《白茅洞》，《丛书集成初编》第3167—3168册，北京：中华书局，1985年，第25页；同书卷2《冷泉》，第19页。

三池流注入涧，撒池上一二板，汹涌若雷，变化飞舞，山林荫映……前有坡，罗列坐石，游者必登憩者"。① 正如史料记载，此亭最为文人墨客所喜，宋苏轼曾有"亭下流泉翠蛟舞"之句，此亭亦因此得名。诗文最后两句表达了游览的意犹未尽，并因天色渐晚而不得不离开的惋惜之情。整首诗给人以冷清之感。

另外两首晚唐诗为徐凝《九锁山》及方干《题天柱观鱼尊师旧院》。此二人为晚唐浙籍诗人，徐凝为方干之师，两诗的写作应为同时。徐凝《九锁山》：

> 人行之字路嵚巇，九锁青山胜九疑。
> 只被白云生不断，无端点破碧琉璃。②

此诗中将天柱观的九锁山与道教名山九嶷山相提并论，而且认为九锁山还胜过九嶷山。

方干的《题天柱观鱼尊师旧院》有较高史料价值，其原文为：

> 早识吾师频到此，芝童药犬亦相迎。
> 师今一去无来日（一作"消息"），花洞石坛空月明。③

此诗题目提及一位鱼姓道士，而"尊师"一般指德高望重的道士，"鱼尊师"可能就是当时天柱观的住持，说明当时天柱观仍有法脉传承。"旧院"二字更有史料价值，《洞霄图志》记

---

① 〔元〕邓牧：《洞霄图志》卷 2《翠蛟亭》，《丛书集成初编》第 3167—3168 册，北京：中华书局，1985 年，第 19 页。
② 〔元〕孟宝宗：《洞霄诗集》卷 1《九锁山》，《丛书集成初编》第 1757 册，北京：中华书局，1985 年，第 11 页。
③ 〔元〕孟宝宗：《洞霄诗集》卷 1《题天柱观鱼尊师旧院》，《丛书集成初编》第 1757 册，北京：中华书局，1985 年，第 9—10 页。

载"古有三院，曰上清、曰精思、曰南陵，今分为十有八斋"①。其中南陵院最早，因许迈飞升而得名；精思院因唐玄宗时朱法满在此精思修道得名；上清院最晚，因唐末闾丘方远在此传道而得名。诗中旧院，当是鱼尊师离开天柱前所居之处，既以院称，可能指精思院或南陵院，此时闾丘方远之上清院尚未成立，从中可见"三院十八斋"形成之历史轨迹。此诗前两句"早识吾师频到此，芝童药犬亦相迎"，表明作者方干与鱼尊师关系甚好，并经常往来天柱观；后两句"师今一去无来日，花洞石坛空月明"则表现出鱼尊师离开后，宫观荒芜的景象，此句或可为晚唐天柱观衰败的证据。

除这三首晚唐诗作以外，杜光庭《道教灵验记》中的《杭州余杭上清观道流隐欺常住验》记载：

> 杭州余杭上清观，田亩沃壤，常住丰实，主持道流，每减克隐欺，以私于己。虽教门钤辖，官中举明，必广费金帛，以请托于局吏。贿货既行，多覆藏其罪，掩蔽其恶，由是州吏县曹，相知罔冒，积弊久矣！殿宇摧残，香灯浸绝，游客经过，略无投足之所，有识者为之寒心，嫉恶者为之扼腕，固有日矣。会昌中（841—846），人家并产儿女五六辈，皆形骸不具，瘖聋瞽躄。数岁，有白尊师自金华山至，驻留旬日。住持道流，因话其事。尊师促令召之，既至，愍然曰："汝何得作此重业，犯负大道，致兹考责邪！"谓观中诸道流曰："此奴婢辈皆是此观前辈道流，隐欺常住，恣

①〔元〕邓牧：《洞霄图志》卷1《道院》，《丛书集成初编》第3167—3168册，北京：中华书局，1985年，第7页。

为罪业，不唯只受此报，方欲更履诸苦，未有解免之期。"即次第呼其昔日姓名，一一问之。数辈亦以晓悟先身之罪，啼号呜咽，闷绝于地。尊师令其家各备香油，为之焚香忏谢，求乞赦宥。常住亦为办斋食供养。如是三日，尊师冥心静定，经宿方起，曰："太上有明科，常住法物，供养三宝，传于无穷之世，固不可辄有隐盗。侵欺之者，罪及七世，生受荼毒，死履诸苦，或为贱人畜类，以偿昔债，虽三元八节，天地肆赦，此罪不在可赦之例。吾以愍物之故，适为冒禁，上干天府，此辈已得止此一报，即生身得于善处矣。三旬之后，相次有应。此后主持者，当明为鉴戒，勿履此辙也。"月余，瘖瞽聋者相续而死，惟躄者足稍能履，十余年后平复如常。白尊师言："此奴罪名稍轻，即当赦免。此奴免之日，诸辈皆释其幽牢也。"果如其言。以此奴平复能行，为冥中赦宥之期尔。①

引文中称上清观"田亩沃壤，常住丰实"，应当不是一座小型道观，但遍搜史籍，未见余杭县在唐代有上清观。唐代以前，余杭作为县级单位，按制度只应有一座正规的官立道观，因此引文中的余杭上清观很可能就是天柱观。如果我们的推论没错，那么"此奴婢辈皆是此观前辈道流"一句表明，至迟在唐武宗会昌年间，天柱观虽已破败不堪，但仍有道派传承。"隐欺常住，恣为罪业"，表明晚唐由于国力的衰弱，中央政府对地方的控制力大为减弱，道士贪腐、与地方官府勾结，天柱观持续衰败等情形。

---

① 〔宋〕张君房编：《云笈七签》卷 122《杭州余杭上清观道流隐欺常住验》，北京：中华书局，2003 年，第 2683—2684 页。

　　总之，晚唐天柱观史料稀少可能是由于史料在流传中散失，但也有可能是史料本身就稀少。这些仅有的零星史料，展现出的是一座衰败的天柱观，因此后一种原因的可能性更大，即史料稀少是天柱观本身衰败造成的，是宫观衰败的具体体现。晚唐天柱观呈现出一片衰败景象，需要新的变革，闾丘方远和钱镠的出现才使这种变革成为可能。

第三节　唐末五代杭州天柱观与江南道教发展论考
——以钱镠所撰《天柱观记》为中心

　　唐朝是道教发展的黄金时期，而唐末五代十国时期的战乱和分裂割据，使道教的生存和发展呈现出南北不同的特点。北方中原地区因战乱较多，道士与道教团体面临着生存困难，不少历史上有名的道观或道派因战火而衰败；而南方则相对安宁，尤其是南方各国统治者大都重视道教，因而使道教得到了进一步传播发展，其中尤以割据四川的前蜀和割据江浙的吴越国最为显著。①本节试图以吴越国的建立者钱镠所撰《天柱观记》为中心，探讨唐末五代杭州等江南地区道教的生存处境和发展特点，并进一步揭示这一时期道教与政治极为密切的关系。

---

　　① 有关唐末五代四川道教史的研究，参见卿希泰主编：《中国道教史》（修订本）第2卷，成都：四川人民出版社，1996年，第414—468页；Franciscus Verellen, *Du Guangting*（850—933）:*taoiste de cour à la fin de la Chine médiévale*（Paris:Collège de France,Institut des hautes écoles,En vente,De Boccard,1989）。

一 唐代杭州天柱观与唐末钱镠《天柱观记》碑的由来

吴越国（907—978）是唐末五代时期江南地区最重要的地方割据政权之一，由杭州临安县人钱镠创建，以杭州为首府，拥有两浙十三州一军八十六县。历三代五王，至978年纳土归宋，是五代十国中存在最久的政权。钱镠及其继任者采取保境安民重农桑的政策，使吴越国成为五代十国中最为安定富有的国家之一。其对宗教也采取支持的政策，使佛道二教都得到了重要发展。

杭州天柱观始建于唐高宗弘道元年（683）。其创建之初，仅为杭州余杭县一座普通的地方道观。至唐玄宗时期，著名道士朱法满、叶法善、司马承祯、吴筠等人先后在此进行过道教活动，但此观的影响力并未超出江南地区。直到唐末五代时期，吴越王钱镠延请天台山著名高道闾丘方远来此创建上清院派之后，天柱观才异军突起，开始成为在江南地区有重大影响的道观。北宋初期，天柱观改名为洞霄宫，从此不断得到宋朝廷的封赏，于是成为全国地位最显赫、最重要的道观之一，这种情况一直持续到宋末元初。因此，唐末五代也是杭州天柱观发展最具有转折意义的时期。

唐昭宗乾宁二年（895），时为镇海军节度使的钱镠调动军队为闾丘方远教团重建衰败已久的天柱观。新的天柱观于光化三年（900）最终建成，钱氏此时已经统一两浙，被唐朝封为彭城郡王，钱镠于是作《天柱观记》记载重建缘由及其经过。《天柱观记》近2000字，是历史上杭州天柱观（洞霄宫）碑文中规模最大、等级最高的碑刻。南宋孝宗隆兴元年（1163），宰相周必大游历洞霄宫时记录称："众山之中一峰稍高者，天柱也。宫门立钱镠大碑，颇叙叙兴废。"① 该碑矗立在宫观正门这一最紧要处，因此，周必大称之为"钱镠大碑"。

钱镠《天柱观记》全文可分两大部分，前一部分引经据典，介绍天柱观在道教的地位、神仙氛围，以及建立碑石前的道士、宫观历史。第二部分讲述重建宫观的原因、过程和意义。碑文以天柱观在中国道教史的地位开始：

> 天柱观者，因山为名。按传记所载，皆云天有八柱，其三在中国。一在舒州，二在寿阳，洎今在余杭者皆是也。又按道经云："天壤之内，有十大洞天，三十六小洞天。"如国家之有藩府郡县，递相禀属。其洞天之内，自有日月分精，金堂玉室，仙官主领，考校灾祥。今天柱山即《真诰》所谓大涤洞天者也。

碑文开篇即引用儒、道两家文献，指出杭州天柱山是中国仅有的三天柱之一，而且早在陶弘景的时代就已被确认为道教洞天福地体系之一的大涤洞天，意在标显天柱山是一处不同寻常的神仙领域。碑文进而称：

> 内有隧道，暗通华阳、林屋，皆乘风驭景，倏往忽来，真踪杳冥，非世俗所测。而况大江之南，地兼吴越，其峰峦西按两天眼之龙源，次连石镜之岚袖，东枕浙江之迢派，可谓水清山秀，兼通大海及诸国往还。此外又有东天目、西天

---

① 〔南宋〕周必大：《文忠集》卷 165，《景印文渊阁四库全书》第 1148 册，台北：台湾商务印书馆，1986 年，第 781 页。

目及天竺之号，得非抗苍涯于穹昊，耸绝壁于云霄，立天为
名，以标奇特耳。

这一段文字介绍天柱山的"内外"地理位置。"内有隧道，
暗通华阳、林屋，皆乘风驭景，倏往忽来，真踪杳冥，非世俗所
测"是玄虚层面的描述，指出天柱山与华阳、林屋等道教神仙
区域相暗通，也是在突显其道教氛围的神圣性。"而况大江之
南，地兼吴越，其峰峦西按两天眼之龙源，次连石镜之岚袖，东
枕浙江之迢派，可谓水清山秀，兼通大海及诸国往还"是写实
的描述，指出天柱山是连接吴（浙西）、越（浙东）的纽带，地
理位置十分关键。浙西、浙东在唐末本为两道，钱镠兼而有之，
建都行政区划上属于浙西的杭州，同时确立属于浙东的越州
（今绍兴）为东府，东西二府并置。作为吴越国王的钱镠，在此
特意点出天柱山"地兼吴越"，象征着越吴政权内在统一的意
义。文中还强调"次连石镜之岚袖"，天柱山是位于余杭、临安
两县的界山，所谓"石镜之岚袖"即指临安。钱镠即为临安人，
以杭州八都之首的石镜都起家，后更是以"衣锦还乡"、改临安
为"衣锦军"而闻名，钱氏王族死后大都亦葬于临安县。总之，
临安作为钱镠的起家之地具有不同寻常的地位，强调天柱观位于
临安"石镜之岚袖"，不仅表明地理位置优越，还意在暗示钱镠
之崛起临安石镜，乃为神仙庇佑，亦是钱镠神化自身的体现。碑
文继续写道：

　　若乃登高远望，则千岩万壑金碧堆栈，龙蟠虎踞。灵粹
滋孕，代生异人，非山秀地灵之所钟袭，其孰能与于此乎？
就中天柱，风清气和，土腴泉洁，神蛇不螫，猛兽能驯。自

汉武帝酷好神仙，标显灵迹，乃于洞口建立宫坛，历代祈禳悉在此处。东晋有郭文举先生，得飞化之道，隐居此山，群虎来柔，史籍具载。乃于蜗庐之次，手植三松，虹偃凤翘，苍翠千载，今殿前者是也。洎大唐创业，以玄元皇帝为祖宗，崇尚玄风，恢张道本，天皇大帝，握图御宇，授箓探符，则有潘先生弘演真源，搜访神境，弘道元年奉劲创置天柱观焉。仍以四维之中，壁封千步，禁彼樵采，为长生之林。中宗皇帝，玉叶继昌，玄关愈辟，特赐观庄一所，以给香灯。于是台殿乃似匪人工，廊槛而皆疑化出，星坛月砌，具体而微。则有被褐幽人、据梧高士，抱澄泉之味，息青萝之阴。叶天师法善、朱法师君绪、吴天师筠、暨天师齐物、司马天师承祯、夏侯天师子云，皆继踵云根，栖神物表，骨腾金锁，名冠瑶编，出为帝王之师，归作神仙之倡，金错标宇，翠泯流芳。昭晰具存，不俟详录。其余三泉合派、双石开扉、药圃新池、古坛书阁，各有题品，足为耿光。

这一段文字先是继续描绘天柱山不同寻常的神仙境界，而续追述其历史，从"最早"的汉武帝"建立宫坛"，到东晋的郭文有史可考的活动，再到钱镠所处的崇尚道教的"大唐"敕立宫观、赐予田产，先后有叶法善、朱法满等众多高道的活动，指出了天柱观辉煌的历史。钱镠《天柱观记》在论及重建天柱观的原因时称：

> 此观创置之始，本对南方，后有朱法师相度地形，改为北向。虽依山势，偏侧洞门，其洞首阴背阳，作道宫而不可，致左右岗垄，与地势以相违，背洞门而不顺百灵，使清

泉却侵白虎，致使观中寥落，难驻贤能，皆为尊殿背水激冲之所致也……遍寻地理，观其尊殿基势，全无起发之由。致道流困穷，二时而不办香灯，竟岁而全无醮阅。①

根据这段文字，钱镠重建之前的天柱观已极度衰败，"观中寥落，难驻贤能"，道士也无法进行基本的斋醮活动。钱镠认为造成这种状况的一个直接原因，是唐玄宗时著名道士朱法满将原本坐北朝南的道观改为坐南朝北，即宫观的朝向位及风水错误。然而，《天柱观记》却称"普天之下，灵迹甚多，自兵革荐兴，基址多毁"，即反映了唐末道教普遍衰败的主要原因，是唐末连年战乱。黄巢起义军虽然于公元 884 年被镇压，但此后唐中央的权威更弱，天下纷乱已成定局。而本节所讨论的吴越地区，先为黄巢起义军所占领，其后又为淮南高骈、浙西周宝等众多藩镇不断征战争夺，吴越地区佛、道二教都遭到很大的破坏。② 因此，唐末杭州天柱观衰败最根本的原因，还是唐末战乱频仍。而唐末五代的这种时代特点，也决定了道教和佛教信徒往往只有依附掌握军政大权的藩镇，才能在乱世中保全性命和维系宗教基本的生存。

---

① 〔元〕邓牧：《洞霄图志》卷 6《天柱观记》，《丛书集成初编》第 3167—3168 册，北京：中华书局，1985 年，第 73 页；另见陈垣编，陈智超、曾庆瑛校补：《道家金石略》，北京：文物出版社，1988 年，第 195 页。

② 参见（南唐）沈汾：《续仙传》卷上《丰去奢》，《道藏》第 5 册，文物出版社、上海书店、天津古籍出版社，1988 年，第 82 页。〔宋〕赞宁撰，范祥雍点校：《宋高僧传》卷 9《唐杭州径山法钦传》卷 12《唐杭州龙泉院文喜传》，北京：中华书局，1987 年，第 212 页、第 293 页。

二　《天柱观记》所见吴越王钱镠与道士闾丘方远的关系

从《天柱观记》可知，道士闾丘方远是钱镠重建天柱观这一历史事件中最关键的人物。闾丘方远是舒州宿松县（今安徽宿松县）人，他既是天台山南岳宗的传人，也是唐末有重要影响的道教领袖人物，而他成为钱镠重建天柱观一事的主角，应与唐末天台山道教的极度衰败有关。北宋初孙夷中所撰《三洞修道仪》称：

> 五季之衰，道教微弱，星弁霓襟，逃难解散，经籍亡逸，宫宇摧颓。肖然独存者，唯亳州太清宫矣。次有北邙、阳台、阳辅、庆唐数观，尚有典刑。天台、衡湘、豫章、濡岳，不甚凌毁，山东即邻于扫地矣。[1]

引文中特别提及"天台、衡湘、豫章、濡岳"为摧颓最严重四处道教中心。其中"天台"即天台山，而"衡湘"主要指南岳衡山，两地均是闾丘方远所属的天台南岳宗的本部。[2] 可见，唐末天台山的"不甚凌毁"，应是闾丘方远率领其教团舍弃天台根本而投奔杭州钱氏政权的主要原因。《天柱观记》碑文中

---

[1]　〔北宋〕孙夷中：《三洞修道仪》，《道藏》第32册，文物出版社、上海书店、天津古籍出版社，1988年，第166页。

[2]　道教天台南岳宗源于司马承祯从天台山来到南岳传教，之后经过司马承祯在南岳的传人薛季昌及其弟子等众多道士的努力，使颇具地域文化特点的南岳天台宗盛极一时，并形成了自己的传道世系，在唐代中后期道界具有重要影响。主要道士有田虚应、冯惟良、陈寡言、徐灵府、应夷节、叶藏质、左元泽等，闾丘方远、杜光庭是这一宗派在唐末五代的两位代表人物。参见卿希泰主编：《中国道教史》（修订本）第2卷，第401—404页；袁清湘：《徐灵府与上清派南岳天台系》，《中国道教》2009年第6期。

有多处涉及间丘方远，其文称：

（1）乾宁二年（895），镠……遂抗直表，上闻圣聪，请上清道士间丘方远与道众三十余人，主张教迹，每年春秋四季，为国焚修。镠特与创建殿堂，兼移基址。

（2）（镠）又续发荐章，奏间丘君道业。圣上以仙源演庆，真派流辉，方瑶水以游神，复华胥而入梦。欲阐无为之教，欣闻有道之人，敕赐法号为"妙有大师"，兼加命服。虽寒栖带索之士，不尚宠荣，在法桥劝善之门，何妨显赫。

（3）妙有大师间丘君，灵芝异禀，皓鹤标奇，诞德星躔，披霓灵洞。朝修虔恳，科戒精严，实紫府之表仪，乃清都之辅弼。加以降神之地，即舒州之天柱山也，游方有志，蹑屩忘疲。自生天柱之前，驻修天柱之下，察其符契，信不徒然。

这几段文字主要是颂扬间丘方远道业精深以及"为国焚修"的事迹，而间丘方远还因为钱镠的推举而得到唐昭宗敕赐的"妙有大师"法号。其中"上清道士间丘方远与道众三十余人"这一记载，应是当时天柱观内部组织最具体的数字。而碑文亦指出钱氏支持间丘方远的目的，是为了使其于"每年春秋四季，为国焚修"。碑文对间丘方远的道业极尽赞美之辞，认为其出生地"天柱山"与驻修地"天柱观"在名称上也有神奇的巧合。

然而，碑文未提及间丘方远的学道经历及其道法源流。唐末五代沈汾所著的《续仙传》和北宋初年钱俨所著的《吴越备史》，则是有关于间丘方远生平事迹最完整的记载。这两部书一为仙传，一为史书，内容可以相互补充。除此之外，元代邓牧的

《洞霄图志》、赵道一的《历世真仙体道通鉴》等也有相关记载，但都直接依据了这两部书。鉴于二书对于闾丘方远研究的重要性，兹全文录之于下。《续仙传》云：

> 闾丘方远字大方，舒州宿松人也。幼而辩慧，年十六，通经史。学《易》于庐山陈元晤。二十九，问大丹于香林左元泽。元泽奇之，谓方远曰："子不闻老子云：'吾有大患，为吾有身。'盖身从无为而生有为。今却反本，是曰无为。夫无为者，言无即著空，言有则成碍，执有无即成滞，但于有无一致，泯然无心，则庶几乎道？且释氏以此为禅宗，颜子以此为坐忘。《易》云：'无思也，无为也，寂然不动，感而遂通天下之故。'其归一揆。又《经》云：'迎之不见其首，随之不见其后。'是何物也？子若默契神证，又何求焉？所惜者，子之才器，高迈直可为真门之标表也。"方远稽首致谢而去，复诣仙都山隐真岩事刘处静，学修真出世之术。三十四岁，受法箓于天台山玉霄宫叶藏质，真文秘诀，尽蒙付授。而方远守一行气之暇，笃好子史群书，每披卷必一览之，不遗于心。常自言："葛稚川、陶贞白，吾之师友也。"铨《太平经》为三十篇，备尽枢要，其声名愈播于江淮间。唐昭宗景福二年（893），钱塘彭城王钱镠深慕方远道，德访于余杭大涤洞，筑室宇以安之。昭宗累征之，方远以天文推寻，秦地将欲荆榛，唐祚必当革易，侔之园绮，不出山林，竟不赴召。乃降诏褒异，就颁命服，俾耀玄风，赐号"妙有大师""玄同先生"。阐扬圣化，启发蒙昧，真灵事迹，显闻吴楚。由是从而学者，无远不至，弟子二百余人，会稽夏隐言、谯国戴隐虞、荥阳郑隐瑶、吴

郡凌（陆）隐周、广陵盛隐林、武都章隐之，皆传道要而升堂奥者也。广平程紫霄应召于秦宫，新安聂师道行教于吴国，安定胡谦光、鲁国孔宗鲁十人，皆受思真炼神之妙旨。其余游于圣迹，藏于名山，不复得而记矣。天复二年（902）二月十四，沐浴焚香，端拱而坐，俟亭午而化，颜色怡畅，屈伸自遂，异香芬馥，三日不散。弟子以从俗葬，举以就棺，但空衣而尸解矣。葬于大涤洞之傍白鹿山。复有道俗于仙都山及庐山累见之，自言：“我舍大涤洞，归隐瀍山天柱源也。”①

而《吴越备史》则记载云：

天祐三年（906）春正月……是月丁酉，玄同先生闾丘方远卒。

方远其先齐人，婴之后也。父闰不仕，以文学节行称。方远幼辨慧，学于庐州道士陈玄悟，寻传法箓于天台主洞霄宫叶藏质。方远雅好儒学，每披卷得之，趋必曰：“葛稚川、陶隐居，俱吾之师友也。”诠《太平经》为十三篇。景福庚戌岁（890），始居余杭大涤洞。初入谒王，谈庄老之义，逡巡而罢，退而叹曰：“彼英雄也，是不宜与谈玄虚之道！”翌日入谒，遂陈《春秋》，因延之尽日。由是，王厚加礼遇，重建天柱宫，俾以居之。王奏请赐紫，又敕赐号“玄同先生”。一日，王于城南楼，命方远图形，前一夕王

---

① 〔五代〕沈汾：《续仙传》卷下，《道藏》第 5 册，文物出版社、上海书店、天津古籍出版社，1988 年，第 92—93 页；也见北宋张君房《云笈七签》，文字较《续仙传》简略，北京：中华书局，2003 年，第 2508—2509 页。

梦方远驾鹤至，由是王益奇之。江东罗隐每就方远授子书，方远必瞑目而授，余无他论，门人夏隐言谓方远曰："罗记室，上令公客，先生何不与之语？"方远曰："隐才高性下，吾非授书，不欲及他事。"而隐亦尽师弟之礼。是日乃降圣节，前一日王使人以香花至，方远受讫，乃入斋中，作控鹤坐，怡然而逝。复有异香满室，王以夏隐言继其住持也。①

结合两段传记史料，闾丘方远为舒州宿松县人，其地有道教名山——天柱山。天柱山又被称为"天柱源"，或名潜山、霍山等等，汉武帝时期，曾是国家祭祀体系中的"南岳"②。闾丘方远自幼就生长在这个道教氛围十分浓厚的地方。他后来到与其家乡一江之隔的庐山跟随陈元晤学习道法，又师从于仙都山道士刘处静。仙都山位于浙东缙云县，唐玄宗时期著名道士叶法善曾在此修炼。最后，闾丘方远来到著名道教胜地天台山，先后师从道士左元泽和叶藏质。这种转益多师的现象，反映的正是唐代道教法箓由低到高的传授过程。闾丘方远的师承大体出自南岳天台一系，并且是这一派在唐末最重要的代表人物。③ 而闾丘方远移徙杭州天柱观，则代表了道教南岳天台宗中心的转移。另外，两书都提及闾丘方远因编著《太平经钞》而"声名愈播于江淮间"。关于闾丘方远与钱镠首次接触，《续仙传》记载为"钱镠深慕方

---

① 〔宋〕钱俨：《吴越备史》卷1，《景印文渊阁四库全书》第464册，台北：台湾商务印书馆，1986年，第522页。

② 雷闻：《唐人潜山的信仰世界——以石刻材料为中心》，《敦煌学》第28辑，2008年，第223—238页。

③ 有关闾丘方远的师承，参见陈国符：《道藏源流考》（修订本），北京：中华书局，2014年，第23—24页；卿希泰主编：《中国道教史》（修订本）第2卷，成都：四川人民出版社，1996年，第410—412页。

远道德，访于余杭大涤洞"；而《吴越备史》则记载为闾
丘方远主动"谒王"，并将其过程描绘得颇具戏剧色彩。两书记载看似
矛盾，实际上反映出闾丘方远与钱镠相互支持的事实。两书都提
及重建天柱观及闾丘方远的主要道教活动，对此，我们将在后面
详细讨论。

　　天台山道教在唐朝后期一度达到鼎盛，尤其是高道辈出。闾
丘方远和杜光庭作为唐末至五代前期两位最有影响的道教领袖，
二人均与天台山道教具有不解之缘，而且两人的道教事业也有不
少可以比较的内容。杜光庭先是陪伴在唐朝皇帝身边，唐朝灭亡
后，又被五代十国时期王建的前蜀政权尊为国师。而闾丘方远则
被钱镠尊为吴越国道教领袖。两人均善于著书立说。杜光庭的著
作以构建道教斋醮仪式和编撰道教人物传记为主，特别是其斋醮
科仪著作为后世所重；而闾丘方远则以整理道教经典为主，例如
校定陶弘景《洞玄灵宝真灵位业图》，撰《太上洞玄灵宝大纲
钞》，而其依据《太平经》所作的《太平经钞》则影响尤其深
远。[①] 杜光庭弟子较少，而闾丘方远则极为重视自身教团的建
设，因此在当时势力很大，其弟子程紫霄和聂师道此后又分别服
务于北方的后唐王朝与南方的南唐政权。

　　钱镠及其吴越政权对待宗教相当宽容和支持。《宋高僧传》
即有数十处记载了钱镠对佛教的礼遇与支持。钱镠在与闾丘方远
初次交往之时，恰逢其与董昌、杨行密等藩镇展开全面争夺，在
争取佛道二教宗教势力的支持方面也不遗余力，于是对闾丘方远
这样具有很高名望的道士当然不会放过。钱镠先是在天柱观为其

---

① 　参见王明《太平经合校》前言中有关闾丘方远《太平经钞》之内容（北京：
中华书局，1979 年）。

修建临时居住的草堂，以及开坛授法所用之上清坛。第二年，钱镠遂大规模重建天柱观，使之成为自己统治地域内的道教中心。而钱镠在《天柱观记》中也多次直言不讳地说明了其重建天柱观以及支持闾丘方远教团的目的，其文曰：

（1）镠因历览山源，周游洞府。思报列圣九重之至德，兼立三军百姓之福庭，于是斋醮之余，遍寻地理。观其尊殿基势，全无起发之由。致道流困穷，二时而不办香灯，竟岁而全无醮阅。遂抗直表，上闻圣聪，请上清道士闾丘方远与道众三十余人，主张教迹，每年春秋四季，为国焚修，镠特与创建殿堂，兼移基址山势。

（2）其次毕法道士郑茂章，生自神州，久栖名岳，玄机契合，负笈俱来。镠幸挹方瞳，常留化竹，副妙有大师，三元八节斋醮同修，福既荐于宗祧，惠颇沾于军俗。寻发特表，蒙鸿恩继赐紫衣，焚修于此。

（3）今也，仙宫岳立，高道云屯，六时而钟磬无虚，八节之修斋罔阙。有以保国家之景祚，福两府之蒸黎。镠今统吴越之山河，官超极品，上奉宗社，次及军民，莫不虔仰神灵，遵行大道。①

钱镠称重建天柱观是为了更好地举行道教斋醮仪式，从而达到"上奉宗社，次及军民"，"思报列圣九重之至德，兼立三军百姓之福庭"，即在保佑大唐王朝的同时，也保佑吴越地方的军民。此时处于风雨飘摇中的唐朝即将走向终结，而钱镠自己的吴

---

① 〔元〕邓牧：《洞霄图志》卷6《天柱观记》，《丛书集成初编》第3167—3168册，北京：中华书局，1985年，第72—73页。

越国已呼之欲出。因此，钱镠支持闾丘方远重建天柱观的根本目的，还是希望通过道教斋醮仪式保佑钱氏政权，但钱镠本人对道教的信仰色彩并不浓。这一点从闾丘方远与钱镠的初次见面中也可以看得出来。《吴越备史》记载：

> （闾丘方远）初入谒王，谈庄老之义，逡巡而罢。退而叹曰："彼英雄也，是不宜与谈玄虚之道！"翌日入谒，遂陈《春秋》，因延之尽日。由是，王厚加礼遇，重建天柱宫，俾以居之。①

可见，钱镠对老庄的"玄虚之道"不太感兴趣，直到闾丘方远与其讨论儒家经典《春秋》，方得到礼遇。闾丘方远为钱镠举行道教斋醮最有典型意义的一次发生在天复元年（901）底。这一年，钱镠与藩镇杨行密处在战争状态，杨行密派遣大将李神福等率兵欲图杭州，钱镠命大将顾全武率领吴越最精锐的武勇都兵以拒之。结果顾全武中伏被执，钱镠损失极大。这一战役就发生在临安与余杭两县的交界青山镇，也就是天柱观所在地。而钱镠老家衣锦城（临安县）也被围，杭州危急，整个吴越政权处于崩溃的边缘。钱镠和闾丘方远等被迫迁往当时称为东府的越州（今浙江省绍兴市）避其锋芒。史载：

> 时王以衣锦城被寇，命玄同先生闾丘方远建下元金箓醮于东府龙瑞宫。其夕大雪，惟醮坛之上，星斗灿然，殿宇无所沾洒。又有鉴湖宿钓者，闻车马之声甚众，复有一黑虎蹲

---

① 〔宋〕钱俨：《吴越备史》卷1《闾丘方远附传》，《景印文渊阁四库全书》第464册，台北：台湾商务印书馆，1986年，第522页。

于宫门外，醮罢乃去。①

道教下元节一般是十月十五日，而此次斋醮已是十一月到十二月间。因此，此事属于闾丘方远临危受命的非常之举。金箓斋是救助帝王和国土的斋法，也是灵宝斋中最重要的斋法。闾丘方远的金箓醮似乎立即起到了作用，至该年十二月，"淮人以师老粮乏，求成而还"②，即最后以杨吴政权的撤兵而告结束。按照《续仙传》记载，闾丘方远病逝于天复二年（902）二月，即在这场下元金箓醮仅两个多月之后。而闾丘方远的病逝很可能与他在大雪中进行这场下元金箓醮有关。

除了天柱观与闾丘方远教团之外，钱镠与道士钱朗的关系亦具有典型意义，史载：

> 钱朗，字内光，洪州南昌人也。少居西山读书，迥为精儒。勤苦节操，五经登科。累历世宦，清直著称。所履皆有遗爱，时论美之。唐文宗朝为南安都副使，后为光禄卿，归隐庐山。情深好道，师于东岳道士，得补脑还元服炼长生之术。昭宗世，钱塘彭城王钱镠慕朗得道长年，乃迎就钱塘，师敬之勤切。时朗已一百五十余岁，童颜轻健，玄孙数人，皆以明经进身，仕为宰辅，已皓首矣，而朗犹如襁褓之子。钱镠迫传秘述。朗驻泊钱塘二十余年，忽一日告别，言："我处世多年，适为上清所召，今须去矣。"俄气绝。数日颜色怡畅如生，异香满室。举之就棺，已为尸解。玄孙谓人

---

① 〔宋〕钱俨：《吴越备史》卷1《闾丘方远附传》，《景印文渊阁四库全书》第464册，台北：台湾商务印书馆，1986年，第517页。

② 〔宋〕钱俨：《吴越备史》卷1《闾丘方远附传》，《景印文渊阁四库全书》第464册，台北：台湾商务印书馆，1986年，第518页。

日："吾之高祖，年一百七十岁矣。"①

可知，钱镠与钱朗的接触在唐昭宗时期，与其支持闾丘方远的时间大致同时，钱朗更依附钱镠长达二十余年。钱镠推崇闾丘方远是看重其能为国焚修保佑其政权长治久安，而钱镠看重钱朗的则是其"长生之术"。

三　唐末天柱观的重建及其在吴越的影响

天柱观的重建始于乾宁二年（895），建成于光化三年（900），前后长达六年。《天柱观记》记载其重建的重点首先是确定宫观的基础与方位。邓牧《洞霄图志》称"乳山，即宫前案山钱氏所增培者"②，"钱武肃王与闾丘先生相度山势，复改为甲向，今宫基是"③。《天柱观记》称"乾宁二年，与先生相度地理，改观基为甲向，营建一新"，"镠特与创建殿堂，兼移基址，山势有三峰两乳，兼许迈先生丹灶，遗迹犹存。遂乃添低作平，减高为下，改为甲向"④。此次修复或新建的建筑还包括：

> 草堂，钱氏所创，唐昭宗景福二年（893），武肃王表
> 以居闾丘先生，既而旬旦入山问道，每三元开坛授法箓，号

---

① 〔五代〕沈汾：《续仙传》卷中，《道藏》第5册，文物出版社、上海书店、天津古籍出版社，1988年，第91页。

② 〔元〕邓牧：《洞霄图志》卷2《乳山》，《丛书集成初编》第3167—3168册，北京：中华书局，1985年，第14页。

③ 〔元〕邓牧：《洞霄图志》卷6《天柱观记》，《丛书集成初编》第3167—3168册，北京：中华书局，1985年，第72页。

④ 〔元〕邓牧：《洞霄图志》卷1，《丛书集成初编》第3167—3168册，北京：中华书局，1985年，第2页。

上清坛，御史中丞罗隐皆入室者也。堂外环列云房，为门人弟子栖息之所。朝暮入室，退即闭关下帷。或持经，或论道，或炼神修真，各有所至。今道院上清流派所自出也。①

　　虚皇坛，在正殿前。旧志云：唐景福二年（893），钱武肃王按当时仪式，迭甃开坛，间丘先生三元奏箓于此。②

　　三池，在洞天福地门里，路左二，路右一，若品字然。唐乾宁年间，钱武肃王开凿。由大涤洞前叠石为暗溪，约里许，接天柱流泉，潴畜其中，澄澈可爱，于池口复为暗溪，曲折五六，深合地理。③

草堂虽是宫观重修前的临时建筑，却具有重要意义。间丘方远在此开坛授箓，"号上清坛"，因此间丘方远法派被称为上清院，形成天柱观三院中最后一院。所谓"御史中丞罗隐皆入室者也"，有罗隐《题玄同先生草堂三首》为证。虚皇坛也是宫观建好前的临时建筑，但作用与草堂相同，皆为"开坛授法箓"。此外还有：

　　唐朝杉，在洞霄宫外，凡二。耆老传云：唐昭宗景福二年（893），间丘先生自天台山以盂移植于此。围二丈，高三十余丈，叶虽凋减，而枝益坚。或图之以为屏障。④

---

　　① 〔元〕邓牧：《洞霄图志》卷4，《丛书集成初编》第3167—3168册，北京：中华书局，1985年，第30页。

　　② 〔元〕邓牧：《洞霄图志》卷1，《丛书集成初编》第3167—3168册，北京：中华书局，1985年，第4页。

　　③ 〔元〕邓牧：《洞霄图志》卷2《三池》，《丛书集成初编》第3167—3168册，北京：中华书局，1985年，第19页。

　　④ 〔南宋〕潜说友：《咸淳临安志》卷86，《宋元方志丛刊》第4册，北京：中华书局，1990年，第4166页。

　　这棵杉树不是普通之树，而具有法派传承的象征意义，象征着闾丘方远教团来自天台山的正统法脉，这种做法可能源自天台山的佛教教团。此外，新建的建筑包括玄同桥、三池、聚仙亭、抚掌泉，等等，详见《洞霄图志》各卷，此处不一一列举。光化二年（899），整个宫观修建完毕后，钱镠"遂录画图封章上进"，唐昭宗亦下诏称：

　　　　敕钱镠："省所奏进《重修建天柱观图》一面，事具悉。我国家袭庆仙源，游神道域。普天之下，灵迹甚多。然自兵革荐兴，基址多毁。况兹幽邃，岂暇修营。卿考一境图经，知列圣崇奉，亲临胜概，重葺仙居，仍选精悫之流，虔备焚修之礼，冀承玄贶，来佑昌期。岂唯观好事之方，抑亦验爱君之节，既陈章奏，披玩再三，嘉叹无已，想宜知悉。冬寒，卿比平安好，遣书指不多及。"①

　　可见重修完成之后，钱镠曾绘天柱观图进奏唐朝皇帝，并得到唐朝廷褒奖。天柱观亦因此奠定了作为吴越境内最重要道观的地位。

　　与闾丘方远同时来到天柱观并依附钱镠的，还有来自北方中原的道士郑章（亦作郑玄章、郑茂章等）。《天柱观记》称：

　　　　其次毕法道士郑茂章，生自神州，久栖名岳。元机契合，负笈俱来。镠幸揖方瞳，常留化竹，副妙有大师，三元八节，斋醮同修。福既荐于宗祧，惠颇沾于军俗。寻发特表，蒙鸿恩继赐紫衣，焚修于此。

---

① 〔元〕邓牧：《洞霄图志》卷6《天柱观记》，《丛书集成初编》第3167—3168册，北京：中华书局，1985年，第73页。

可见钱镠将郑章视为闾丘方远的副手，他同样在三元八节等斋醮活动中为国焚修，并因功得赐金紫。北宋唐子霞《大涤洞天真镜录》有对郑章的记载，其文为：

> 精思院，盖冲素先生郑元章所居。先生常斋居危坐，纤介不入。《南华》所谓"用志不分，乃凝于神"者。其所以感动天上仙人，时降芝𫐐。属云雾月白之夕，惟弟子阁闱得听其论，则世莫得闻也。精思院，在杭州洞霄宫。①

邓牧《洞霄图志》亦记载：

> 郑玄章，字博文。幼号神童，十五岁辞亲学道，依真系大师李归。李特为建星坛，授上清毕法，精修不倦。景福二年（893），与元同先生同居天柱山精思院，武肃王因命入开元宫启建坛箓，门下受度弟子一百三十余人。王表奏朝廷云：启建日有彩云临坛，仙鹤五百余只，旋绕空中。昭宗赐紫衣，号"正一大师""冲素先生"。累乞归山，王亲驾送于郊外，至精思院，旬日间，忽沐浴端坐，语门人曰："今洞庭使者，在此迎吾，吾当去矣。汝等精勤戒行，勿为诸恶。"翛然而逝。体柔如生，享年六十有八。王命府官缟素葬于本山。②

郑章是来自北方中原的道士，其师为"真系大师李归"。南宋陈振孙《直斋书录解题》著录"《王屋山记》一卷，唐乾符三

---

① 〔南宋〕陈葆光：《三洞群仙录》卷10《冲素精素道全勤苦》引《大涤洞天真镜录》，《道藏》第32册，文物出版社、上海书店、天津古籍出版社，1988年，第303页。

② 〔元〕邓牧：《洞霄图志》卷5《郑冲素先生》，《丛书集成初编》第3167—3168册，北京：中华书局，1985年，第44—45页。

年（876）道士李归一撰"①。如果此处李归一与李归为同一人，则郑章可能来自王屋山。王屋山是道教第一洞天，符合"久栖名岳"的记载。而"武肃王因命入开元宫启建坛箓"，表明钱镠虽然修建了天柱观，但因这座道观位于余杭县，而不在杭州城内，因此开元宫便成为杭州城内的重要道观。郑章受命在开元宫开坛箓，前后度弟子达一百三十余人，因此钱镠亦向唐朝廷奏授其紫衣。

值得一提的是郑章与天柱观精思院的关系。后世洞霄宫有三院十八斋的组织结构，三院即东晋道士许迈的南陵院、武后时期道士朱法满的精思院，以及闾丘方远的上清院。精思院是唐末重建前的天柱观的主院，重建完成后才被闾丘方远的上清院超过。郑章似乎主管了精思院，"精思院，盖冲素先生郑元章所居"。直到闾丘方远去世后，郑章才接替他成为吴越国道教界的头号人物。

闾丘方远教团除了得到钱镠本人的大力支持之外，一些著名的政治人物也与之关系密切，其中最重要的就是时任镇海军节度掌书记的罗隐。罗隐是唐末著名的文学家和政治人物，也是钱镠政权中最重要的文官，钱镠相当多官方文书皆出自罗隐之手，而且本文所讨论的《天柱观记》很可能也是出自他的手笔。有关他的研究以文学研究为主，郭武《罗隐〈太平两同书〉的社会政治思想》一文从道教史入手，对罗隐与闾丘方远教团的关系做了考证。② 罗隐师事闾丘方远，在《吴越备史》中有明确记载：

> 江东罗隐每就方远授子书，方远必瞑目而授，余无他

① 〔南宋〕陈振孙：《直斋书录解题》卷8，上海：上海古籍出版社，1987年，第261页。

② 郭武：《罗隐〈太平两同书〉的社会政治思想》，《宗教学研究》2006年第3期。

论。门人夏隐言谓方远曰："罗记室上令公客，先生何不与之语？"方远曰："隐才高性下，吾非授书，不欲及他事。"而隐亦尽师弟之礼。①

罗隐想跟随闾丘方远学习道法，而闾丘方远却"瞑目而授，余无他论"，大弟子夏隐认为这是怠慢之举，提醒闾丘方远罗隐是钱镠（上令公）的主要门客，不能怠慢。方远却说罗隐"才高性下"，当敬而远之。此处的"才高性下"可能是指罗隐恃才傲物的性格，他也因此触犯了很多人。不过，罗隐不但没有怪罪，反而"尽师弟之礼"。闾丘方远与罗隐交往最直接的史料就是罗隐所作《题玄同先生草堂三首》，其文曰：

> 杳杳诸天路，苍苍大涤山。
> 景舆留不得，毛节去应闲。
> 相府旧知己，教门新启关。
> 太平匡济术，流落在人间。
>
> 先生诀行日，曾奉数行书。
> 意密寻难会，情深恨有余。
> 石桥春暖后，勾漏药成初。
> 珍重云兼鹤，从来不定居。
>
> 常时忆讨论，历历事犹存。
> 酒向余杭尽，云从大涤昏。

----

① 〔宋〕钱俨：《吴越备史》卷1《闾丘方远附传》，《景印文渊阁四库全书》第464册，台北：台湾商务印书馆，1986年，第522页。

往来无道侣，归去有台恩。

自此玄言绝，长应闭洞门。①

玄同先生就是闾丘方远。第一首中的"相府旧知己"，指出两人之间亦师亦友的特殊关系；"教门新启关"是对闾丘方远道法的高度评价，认为闾丘方远是教门的开创者，此处可能是指闾丘方远作为天台山道教嫡传的掌门人，来此天柱观开创新的派别。"太平匡济术，流落在人间"一语双关，既点出了闾丘方远整理《太平经》以及作《太平经钞》一事，又把闾丘方远比做拯救人间疾苦的救星。这与闾丘方远在吴越进行大量道教斋醮活动，为国为民祈福相符合。第二首"先生诀行日，曾奉数行书"，点出曾从闾丘方远学道的经历。"意密寻难会"暗合前文论及的闾丘方远"瞑目而授，余无他论"的深意。"情深恨有余"似乎表明罗隐理解了闾丘方远的深意。"石桥春暖后，勾漏药成初。珍重云兼鹤，从来不定居"，则表明闾丘方远已经仙逝，到勾漏采药成仙。第三首"常时忆讨论，历历事犹存"等句更带有浓浓的怀念之情。总之，从整组诗的用词而言，此诗应作于闾丘方远去世之后，是一组缅怀诗。

闾丘方远与罗隐还有一位共同的朋友，《宋高僧传》记载："时僧正蕴让给慧，纵横两面之敌也。与闾丘方远先生、江东罗隐为莫逆之交也。"② 蕴让给慧为两浙僧正，即吴越境内的佛教领袖。闾丘方远为吴越道教领袖，罗隐则为文坛领袖。《宋高僧传》称他们为"莫逆之交"，反映三者之间的特殊关系。

---

① 〔唐〕罗隐撰，雍文华校辑：《罗隐集》，北京：中华书局，1983 年，第 100 页。

② 〔宋〕赞宁撰，范祥雍点校：《宋高僧传》卷 7《汉杭州龙兴寺宗季传》，上海：上海古籍出版社，2014 年，第 155 页。

罗隐还与闾丘方远的多名弟子有关系。罗隐《甲乙集》中多次提到程尊师和聂尊师，应该就是闾丘方远最有名的两位弟子程紫霄①和聂师道②。沈汾《续仙传》称"广平程紫霄应召于秦宫，新安聂师道行教于吴国"③，是指闾丘方远的这两位弟子后来都离开闾丘方远而自立门户。程紫霄活动于北方后唐王朝，而聂师道则依附于南唐，都拥有众多弟子。④ 虽然二人与闾丘方远依附的政权不同，但却都以闾丘方远为榜样，依附于王侯门下，以在乱世中保全自己和道教。此外，罗隐还有一首《第五将军于余杭天柱观入道因题寄》诗，其文曰：

> 交梨火枣味何如，闻说苕川已下车。
>
> 瓦榼尚携京口酒，草堂应写颖阳书。
>
> 亦知得意须乘鹤，未必忘机便钓鱼。
>
> 却恐武皇还望祀，软轮征入问玄虚。⑤

---

① 罗隐所作与程紫霄有关的诗有三首。第一首《寄程尊师》："鹤信虽然到五湖，烟波迢递路崎岖。玉书分薄花生眼，金鼎功迟雪满须。三秀紫芝劳梦寐，一番红槿恨朝晡。未知朽败凡间骨，中授先生指教无。"第二首《送程尊师东游有寄》："华盖峰前拟卜耕，主人无奈又闲行。且凭鹤驾寻沧海，又恐犀轩过赤城。绛简便应朝右弼，紫旄兼合见东卿。劝君莫忘归时节，芝似萤光处处生。"第三首《送程尊师之晋陵》："栋间云出认行轩，郊外阴阴夏木繁。高道为为张翰侣，使君兼是世龙孙。溪含句曲清连底，酒贮余杭渌满樽。莫见时危便乘兴，人来何处不桃源。"见罗隐：《甲乙集》（雍文华校辑：《罗隐集》，北京：中华书局，1983年）。

② 罗隐所作与聂师道有关的诗有一首。《寄聂尊师》："欲芟荆棘种交梨，指画城中日恐迟。安得紫青磨镜石，与君闲处看荣衰。"见罗隐：《甲乙集》（雍文华校辑：《罗隐集》，北京：中华书局，1983年，第165页）。

③ 〔五代〕沈汾：《续仙传》卷下，《道藏》第5册，文物出版社、上海书店、天津古籍出版社，1988年，第92—93页。

④ 〔五代〕沈汾：《续仙传》卷下《聂师道》，《道藏》第5册，文物出版社、上海书店、天津古籍出版社，1988年，第93—96页。

⑤ 〔唐〕罗隐撰，雍文华校辑：《罗隐集》，北京：中华书局，1983年，第94页。

罗隐另有《寄第五尊师》一首称：

> 苕溪烟月久因循，野鹤衣裘独茧纶。
> 只说泊船无定处，不知携手是何人。
> 朱黄拣日囚尸鬼，青白临时注脑神。
> 欲访先生问经诀，世间难得自由身。[①]

从第一首诗题目看，一位姓第五的将军来到天柱观入道，第二首诗中的"苕溪"就是流经天柱观的苕水。因此两诗中第五氏当为同一人。考钱镠手下将军并无姓第五者，但唐中央神策军中却有将领第五可范等人，这一家族在晚唐有多人任职神策军。诗中的第五将军很可能就来自神策军的第五家族，此人可能于退隐后慕闾丘方远之名而入道天柱观。

总之，罗隐与闾丘方远属于亦师亦友的关系，在闾丘方远死后，罗隐将其视为知己。同时罗隐与闾丘方远的多名弟子有来往，其也与天柱观产生了千丝万缕的联系。而闾丘方远结交这位钱镠幕府中最重要的文士，对其教团在吴越的发展也具有重要意义。

四　五代时期天柱观的继续发展

公元 907 年唐朝灭亡。钱镠政权因与邻近的杨吴政权和南唐政权为敌，所以一直奉行"事大"的政策，即无论中原王朝如何更迭，吴越均以中原各朝为正统，这一政策基本从后梁贯彻到北宋。朱温的后梁（907—923）建立之初，罗隐曾劝钱镠伐后

---

① 〔唐〕罗隐撰，雍文华校辑：《罗隐集》，北京：中华书局，1983 年，第 147 页。

梁，称："纵无成功，犹可退保杭越，自为东帝，奈何交臂事贼，为终古之羞乎?"① 罗氏此说表达了对唐朝之忠心，但此时后梁与钱镠的吴越都以杨吴政权为共同的敌人，两国实为军事同盟关系，因此钱镠从实际出发，不仅不讨伐后梁，反而主动向其称臣。而此时钱镠也并未因闾丘方远的去世而减少对天柱观的支持。在后梁建立的当年，即开平元年（907）九月，钱镠便以吴越国王的名义向后梁朝廷为郑章（即郑玄章）、夏隐言两位天柱观道士申请师号和紫衣。《旧五代史》记载：

> 浙西奏：道门威仪郑章、道士夏隐言，焚修精志，妙达希夷，推诸辈流，实有道业。郑章宜赐号贞一大师，仍名玄章。隐言赐紫衣。②

《吴越备史》亦有相应的记载：

> （开平元年）九月，诏赐道士郑章名玄章，又赐贞一大师；夏隐言赐紫。并从王请也。

这份申请奏文以浙西的名义发出，而《吴越备史》则明确称是"并从王请也"，从中可见钱镠对天柱观两位道士的重视。郑章的职位是"道门威仪"，王永平先生认为，"唐政府设有全国性的道官和地区性的道官——道门威仪"，并且"唐政府对各级道门威仪的选拔是较为严格和慎重的。他们大多是道教界的头面人物"。③ 奏文既然以"浙西"二字开头，那么此处的"道门

---

① 〔北宋〕司马光:《资治通鉴》卷266，北京：中华书局，2010年，第8676页。

② 〔五代〕薛居正:《旧五代史》卷3，北京：中华书局，1976年，第54页；另见〔宋〕王钦若等编:《册府元龟》卷194，北京：中华书局，1960年，第2344页。

③ 王永平:《道教与唐代社会》，北京：首都师范大学出版社，2002年，第116—121页。

威仪"，当指管理整个浙西道教的道门威仪，也就是吴越境内最高的道官职位，此处也可见郑章在闾丘方远死后已经接替他成为吴越国的首要道士。《天柱观记》记载郑章"蒙鸿恩，继赐紫衣"，即被唐昭宗"赐紫衣"。而后梁王朝又进一步授予其"贞一大师"的名号，还赐法名"玄章"。夏隐言作为闾丘方远的首席弟子，是闾丘方远天柱观上清院法脉的嫡系传人，但由于他比郑章晚一辈，因此他是以吴越国道教界第二号人物的身份获赐紫衣。另外，从时间上看，二人与"衣锦军神祠"同时获封，衣锦军（临安县）是钱镠的发迹之地，"衣锦军神祠"或者"崇福侯"就是保卫临安县的城隍神。而吴越奏文中二人得以加封的原因是"焚修精志，妙达希夷"，这与《天柱观记》中反复提到的斋醮仪式相吻合，与"衣锦军神祠"保一方平安的实际作用相一致。钱镠最看重的就是道士为吴越国举行斋醮仪式，保佑其政权长久的作用。

后梁乾化三年（913）七月，天柱观再次得到封赐。《洞霄图志》记载郭文"封灵曜真君"，许迈"封归一真君"。[1] 郭文、许迈均是东晋人，在《晋书》中各有专传，两人是最早在天柱观一带活动的著名道士，唐宋以后被视为天柱观（宋改洞霄宫）的开山鼻祖。此次二人被加封"真君"，既是官方对天柱观历史地位的确认，同时对天柱观在吴越地区乃至在全国道教界地位的提升也具有重要意义。而这次封赐的幕后推手无疑仍是吴越王钱镠。

五代时期，天柱观自身的宫观设施也在不断完善。《洞霄图

---

① 〔元〕邓牧：《洞霄图志》卷5《灵曜郭真君》《归一许真君》，《丛书集成初编》第3167—3168册，北京：中华书局，1985年，第37—39页。

志》记载："廨院二所，一在余杭县西南半里，大溪之上，后唐长兴四年（933）建，名天柱廨院，宋咸淳年间重修，门前有梓林，夏日阴翳可爱，往来者心憩焉。"① 廨院是佛道寺观负责接待等事务之分院。此院建于钱镠去世后的第二年，地点在距离余杭县城不足半里的苕溪之上。来访天柱观的各色人物大部分由杭州而来，经余杭运河到达余杭县城，再由余杭县城到达天柱观。苕溪是由余杭县城到天柱观的水路捷径，并且此处风景优美，能使到访之客"心憩"，因此将廨院建于此处最为适宜，最能达到送往迎来之目的。这一廨院是在重修天柱观后大约三十五年完成的，表明了天柱观宫观建筑的进一步完善。

后唐清泰二年（935），继位不久的吴越王钱元瓘为其父重建用于追福的开元宫。史载"秋七月甲辰，西方庆云见。重建开元宫，追福于先王也"。② 一年之后，即清泰三年（936），宫观建成。元代任士林《杭州路开元宫碑铭》记载：

> 乾符五年戊戌（878），巢贼犯城，酒雨弗降，遂毁。越五十有九年，是为清泰三年（936），吴越文穆王复新而广之，介成之三元大师夏隐言，铭载之节度掌书记林鼎，主之经文大德师樊德隆也。③

关于师闾丘方远的继承人夏隐言，史料中没有完整的传记。而且整个五代宋初的天柱观，史料也非常零散缺乏，因此这条记

---

① 〔元〕邓牧：《洞霄图志》卷1《廨院》，《丛书集成初编》第3167—3168册，北京：中华书局，1985年，第6页。
② 〔宋〕钱俨：《吴越备史》卷3，《景印文渊阁四库全书》第464册，台北：台湾商务印书馆，1986年，第546页。
③ 〔元〕任士林：《松乡集》卷1，《景印文渊阁四库全书》第1196册，台北：台湾商务印书馆，1986年，第501页。

载显得极为珍贵。从此碑可知在闾丘方远去世后三十多年后夏隐言尚在人间，且被钱氏尊为"三元大师"。梁开平元年（907）时，夏隐言获得赐紫，至此已获得赐师号。"三元大师"这一师号令我们想起《天柱观记》及《洞霄图志》中反复出现的"三元八节，斋醮同修"等文字，其师号可能反映的是与斋醮有关的三元八节，亦反映出钱氏政权最看重的正是天柱观道士通过斋醮活动保佑国运长久。这通碑的结尾出现了三位人物，因为开元宫是道教宫观，所以代表道教的"三元大师"夏隐言出现在第一位，代表官方的节度掌书记林鼎和代表佛教的师樊德隆分列二、三位。此时郑章应当已经去世，因此夏隐言才会以吴越国道教头号人物的身份出现，而且这座开元宫是为先王钱镠重修，作为闾丘方远教团新一代传人的夏隐言主持这一仪式再合适不过。

　　总之，唐末五代的分裂和战乱，使道教面临着严重的生存危机。一些著名道士和道教团体为了自身的生存不得不依附于权势人物。而"五代十国的帝王，也因袭唐代的风气，崇信道教。他们在战火纷飞，自身朝不保夕的年代，尤寄希望于道教神灵庇佑，进行了许多崇道活动"①。正是这两方面的原因，使这一时期的道教发展具有鲜明的时代特点。而本文所讨论的唐末闾丘方远教团，源自唐代著名道士司马承祯的后传南岳天台一系。该教团因天台山遭到破坏而依附于吴越国王钱镠。钱镠此时正在为吴越国的建立而笼络各方人才，而闾丘方远教团则为其提供了"神道设教"的支持。天柱观位于余杭、临安两县的交界处，这一地点是钱镠的出生地，同时也是钱镠赖以起家的临安都所在

---

　　① 卿希泰主编：《中国道教史》（修订本）第 2 卷，成都：四川人民出版社，1996 年，第 376 页。

地，在吴越国的重要性仅次于王国首都杭州城。钱镠的继任者对天柱观也始终给予支持。唐末来自天台山的闾丘方远教团与百废待兴的杭州天柱观相结合，在吴越国的中心稳稳地扎下根基，并为洞霄宫在两宋时期的辉煌奠定了基础。

小　结

学界一直存在关于道书《要修科仪戒律钞》的作者、著名道士朱法满生活时代和出身经历的争论，本书认为朱法满主要生活于武则天到唐玄宗的盛唐时期，朱法满及其弟子暨齐物早期入道的玉清观很可能是位于茅山的玉清观。朱法满与暨齐物都是天柱观的著名道士，暨齐物同时也是叶法善的弟子，其在唐都长安有过活动。暨齐物出身的暨氏家族是六朝以来余杭地区的地方豪族，而且这一家族有着浓厚的道教背景。文献中朱法满的另一位弟子朱韬光应为唐末闾丘方远之后学，当为五代时期人，不可能是朱法满的弟子。叶法善、朱法满与暨齐物都是当时著名的道士，叶法善与暨齐物均得到天师之号，他们在唐天柱观的道教活动对提升天柱观地位具有重要意义。

学界对唐代著名道士吴筠在安史之乱后的最终落脚点有过争论。本书认为吴筠的最终落脚点应是杭州天柱观，他到江南地区应在唐肃宗宝应之后，最迟在大历年间他已在天柱观有活动。吴筠在天柱观建立起一定规模的教团组织，收纳官宦子弟为弟子，亲自参与浙东和浙西诗会，与众多文人墨客频相往来，使天柱观在江南道教界的影响进一步扩大。

　　唐末闾丘方源自唐代著名道士司马承祯的后传南岳天台一系。该教团因天台山遭到破坏而依附于吴越国王钱镠。钱镠此时正在为吴越国的建立而笼络各方人才，而闾丘方远教团则为其提供了"神道设教"的支持（斋醮活动）。钱镠之所以选择重建天柱观，而不是重建杭州其他的道观，是因为天柱观位于余杭、临安两县的交界处，这一地点是钱镠的出生地，同时也位于钱镠赖以起家的临安都地区。闾丘方远在天柱观创立了上清院派，之后成为宋元洞霄宫掌握实权的一派，占有洞霄宫十八个斋中的十四个，宋元洞霄宫历代住持皆出自此上清院派。

第四章　杭州洞霄宫与两宋中央王朝和地方官员关系

从宋朝建立（960）到钱氏纳土归宋（978）的近二十年间，改朝换代的影响也波及天柱观。《洞霄图志》载："钱氏纳土前，尝改天柱宫。"[1] 则钱氏政权在归宋以前，曾有意抬高天柱观之地位，将其由"观"升格为"宫"。而宋廷则恰恰相反，与其将兵权、财权收归中央之政策相一致，对刚刚归附的两浙地区寺、观亦采取抑制政策。以天柱观为例，"道士朱韬光撰《篆坛记》，立石。文博义精，为时珍爱。自钱氏纳土，举高道，其石遂运至汴京"[2]。《篆坛记》作于宋初钱氏纳土以前，为纪念闾丘方远初来天柱山传道时所居的草堂以及传播法篆所用的篆坛而作。朱韬光立此碑，歌颂闾丘方远之道法，表明闾丘方远的后传弟子在宋初仍掌控天柱观，同时碑文中必当歌颂钱镠重建之功，表达对钱

---

① 〔元〕邓牧：《洞霄图志》卷1《洞霄宫》，《丛书集成初编》第3167—3168册，北京：中华书局，1985年，第2页。

② 〔元〕邓牧：《洞霄图志》卷4《草堂》，《丛书集成初编》第3167—3168册，北京：中华书局，1985年，第30页。

氏政权之忠心。宋廷甚至还将唐代赐予天柱观的宫田没收，南宋洪咨夔《平斋文集》记载："唐中叶，尝赐观庄田一所。国初，钱氏籍以归有司。"① 表明天柱观的田产，作为吴越国土的一部分，如同战利品一般，收归宋朝管理。宋廷将《箓坛记》碑"运至汴京"，籍没唐代已赐之田产，无疑是打压天柱观作为两浙道教宫观之首的地位，降低其在地方的影响，同时也淡化其对钱氏政权的忠诚。直到北宋第三位皇帝宋真宗时期，天柱观这种"被征服者"和"战利品"的地位，才因为一次历史机遇而发生根本性的转变。

第一节　北宋杭州洞霄宫与《大宋天宫宝藏》编纂之关系

宋真宗时期编纂《大宋天宫宝藏》是宋代道教史上具有重大意义的历史事件。历经唐末五代战火，唐代所编《道藏》遭到严重破坏。宋代开国后，大力搜集道书以编纂道藏，宋太宗尝命徐铉、王禹偁等校正唐代残留道经。大中祥符初年，宋真宗再次诏令道士修藏，命宰臣王钦若总领，在徐、王校订的基础上，加以增补，最终完成《大宋天宫宝藏》。虽然该藏已经亡佚，但张君房取其精华编成《云笈七签》，故其部分得以保存。《大宋天宫宝藏》及《云笈七签》的修纂，使得大量唐及唐以前的珍贵道教经典得以保存，是除敦煌道经外被系统保存下来版本最早的道经。这次编纂的地点是杭州洞霄宫，参与修藏的人员主要有

---

　　① 〔南宋〕洪咨夔：《平斋文集》卷9，《四部丛刊续编》集部第67册，上海：商务印书馆，1934年。

洞霄宫道士朱益谦、冯德之，以及后来担任实际负责人的张君房。前人对于这一事件的研究基本上围绕《道藏》编纂史、经典史等角度，对于实际主持编纂的张君房，也有不少专论。但很少有研究者关注在大中祥符五年（1012）张君房接手之前，实际主持这项工作的是道士冯德之。同时，对在杭州负责协调并监管编纂事宜的"漕使"陈尧佐在整个编纂活动中所起到的作用，前人亦多有忽略。本节试图考查冯、陈二人与《道藏》编纂的关系，并进一步探讨洞霄宫与《大宋天宫宝藏》编纂的关系。

一　洞霄宫道士冯德之与《道藏》的编纂

在宋真宗大中祥符年间《大宋天宫宝藏》的实际编纂者中，最重要的一位无疑是张君房，学界对其已有较为详细的研究。张君房在编纂后期"专任其事"，朱益谦与冯德之两位道士在编纂前期则发挥了非常关键的作用。张君房《云笈七签序》中称：

> 在先时，尽以《秘阁道书》《太清宝蕴》出降于余杭郡，俾知郡故枢密直学士戚纶、漕运使今翰林学士陈尧佐，选道士冲素大师朱益谦、冯德之等，专其修较，俾成藏而进之。①

这句话是研究《大宋天宫宝藏》及《云笈七签》编纂最重要的一段史料。如果仅从二人名字的先后次序看，朱益谦的地位应高于冯德之，但我们在搜集并整理史料后，发现基本没有朱益谦的相关史料，而冯德之的史料却相对丰富。按照常理，作为编

---

① 〔北宋〕张君房编：《云笈七签》，北京：中华书局，2003年，第1页。

修《道藏》的最重要负责人，朱益谦没有史料记载是很不正常的。而"冲素大师"这一尊号，显示了朱益谦在北宋官方道教界的地位。此一尊号在我们所掌握的宋元史料中并不常见，但在为数不多的几个例证中，竟然有两位与此次编纂所在地洞霄宫有关，分别是宋宁宗前后任洞霄宫住持都监的"冲素大师"王大年和至元十三年（1276）被授"洞观冲素大师"的洞霄宫道士金正韶。

陈国符《道藏源流考》、柳存仁《张君房与宋代道书》、卿希泰主编《中国道教史》的观点基本相同，他们均认为洞霄宫既然是修藏之地，那么朱、冯二人也就是洞霄宫的道士。卿希泰主编《中国道教史》亦提出："'密阁道书'，指太宗时已汇编成藏的道书；'太清宝蕴'，则指亳州真源县太清宫的唐代《道藏》古本。太宗雍熙二年曾索取天台山吴越《道藏》付余杭传本，至此，纂修新的《道藏》也在余杭。参与修校的冯德之、朱益谦都是余杭大涤山洞霄宫道士。"① 至于冯德之的身世与活动，元代邓牧《洞霄图志》中设有冯德之专传，原文如下：

> 冯德之，字几道，河南人。少习儒业，书无不读，京师号"冯万卷"。不慕声利，弃家入道。被旨住杭州洞霄宫，时公卿皆以诗饯行。宋真宗锐意元教，尽以《秘阁道书》出降余杭郡。俾知郡戚纶、漕使陈尧佐选先生及冲素大师朱益谦等，修校成藏以进，号《云笈七签》。初，诗人潘阆与先生为道义交，任泗州参军卒。先生囊其骨，归葬天柱山。

---

① 卿希泰主编：《中国道教史》（修订本）第 2 卷，成都：四川人民出版社，1996 年，第 794 页。

钱易铭潘墓，具载其事。①

邓牧认为最终修成的是《云笈七签》，而不是官修《道藏》，显然不正确，柳存仁等已明确指出。②邓牧是十四世纪的元代人，距编纂《大宋天宫宝藏》已有近三百年之久，到邓牧的时代，《大宋天宫宝藏》早已失传，而且邓牧并非道士，以文学显于当世，对《道藏》历史的了解可能比较有限。

上引文记载冯德之是"河南人"，这里的"河南"在当时指河南府，也就是今天河南省洛阳市。结合潘阆《赠冯德之道士》中"嵩阳道士早来别"一句，那么冯德之入道的地点很可能是其家乡附近的嵩山。由于接近东京开封与西京洛阳的缘故，这位嵩山道士很快成为一名与北宋朝廷及上层官僚阶层关系密切的道士。

这段传记是邓牧根据数种史料编辑而成的，其中存在不少信息的缺失与记载的错误。要想充分研究冯德之及其与此次编纂《道藏》的关系，冯德之同时人的记载就显得弥足珍贵。

淳化四年（993），宋初著名大臣王禹偁记载了作者与冯德之、诗人潘阆的密切关系。这首题为《送冯尊师》的诗在题目后写道"时再为拾遗"，按徐规先生《王禹偁事迹著作编年》，当在淳化四年（993）秋冬间。③其全文如下：

> 前日访潘阆，下马入穷巷。忽见双笋石，卧向青苔上。
>
> 云是冯尊师，秋来留在兹。今说东南行，问吾坚乞诗。

---

① 〔元〕邓牧：《洞霄图志》卷5《冯先生》，《丛书集成初编》第3167—3168册，北京：中华书局，1985年，第54页。

② 柳存仁：《张君房与宋代道书》，《和风堂文集》中册，上海：上海古籍出版社，1991年。

③ 徐规：《王禹偁事迹著作编年》，北京：商务印书馆，2003年，第133页。

又见宋阁老，亦言师甚好。欲去天台山，即别长安道。

台阁有群英，赠别瑰与琼。琤然满怀袖，此事殊为荣。

安用征吾句，吾道方龃龉。老为八品官，有山未能去。

束发号男儿，出处贵得宜。出则学皋夔，独立称帝师。

处则同乔松，决起如冥鸿。谁能似蚯蚓，蟠屈泥土中。

师行甚可羡，云鹤无羁绊。为我持此诗，题于桐柏观。①

这是一首关于冯德之"早年"活动的重要诗文。从中我们可知冯德之交友之广泛、交友层次之高。首先，这首诗证实冯、潘交往不是始于真宗修《道藏》前不久，而是早在宋太宗淳化四年（993）之前。从淳化四年（993）算起到潘阆去世，尚有十八年，可见"归骨天柱"的背后是不少于十八年的深厚友谊。王禹偁在这首诗中将冯德之比作"双笋石"。"双笋石"曾作为诗题出现在同时代人郑文宝（953—1013）的作品中，而郑文宝又是曾与王禹偁一同编纂《道藏》的好友徐铉的弟子，用在此处，大概是为彰显冯德之的仙风道骨与落拓不羁。正如《洞霄图志》的记载，冯德之在京师有一定的名声，被称为"冯万卷"。王禹偁此前一直贬官商州，没机会在京师接触冯德之，通过这次访问潘阆才与之认识。诗中被称为"宋阁老"的宋白，是王禹偁礼部试的主考官，故王禹偁对宋白极为尊敬，宋白"亦言师甚好"，可看出宋白对冯德之也有高度评价。这首诗最重要的价值是对冯德之准备离开东京前往天台山桐柏观的记载，可见冯德之虽为北方道士，却于入主洞霄宫十八年之前，就已经

---

① 〔北宋〕王禹偁：《小畜集》卷4，《景印文渊阁四库全书》第1086册，台北：台湾商务印书馆，1986年，第31—32页。

游历过与洞霄宫关系甚为密切的天台山。

此后，潘阆曾撰《赠冯德之道士》和《送冯尊师德之出长安》二诗，这两首诗前后相连，收在潘氏《逍遥集》中，记载的很可能是前后相连的事。第一首《赠冯德之道士》：

> 上清消息久不闻，紫鸾丹凤应离群。
> 羲和纵辔日又曛，九衢旦暮徒纷纷。
> 谁识天书数行字？识者便是真仙子。
> 直言铅汞成还丹，炼之饵之身不死。
> 嵩阳道士早来别，才承天泽辞玉阙。
> 紫章深秘莫漏泄，他年华顶为君说。

第二首《送冯尊师德之出长安》：

> 浩浩霜风万木寒，高吟大醉出长安。
> 杖头一卷金丹诀，尘世何人借得看。①

其中第一诗后有潘氏自注："枢密谏议钱公特奏紫衣，故有是句。"这首诗的作者潘阆大约去世于真宗大中祥符二年（1009）或三年（1010），在此之前担任过诗中提到的"枢密谏议"一职的钱姓官员只有钱若水，任官时间是太宗至道年间（995—997）。钱若水与冯德之同为河南人（今洛阳），而且早年曾就学于华山陈抟，对于道教、道士应当较为亲近，因此由他来为冯德之奏请赐紫衣便显得十分合理。这两首诗大约作于至道元年（995）或二年（996）的冬季，很可能是冯德之远游天台山回归京师时所作，其

---

① 〔北宋〕潘阆：《逍遥集》卷1，《景印文渊阁四库全书》第1085册，台北：台湾商务印书馆，1986年，第569—570页、572页。

中第一句"上清消息久不闻"可能就是指冯德之的远游天台山。有关这两首诗的写作地点，第一首出现的"才承天泽辞玉阙"显然是指东京开封，而第二首的题目是《送冯尊师德之出长安》，这里的"长安"当是宋人常见的以唐都长安对宋都开封的比附。诗文的另一重要提示就是冯德之于此时受到朝廷"赐紫"，显示冯德之是与官方有着密切关系的高道，这可能是十年之后真宋宗修《道藏》由其来具体负责的原因。

宋真宗景德三年（1006），冯德之出现在杭州。这也距编修《道藏》不远了。清人沈鏸彪《续修云林寺志》收录了两条相同的题名：

> 皇宋景德三年正月二十二日，前钱唐知县光禄寺丞张文昌、前越州萧山尉郝知白、吴山□□□羽人冯德之、余杭山人盛升同游，谢太守翻经遗迹刊石立记。（原注：右在翻经台摩崖，正书六行，字径一寸。张文昌、郝知白，旧志皆不载此题。重刻梅违黄安仁同游七大字于上。）

《宋张文昌等题名》：

> 景德三年仲春月□日，光禄□丞前知钱唐县张文昌、仁和县尉□从谏、越州萧山尉郝知白、吴山寓居羽人冯德之、余杭山人盛升同游于此，故题记耳。（原注：右摩崖正书三行，行字不等，字径一寸余。）①

两通题名都刻于景德三年初（1006），记载的又基本是同一

---

① 〔清〕沈鏸彪编：《续修云林寺志》卷7，《杭州佛教文献丛刊》，杭州：杭州出版社，2006年，第174—175页。

群人。从冯德之交游的人物看，他们或为杭州地方官员，或为佛、道二教中人，这与冯德之浓厚的官方道士身份颇相符合；出游的地点则为杭州名刹灵隐寺。其中冯德之自称"吴山寓居羽人"，他此时当在杭州道教名山之一的吴山居住，并且以"寓居"自谓。另外，石刻中没有提到天柱观的任何语句，可见此时冯德之虽然已在杭州活动，但还看不出其与天柱观有关系。

冯德之是因道藏的编纂而"被旨住杭州洞霄宫"，搞清楚冯德之入主洞霄宫的具体时间，也就可以确定编纂道藏的一个重要时间点。有关潘阆的卒年，王象之《舆地纪胜》载：

> 潘阆，字逍遥，钱塘之潘阆巷，其所居也。钱易铭其墓云："逍遥与道士冯德之居钱塘，约归骨于天柱山。"大中祥符二年（1009），为泗州参军，卒于官舍。德之遂囊其骨以归吴中，葬于洞霄宫之右。①

邓牧《洞霄图志》也载录有钱易所撰《潘阆墓志铭》，然所记卒年是"大中祥符三年（1010）"而不是"大中祥符二年（1009）"。根据《洞霄图志》记载，潘阆死后葬于洞霄宫方丈西庑后。这一记载已由现代考古工作证实，《余杭文物志》记载："（潘阆）墓被破坏时，出土有4只四系越窑青瓷罐，3只归余杭市文物管理委员会办公室收藏入库。""五代四系坛，1981年7月中泰乡洞霄宫五代潘阆墓出土，腹部刻有'沈'字……二级文物。"②考古工作队误将潘阆定为五代时人，可能与其墓中出

---

① 〔南宋〕王象之撰，赵一生点校：《舆地纪胜》卷2《人物》引钱易所撰《潘阆墓志铭》，杭州：浙江古籍出版社，2012年，第84页。

② 余杭文物志编纂委员会：《余杭文物志》，北京：中华书局，2000年，第112页、第210页。

土的越窑青瓷罐为五代造型有关。

　　《舆地纪胜》和《洞霄图志》所引钱易《潘阆墓志铭》的内容基本相同，只是时间一作大中祥符"二年"，一作"三年"。潘阆墓就在洞霄宫内，《洞霄图志》所引的墓志似更可信，故暂定其卒年为大中祥符三年（1010）。

　　也就是说，在潘阆去世的大中祥符三年（1010）之前，冯德之已经被旨住天柱观。从官方文献看，宋真宗编纂《道藏》的初衷始于其"东封泰山"之后，"（大中祥符）二年七月壬申，令两街集有行业道士修斋醮科仪"，一个月后的八月辛卯，"又选道士十人校定道藏经"。冯德之非常有可能就在这时"被旨"入天柱观。冯德之作为一名名满京师、被赐紫衣，此时又刚好寓居杭州吴山的道士，被旨入天柱观主持此事显得颇为合理。抄本《洞霄图志》记载有唐宋至元代洞霄宫的田庄分布情况，这是一条其他版本没有的记载："一在杭州仁和县赤岸，名祥符庄。宋（祥）符五年（1012），住山冯德之建，故名。"①

　　冯德之之所以能够成为编纂《道藏》的具体负责人，除了其早年在京师有较高的名望外，还与当时的两浙转运使陈尧佐的极力推荐有关。陈尧佐是四川阆中人，其兄陈尧叟、其弟陈尧咨皆为状元，一门三进士，被后世奉为美谈。景德及大中祥符年间，其家族极力配合真宗的封祀、崇道活动。② 而此次修藏活

　　① 〔元〕邓牧：《洞霄图志》卷1，《中国方志丛书》华中地方第559号，台北：成文出版社，1983年，第52页。
　　② 景德元年（1004），宋辽澶渊之盟前，王钦若主张迁都金陵，陈氏三兄弟中的长兄陈尧叟主张迁蜀中成都，与王钦若都是当时的迁都派，但又存在某种竞争。天书事件后，陈尧叟成为朝中大事的主要参与者之一，多次参与封祀仪式、撰写封祀书字等。

动，虽然名义上的主持者是时任副相的王钦若，但两浙转运使与杭州知州在其中也具有重要地位。知州戚纶、转运使陈尧佐负责"选道士冲素大师朱益谦、冯德之等专其修校，俾成藏而进之"。可以说，实际负责挑选道士工作的是戚纶和陈尧佐两人，结合史料可知，起决定作用的当是转运使陈尧佐。两浙转运使之所以在此次修藏活动中具有如此重要之话语权，是因为编纂《道藏》的地点设在杭州，大量的经典从南北各地运来，杭州拥有运输这些道书的便利交通条件——位于大运河的终点。张君房《序》中还称："于时尽得所降到道书，并续取到苏州旧《道藏经》本千余卷、越州、台州旧《道藏经》本亦各千余卷，及朝廷续降到福建等州道书、《明使摩尼经》等。"①

冯德之很可能善于饮酒且豪放不羁。潘阆的《与道士冯德之话别》一诗中有"一宿山房话别离，殷勤劝我酒盈卮。更教弟子横琴送，弹彻悲风尽泪垂"之句；王禹偁则称其"云鹤无羁绊"；他在洞霄宫的嫡传弟子常中行亦"落魄不拘，检好饮酒及音律，箧无留金，所有一箫一笛而已"。

结合各种史料看，冯德之善于结交社会各色名流，上自宰相、重臣如宋白、王钦若、陈尧佐，下至一般的地方丞尉；他又喜好游山玩水、吟诗作赋，具有侠义心肠。王钦若、陈尧佐正是这次编纂《道藏》的主管官员，因此，冯德之能够成为《道藏》编纂第一阶段的主管道士并非偶然。

---

① 〔北宋〕张君房编：《云笈七签》，北京：中华书局，2003年，第1页。

二 张君房参与编纂《道藏》及其与阆中陈氏家族之关系

当编纂活动在大中祥符五年（1012）遇到困难、一筹莫展之际，贬官宁海的张君房，却突然被任命"主其事"。显然，推荐张君房的官员必然十分了解他的能力。

张君房在《云笈七签序》中称是由"纶等"（当指戚纶、陈尧佐二人）推荐，并得到当时"总统"《道藏》编纂的王钦若的同意。显然王钦若只是认可了这一任命，并非这一任命的提议者，而提议者必然是"纶等"中的一人。考查现有史料，张君房与戚纶、王钦若没有交往之记录，这三人中与张君房关系最密切者当为陈尧佐及其家族。纵观编纂活动的始末，陈尧佐实际扮演了十分重要之角色。

张君房与陈氏家族的交往最迟始于咸平元年（998）。南宋范成大《吴郡志》和郑虎臣《吴都文粹》记载，这一年（998），陈尧佐之父陈省华"守苏州之二岁"，当地出现四瑞，其中属县昆山出现一只"白龟"，"时张君房客于苏，省华以白龟事访之"。张君房曰："且其色白。白，西方也，岂其应在西戎乎？龟者，归也，西方其有逆命不廷之虏，畏威怀德，归我乎哉？"果然，"明年（999年），朔方叛帅李继迁贡马请命，遂有银、夏、绥、宥四镇之拜"。为纪念这一重大祥瑞，张君房与陈省华的三儿子陈尧咨还作诗纪念。[1] 张君房巧妙地对白龟祥瑞大加发挥，甚至还将其与当时令宋太宗最头痛的党项李继迁问题联

---

① 〔南宋〕范成大编：《吴郡志》卷44，南京：江苏古籍出版社，1986年，第590—592页。

系上，并神奇地在第二年应验，陈省华还因此升官。陈省华长子陈尧叟、次子陈尧佐分别是端拱元年（988）的状元和进士，此时都在地方任上，陪在陈省华身边的只有三子陈尧咨（两年后状元及第）。虽然没有陈尧佐与张君房直接接触的记载，但张君房善于方术之事，陈尧佐恐怕早已从其父及弟处得知。因此当编纂《道藏》遇到困难，张君房又恰巧于此时贬官到两浙转运使的管辖区宁海，被非常"了解"其才能的陈尧佐推荐便成为极为可能又顺理成章之事了。

陈国符根据张君房《云笈七签序》，认为《宝文统录》"纲条漶漫，部分参差，与《琼纲》《玉纬》之目，舛谬不同。岁月坐迁，科条未究。适纶等上言，共荐宁海谪官张君房主其事，时王钦若亦同时荐之。五年冬（1012），张君房除著作佐郎，俾专其事……得四百六十六字，且题曰《大宋天宫宝藏》"。①

总结起来，陈国符认为《宝文统录》是《大宋天宫宝藏》成书前的一部道藏，但是质量较差，因此才有对张君房的任命，张君房最终在《宝文统录》的基础上重修成《大宋天宫宝藏》。至于《宝文统录》成书于大中祥符九年（1016），而张君房参与修藏、除著作佐郎却是在大中祥符五六年（1012—1013）间，陈先生亦发现了这一矛盾之处，却未能给出合理的解释。由于陈先生《道藏源流考》在道藏史研究中的地位，这一论断已成为几十年来关于真宗时期编纂《大宋天宫宝藏》的重要结论，之后不少文章都是在认同这一论断的基础上完成的。比如日本道教学者洼德忠在其《道教史》中称："《宝文统录》错误颇多，分

---

① 陈国符：《道藏源流考》（修订本），北京：中华书局，2014 年，第 110 页。

类亦不完善，戚纶等人也承认这一点。于是有人推荐最合适的人选张君房道士主持重新编辑《道藏》。"①

　　但也有一些学者与陈先生观点不同，日本学者合著的《道教》一书认为："《宝文统录》是《道藏》目录书名，《大宋天宫宝藏》是《道藏》本身的书名。"② 成书于南宋的《续资治通鉴长编》记载：

　　　　（大中祥符九年三月）枢密使王钦若上新校《道藏经》，赐目录名《宝文统录》，上制《序》。赐钦若及校勘官器币有差，寻又加钦若食邑，校勘官阶勋，或赐服色。③

　　南宋王应麟《玉海》亦有类似记载称："（大中祥符）九年三月己酉，作《宝文统录序》，王钦若定《道藏经》总为目录，赐名《宝文统录》。"这两段文字都非常明确地指出《宝文统录》只是《道藏》目录，并不是《道藏》本身。《宝文统录》得到了皇帝的认可，赏赐了参与活动的官员，与"纲条渎漫，部分参差"的提法大不相同。另外，《宝文统录》成书是在大中祥符九年（1016），而"纲条渎漫，部分参差"的混乱状况则出现在张君房谪官宁海的大中祥符五年（1012）。可见"纲条渎漫，部分参差"的混乱状况并不是指作为目录的《宝文统录》。

　　那么"纲条渎漫，部分参差"的混乱状况又是指什么呢？我认为就是指大中祥符五年（1012）张君房开始编纂《道藏》

---

　　① ［日］窪德忠著，萧坤华译：《道教史》，上海：上海译文出版社，1987年，第200页。

　　② ［日］福井康顺等监修，朱越利等译：《道教》（第1卷），上海：上海古籍出版社，1990年，第77页。

　　③ 〔南宋〕李焘：《续资治通鉴长编》卷86，北京：中华书局，1995年，第1975页。

以前的情况，而此时尚没有编出任何成果。陈先生之所以会认为这一混乱状况是指《宝文统录》，是受到张君房《云笈七签序》中一段文字的影响。《张序》原文为："尽以秘阁道书、《太清宝蕴》，出降于余杭郡……选道士冲素大师朱益谦、冯德之等，专其修较，俾成藏而进之。然其纲条漶漫、部分参差，与《琼纲玉纬》之目舛谬不同……"① 在这段序中，最容易产生歧义的是"俾成藏而进之"。陈生先便是根据这句话认为朱益谦、冯德之已编成了一部"纲条漶漫、部分参差"的《道藏》，并已将其"进之"于朝廷。《张序》中没提及任何其他道藏名称，在《大宋天宫宝藏》成书前成书的就只有大中祥符九年（1016）的《宝文统录》，于是陈先生便认定其为《宝文统录》。但"俾成藏而进之"中的"俾"字是"使"的意思，含有希望的意味。也就是说，"俾成藏而进之"只是皇帝的愿望，并不意味着一定能够如愿完成。因此，我认为"纲条漶漫、部分参差"，并不是指朱、冯二人当时已经编纂完成的《道藏》部分，而是指当时编不出任何成果的混乱状态。也正是因为如此，才有陈尧佐推荐张君房主管其事。

总之，张君房与陈尧佐家族早在编纂《道藏》前已熟识，陈尧佐知道张君房洞悉道教经典的能力。陈尧佐此时恰恰坐镇杭州，负责掌管编纂《道藏》的人事工作，因此才有张君房在编纂《道藏》遇到困难时被陈尧佐推荐，匆忙加入编纂《道藏》队伍的经过。

---

① 〔北宋〕张君房编：《云笈七签》，北京：中华书局，2003 年，第 1 页。

三　杭州洞霄宫与《大宋天宫宝藏》编纂之关系

我们已经可以确定冯德之以洞霄宫（天柱观）住持的身份参与了这次编纂《道藏》的活动，但这是否意味着编纂《道藏》是在洞霄宫中进行的呢？也就是说洞霄宫的参与仅有冯德之，还是洞霄宫上上下下都参与其中呢？这是一个很重要的问题。虽然史料中只记载了冯德之、朱益谦少数道士的名字，而且没有明确提及修藏的地点就是洞霄宫，但我们认为，这次编纂《道藏》是一次以国家及皇帝意志为中心，以杭州洞霄宫道士为主体，在洞霄宫进行的活动，整个洞霄宫都参与其中。

（一）杭州洞霄宫在吴越国及北宋前期之地位

为什么此次修藏活动不在都城开封或者诸如茅山等道教名山？我们认为应与杭州以及洞霄宫在北宋前期的地位有关。唐末五代以来，吴越地区是全国保存《道藏》最为完整的区域，吴越末代国王还对藏于天台山的《道藏》进行过整理。吴越国和平归降宋朝后，这一地区没有遭到任何战火摧残，宋太宗命徐铉、王禹偁整理《道藏》，利用的就是吴越地区的这批资料。陈国符及其他学者已对此问题做过研究。[①] 吴越钱氏及其臣下在北宋任官、与皇室联姻者甚多，[②]《百家姓》中"赵钱孙李"的排列顺序即是最好证明。而与之相对照的则是统一之前与宋拼死相

---

① 陈国符：《道藏源流考》（修订本），北京：中华书局，2014年，第107—108页。

② 柳立言：《北宋吴越钱家婚宦论述》，《"中央"研究院历史语言研究所集刊》第65本第4分册，1994年。

抗的国家，如北汉、南唐：北汉首都太原城在宋太宗攻克时即下令毁掉；宋真宗宠臣王钦若因出生在原南唐境内而遭北方籍官员的排斥，长期不能拜相。

由于唐末五代钱氏的大力推崇，天柱观已经在吴越国境内确立了道教中心的地位。而且天柱观所在的杭州有着作为大运河终点、地处交通枢纽这一特殊地位。因此，如果修藏活动是在杭州境内的话，洞霄宫成为实际修纂地也是必然的。

（二）宋真宗编纂《道藏》与洞霄宫地位之升降

大中祥符五年（1012），由冯德之等人实际负责的修藏活动已经进行了三四年时间，就在这一年，发生了一系列影响洞霄宫的大事件。主导这些事件的，除冯德之外，还有担任两浙转运使并保举冯德之主持修藏活动的陈尧佐。史载，宋真宗大宗祥符五年（1012），"中使白公、漕使陈公（尧佐），及州县官皆至"。① 这是一次对《道藏》编纂进展的视察活动，其中的"中使白公"，是宋朝廷派来视察的白姓宦官，代表皇帝本人，而且杭州地方官员皆至，由"住山"冯德之亲自陪同，暗示这是一次代表皇帝的高规格活动。在他们的"游览"过程中，天柱观共发生三次祥瑞事件。第一次是众人行至"钱武肃王微时"所卧巨石之时，突然出现五色祥云，"上亘霄汉，下弥漫林麓，时羽人、从骑皆在云气中，若仙官之朝玉京也。数刻方散"。第二次是众人走至传说由唐代吴筠天师所植、此前早已枯萎的一棵大栎木前，却发现此树突然"复荣"。第三次来自"抚掌泉"，传说"钱武肃王"在一次访问天柱观时，看到此泉附近"有双鹤飞舞

---

① 〔元〕邓牧：《洞霄图志》卷4《祥光亭》，《丛书集成初编》第3167—3168册，北京：中华书局，1985年，第32页。

其上，因抚掌招之"，却没想到此泉水突然喷涌起来。而陈尧佐此时"因按察至焉，问羽士所以名泉之意……于是抚掌"，没想到竟也出现泉涌的奇观。

在这次视察中，表现最为活跃的就是转运使陈尧佐。陈尧佐对大涤山水大为赞叹。视察之后，他"图状"进奏天柱观的这三处祥瑞，并命名为"五色云现""枯木重荣"① 及"抚掌清泉"，② 正处在崇道亢奋中的宋真宗对这些祥瑞"寻降旨设醮以褒神异"。宋真宗崇道期间，各地争相进献祥瑞是当时较普遍的政治风气，陈尧佐"图状"三处祥瑞这一行为，可谓投真宗所好，与当时整体的政治氛围相符，并非孤立事件。在这次视察前后，陈尧佐可能还不止一次来到天柱观。王思明《栖真洞神光记》称"在祥符间，国家崇尚元教，浙漕使陈文惠公（陈尧佐）率官属有祷于大涤洞"。陈尧佐"率官属有祷于大涤洞"当是尊奉上文"设醮以褒神异"的皇帝诏旨，而这次设醮成为"天柱观"改名"洞霄宫"的转折事件。设醮过程中，"（栖真）洞中出现是光，照耀林麓"，陈尧佐立即将这一祥瑞"表奏朝廷"，皇帝"诏旨褒嘉"，天柱观因此始改"洞霄宫额"。③ 这不仅仅是简单的宫观改名，由之前的"观"升格为"宫"，而且是由皇帝亲自诏准的。"宫"与"观"虽没有严格意义上的上下级关系，但"宫"的地位往往要高于"观"，而且"宫"含有由皇

---

① 〔元〕邓牧：《洞霄图志》卷4《重荣木》，《丛书集成初编》第3167—3168册，北京：中华书局，1985年，第33页。

② 〔元〕邓牧：《洞霄图志》卷4《抚掌泉》，《丛书集成初编》第3167—3168册，北京：中华书局，1985年，第29页。

③ 〔元〕邓牧：《洞霄图志》卷6《栖真洞神光记》，《丛书集成初编》第3167—3168册，北京：中华书局，1985年，第84页。

家兴建、具有皇家背景的意味。

在由"观"升格为"宫"之后，一系列相关荣誉也相继而至。《洞霄图志》称："宋真宗祥符五年（1012），因陈文惠公尧佐奏，改'洞霄宫'。赐仁和县田一十五顷，悉蠲租税，并赐钟磬法具等。岁度童行一人。应天庆等节设醮本州，应办支费、青词、朱表，学士院撰进呈讫，内降修奉。"①

首先，国家赐田是对一座道观的重要封赏，这不仅有赐田本身及免税的经济利益，更重要的是一种荣誉。这十五顷赐田的具体情况，抄本《洞霄图志》有所记载，其他版本的这段记载都佚失了。抄本称："一在杭州仁和县赤岸，名祥符庄，宋（祥）符五年（1012）住山冯德之建，故名。今至元年间重修……洪武间……。"② 元代这一田庄尚得到重修，到明初洪武年间又出现新的情况。南宋宁宗时，这一田庄附近新修了一座"承天宫"，而且是由"宁宗皇帝御书'承天'二字"。③ 这座承天宫很可能也是洞霄宫的附属宫观。由此我们可以确认"赐田"的说法是可信的。

其次，洞霄宫能够"岁度童行一人"，反映的是中央王朝对它的信任与认可。宋代有严格的佛、道授箓制度，"度童行"即是将"童行"这一准道士"度"为真正道士的过程，亦即取得官方度牒的过程。正常情况下，"童行"均应参加并通过由地方

---

① 〔元〕邓牧：《洞霄图志》卷1《洞霄宫》，《丛书集成初编》第3167—3168册，北京：中华书局，1985年，第2页。

② 〔元〕邓牧：抄本《洞霄图志》卷1《诸庄》，《中国方志丛书》华中地方第559号，台北：成文出版社，1983年，第52页，文末"洪武间"等相关文字是明初洞霄宫道士对《洞霄图志》的注文，以反映当时最新情况。

③ 〔南宋〕施谔：《淳祐临安志》，《中国方志丛书》华中地方第559号，台北：成文出版社，第103页。

官府组织的"试经"考试才能取得度牒，并且这种"试经"每年都有严格的人数限制，宫观一般并无此权力。① "岁度童行一人"即是越过地方官府而拥有自行度童行为道士的权力，这一权力是宋代少数宫观的特权，是其成为全国性重要宫观的象征。至于"应天庆等节设醮本州，应办支费、青词、朱表，学士院撰进呈讫，内降修奉"，更是反映了洞霄宫与宋王朝之间密切的关系。《洞霄图志》还记载："宋国初，圣节道场，应奉本县文武官僚，入山建散（当指建立散斋），诸山僧咸至立班。"② 以上两段史料都是来自元代人编修的《洞霄图志》，而宋真宗时钱惟演的记载可以证实邓牧资料来源的可靠。罗畸《蓬山志》中记载了一段钱惟演（977—1034）写的关于"降青词"的史料：

> 降青词，每进天庆、天祺、先天、降圣、三元节，及皇帝本命，各预先一月降入，马递兖州会真宫、太极观、景灵宫，亳州明道宫、太清宫，庆成军太宁宫，西京上清宫，嵩山崇福宫，升州茅山，凤翔府太平宫，中岳天封宫，泗州延祺观，杭州天柱山大涤洞霄宫，五岳真君观内中延真殿，天符观会庆殿、天安殿、滋福殿，玉清昭应宫，景灵会灵观，祥源观，上清宫，金明池水殿等。非时建道场，即当直日草词，或急速者，学士未入，亦就宅草。自大中祥符，每立春、立秋醮真君观，惟有东西北中四岳，而南岳真君独阙其礼。惟演天禧二年（1018）再入翰林，当草七月词，见阙此岳，乃入札子奏乞检会，事下礼仪院。所司以从初漏阙，

---

① 唐代剑：《宋代道冠披戴制度》，《宗教学研究》1998 年第 3 期。
② 〔元〕邓牧：《洞霄图志》卷 1《洞霄宫》，《丛书集成初编》第 3167—3168 册，北京：中华书局，1985 年，第 2 页。

惧罪，久而不奏。及立春将近，惟演再上言，以南岳阙醮，盖有司之误，然屡经大宥，乞免有司之罪，但依例添入。御笔批依奏，遂咨报中书门下行下，自此五岳皆备矣。[①]

青词又称绿章，是道教举行斋醮时献给上天的奏章祝文。一般为骈俪体，用红色颜料写在青藤纸上，要求形式工整和文字华丽。钱惟演这段记载中的降青词是代表皇室的最高级别的降青词，是在洞霄宫受封赏之后第二年才开始的，而且正是由总管编纂《道藏》的王钦若所推动。《续资治通鉴长编》大中祥符六年（1013）九月条记载："丁巳，令诸州官吏每天庆、先天、降圣三大节建道场，散斋致斋，如大祀之制。从王钦若之请也。"[②]这则史料大约作于天禧二年（1018）钱惟演入翰林之后不久，此时正处于宋真宗崇奉道教的大背景下，同时也是洞霄宫于大中祥符五年（1012）受到封赏后不久。

结合这几段资料可知，宋真宗时期洞霄宫在官方斋醮活动中已占有重要地位，是少数几个能举行全国级别斋醮活动的道观，体现了洞霄宫与宋真宗朝的密切关系。至于地方上，在余杭"本县"，更是达到所有文武官员乃至所有僧人都要去"立班"的程度，其地位高于余杭所有道观。

上文提及的种种赏赐都发生在大中祥符五年（1012）陈尧佐上奏三处祥瑞及升格为"洞霄宫"之后。然而，这一年实际上也是整个《道藏》编纂活动中进展最不顺利的一年。前面提

---

① 〔南宋〕江少虞：《新雕皇朝类苑》卷33，上海：上海古籍出版社，1981年，第417页。

② 〔南宋〕李焘：《续资治通鉴长编》卷81，北京：中华书局，1995年，第1849页。

及的"纲条澛漫，部分参差"的混乱状况就是这一年及其之前
的情况，张君房也是在这一年"突然"加入修藏活动，并在第
二年冬"专其事"。大中祥符五年（1012）实为朝廷对《道藏》
编纂人事进行重大调整的一年，而在此时不但没有对此前负有领
导责任的冯德之、朱益谦进行处罚，反而对他们所在的天柱观大
加赏赐。结合《长编》等史料可知，陈尧佐至少在大中祥符三
年（1010）到八年（1015）间任职两浙。大中祥符三年（1010）
选拔冯德之为编修《道藏》人选之事，就是时任两浙转运使的
陈尧佐来做的，如果他在这时处罚由他亲自选出的冯德之、朱益
谦等道士，无异于也就承认了他用人不当。因此，陈尧佐在大中
祥符五年（1012）上奏三处祥瑞，是在故意隐藏《道藏》编修
处于混乱状态的事实，同时也是给以天柱观为基地的编纂人员适
当鼓励，收买人心。张君房于这一年冬加入编纂行列，在背后起
作用的实际上也是陈尧佐，这很可能就是他对之前用人不当的一
种自我"补救"，而最终张君房也不负众望，编成这部令皇帝满
意的《大宋天宫宝藏》。陈尧佐之所以敢做出这种"欺上瞒下"
之事，可能与其长兄陈尧叟的庇护有关，陈尧叟正是在大中祥符
五年（1012）拜为副相的。同时更与宋真宗大肆崇道并力主编
修《道藏》有关。宋真宗即使知道《道藏》编修处于混乱状态，
也可能与陈尧佐一样不想扬己之过，因此不仅不惩罚相关人员，
反而对洞霄宫大加封赏，给陈尧佐及编纂人员以"修正"的
机会。

　　我们现在之所以能知道这一年《道藏》编纂处于混乱状态，
完全是张君房在《云笈七签序》中透露出来的，而他这篇《序》
作于宋仁宗初年，当时《道藏》编纂活动早已取得了巨大的成

功，陈尧佐也已经调任翰林学士。编纂《道藏》不是纯粹的宗教行为，而是政治行为，编纂《道藏》混乱之年的这次反常的"封赏"，其背后有负责组织选拔工作的两浙转运使陈尧佐的影子，他是处于中央朝廷与负责具体工作的道观、道士之间起承上启下作用的人物，他对自身利益与整个编纂活动有整体的考虑。

对天柱观来讲，升格为洞霄宫是唐高宗弘道元年（681）潘尊师建观，唐末钱镠、闾丘方远重振之后，该宫观史上又一次重大的转折事件，体现的是宋朝国家对其编纂《道藏》的褒奖。

（三）《大宋天宫宝藏》编纂的完成

让洞霄宫最终名垂青史的，除了这次编纂《道藏》的活动之外，就是在宋朝宫观祠禄制度完备后，"提举杭州洞霄宫"成为贯穿两宋的宰相致仕制度的一部分。宰相是中国历史上最高级的官职，与其相对的祠禄宫观也必须是首屈一指的著名道观，其体现的是王朝等级森严的统治秩序。而洞霄宫之所以能"首屈一指"，与这次编纂《道藏》的活动有着密不可分的关系。

根据盛唐时司马承祯的《洞天福地记》记载，大涤山及天柱观在道教界的洞天福地体系中有一定地位，但也仅仅是洞天福地体系中三十六小洞天的"第三十四洞天"及七十二福地中的"五十三福地"。[①] 其在唐末五代杜光庭《洞天福地岳渎名山记》中的排名亦无明显变化，[②] 排名都相对靠后。[③]

洞霄宫的前身天柱观虽然在五代时期已成为吴越国境内首屈

---

① 〔唐〕司马承祯：《洞天福地记》，《丛书集成初编》第 2998 册，北京：中华书局，1985 年，第 4、8 页。

② 〔五代〕杜光庭：《洞天福地岳渎名山记》，《道藏》第 11 册，文物出版社、上海书店、天津古籍出版社，1988 年，第 58 页。

③ 萧百芳：《南宋道教的"洞天福地"研究》，成功大学博士学位论文，2007 年。

一指的道观，但是在北宋早期，能够成为全国性道观的，或是在京的皇家宫观，或是处于北宋统治核心区域的华北重要道观，如嵩山崇福宫、凤翔上清太平宫，或是历史上显赫的宫观，如茅山诸宫观。使洞霄宫最终成为王朝认可的国家级道观的历史契机，就是这次为真宗皇帝编纂《道藏》的活动。《道藏》编纂成功后，洞霄宫在统治者眼中的地位确实大大地提高了，而且一举进入全国重要道观的行列。

前文引用了钱惟演写于天禧二年（1018）之后有关"降青词"的史料，在这段史料的前半段中，钱惟演列举当时由北宋中央政府负责"降青词"的十几座道观。我们认为，这段史料中的道观出现顺序是按照一定级别、有秩序地排列的，反映的就是北宋政府认可的一批全国最重要道观的排名。钱惟演的这段文字是为当时的一批节庆活动做说明，王瑞来指出"天庆、先天、降圣三大节，均因降天书等事而设置。仁宗即位之初，就把这些节日的燃灯活动废止了"。① 排在洞霄宫之前的一共是九个地方的十二座道观。正如王瑞来指出的，榜上有名的道观，皆与"天书下降、东封西祀"有关，排在第一位的"兖州会真宫、太极观、景灵宫"是"东封泰山"时的道教宫观；排在第二的"亳州明道宫、太清宫"则是宋真宗大中祥符七年（1014）朝谒老子故里亲临的宫观；第三位的"庆成军太宁宫"则是"西祀"后土的宫观；排在后面的几座道观尽管没有直接参与"天书封祀"等活动，但亦是当时全国著名的道观。而洞霄宫在此之前只是一座地方上的重要道观，在全国范围内并无名气，其之所以

---

① 　王瑞来：《佞臣如何左右皇权：以北宋"瘿相"王钦若为例》，《中国文化研究所学报》2008 年第 48 期。

能够排进这份全国最重要的宫观名单之中，必定与其参与编纂《道藏》一事有关，编纂《道藏》完全可以看作是以"天书封祀"为代表的宋真宗崇道运动的一部分。

《大宋天宫宝藏》最终完成于天禧三年（1019），不久宋真宗驾崩，而张君房删节《大宋天宫宝藏》而成的《云笈七签》此时正在编纂中，数年后才能成书。宋仁宗此时尚未亲政，垂帘听政的刘太后对道教采取较为消极的态度。尽管如此，洞霄宫借不久前编纂《道藏》的功劳，在仁宗初年的地位进一步稳固了，一举成为全国排名第五的道观。《洞霄图志》记载："仁宗天圣四年（1026），诏道院详定天下名山洞府凡二十处，杭州洞霄宫大涤洞为第五，仍命每岁投龙简，遇祈祷，封降御香，遣中使或郎官入山。"①

天圣四年（1026）这次名山洞府的排名有何依据，是否是洞霄宫自己臆造出来的呢？《续资治通鉴长编》记载："（天圣四年二月）庚戌，玉清昭应宫使王曾请下三馆校《道藏经》，从之。上因言：'其书多载飞炼、金石、方药之事，岂若老氏《五千言》之约哉？'张知白曰：'陛下留意于此，乃治国清净之道也。'"②

首先，这则材料记载的时间是"天圣四年二月"，与《洞霄图志》提到仁宗朝定"洞霄宫大涤洞为第五"的时间基本一致，宋仁宗时"详定天下名山洞府"的时间也为"天圣中"，可见仁

---

① 〔元〕邓牧：《洞霄图志》卷1《洞霄宫》，《丛书集成初编》第3167—3168册，北京：中华书局，1985年，第2页。

② 〔南宋〕李焘：《续资治通鉴长编》卷104，北京：中华书局，2004年，第2401页。

宗朝的"下三馆校《道藏经》"与"诏道院详定天下名山洞府凡二十处"这两件事，在时间上极为接近，很可能有一定内在联系。

其次，年轻的仁宗皇帝和实际掌权的刘太后表现出了对"飞炼、金石、方药之事"的蔑视，而崇尚简约的"老氏《五千言》"。这不只是口头上说说而已。此后不久（天圣四年或天圣中）仁宗便有实际行动，下诏对全国斋醮投龙活动进行整顿，减少参与斋醮投龙活动的道观数量。① 北宋中期人范镇（1007—1088）的《东斋记事》记载：

> 道家有"金龙玉简"，学士院撰文，具一岁中斋醮数，投于名山洞府。天圣中，仁宗皇帝以其险远穷僻，难赍送醮祭之具，颇为州县之扰，乃下道录院裁损，才留二十处，余悉罢之。河南府平阳洞、台州赤城山玉京洞、江宁府华阳洞、舒州潜山司真洞、杭州大涤洞、鼎州桃源洞、常州张公洞、南康军庐山咏真洞、建州武夷山升真洞、潭州南岳朱陵洞；江州马当山上水府、太平州中水府、润州金山下水府、杭州钱塘江水府、河阳济渎北海水府、凤翔府圣湫仙游潭、河中府百丈泓龙潭、杭州天目山龙潭、华州车箱潭。所罢处不可悉记。予尝于学士院取"金龙玉简"视之，金龙以铜

---

① 投龙简，是道教斋醮仪式中的一个环节。古代帝王在举行黄箓大斋、金箓大斋之后，为了酬谢天地水三官神灵，把写有祈请者消罪愿望的文简和玉璧、金龙、金钮用青丝捆扎起来，分成三简，并取名为山简、土简、水简。山简封投于灵山之诸天府绝崖之中，奏告天官上元；土简埋于地里，以告地官中元；水简投于潭洞水府，以告水官下元。这种告请三元的投简活动目的是祈求天、地、水神灵保护社稷平安，人民幸福长寿。相关研究参见王承文：《敦煌古灵宝经与晋唐道教》第五章，北京：中华书局，2002 年。

制，玉简以阶石制。①

　　范镇在仁宗到哲宗朝活跃于北宋政治舞台中心，以户部侍郎致仕，对当时官方的斋醮投龙制度应有相当了解，并且"尝于学士院取'金龙玉简'视之"，足见这段资料的可信性。仁宗至和二年（1055），欧阳修作为学士为排名第一的"河南府平阳洞"及"水府中"的河阳济渎写过青词，因为两地相距甚近，都在王屋山所在的河南济阳。②

　　这段资料有几处需要我们讨论的地方。宋仁宗做这件事的目的，并不完全如《洞霄图志》所说是为全国重要道观进行排名，而是为整理并简化斋醮投龙制度。从整个名单中提及的"名山洞府"看，排在前几位的"河南府平阳洞、台州赤城山玉京洞、江宁府华阳洞、舒州潜山司真洞"在整个道教洞天福地体系中也是最重要的几个洞天，分别代表历史悠久、名声显赫的王屋山、天台山、茅山、潜山，其中王屋山平阳洞更是在十大洞天中排名第一。③而排在洞霄宫后面几位的"鼎州桃源洞、常州张公洞、南康军庐山咏真洞、建州武夷山升真洞、潭州南岳朱陵洞"虽然也相当有名，但相比前面几个还是有些差距。后面水府方面的排列，也有着明显的先后次序之分。"水府"前三位"江州马

　　①　〔北宋〕范镇撰，汝沛点校：《东斋记事》卷1，北京：中华书局，1980年，第4—5页。

　　②　〔北宋〕欧阳修《河南府平阳洞河阳济渎北海水府投送龙简青词》（至和二年八月二十六日）："伏以九区至广，万物类居。惟川岳之宅灵，系真仙而总治。载稽道秘，实有旧章。粲然玉简之清文，婉若金鳞之瑞质。兹为镇信，辅以精诚。伏冀冲鉴昭临，纯祺锡羡。保邦家之永固，均动植以蒙休。"〔北宋〕欧阳修撰，李逸安点校：《欧阳修全集》，北京：中华书局，2001年，第1224页。

　　③　〔五代〕杜光庭：《洞天福地岳渎名山记》，《道藏》第11册，文物出版社、上海书店、天津古籍出版社，1988年，第58页。

当山上水府、太平州中水府、润州金山下水府"中已经出现了
上、中、下的等级区别。张泽洪根据《道法会元》的记载，也
认为"宋代国家投水简的著名三水府是马当山上水府福善安江
王，采石山中水府顺圣平江王，金山下水府昭信大江王"。① 而
且水府中亦分为"水府"与"潭"两类，显然前者的地位要高
于后者。从这则材料的史源来说，上面提到的"名山洞府"及
其排列顺序，显然不是作者范镇自己随意写上去的，因为这是全
国仅有的二十处进行国家级投龙的处所。这则材料中提及的
"名山洞府"并不是并列关系，而是有先后排名的，体现的是这
些"名山洞府"在国家斋醮投龙体系中的地位。

　　既然目的只为斋醮投龙，那么有资格参与这个排名的就不是
全国所有道教宫观，只能是"名山洞府"类型的宫观，就不包
括当时没有官方斋醮投龙、却十分重要的城市道教宫观。这二十
处"名山洞府"都完全位于城镇之外，而许多位于城镇之内的
重要道教宫观，包括北宋的京祠宫观，如玉清昭应宫、万寿观、
景灵宫、醴泉观、东太一宫、西太一宫，显然不会在这一名单之
中，但这些宫观与中央政府有着密切的关系，在官方眼中他们的
地位都非常之高。

　　总之，宋仁宗天圣四年（1026），北仁宗确定了一份国家级
斋醮投龙活动的道教"名山洞府"的名单，而且其排列顺序存
在着一定的等级差别。洞霄宫排在"名山类"的第五位，这就
是《洞霄图志》中"杭州洞霄宫大涤洞为第五"的依据。对唐
末五代只排在"洞天福地"体系较后位置的洞霄宫来说，能够

---

① 张泽洪：《宋代道教斋醮》，《宗教学研究》1996 年第 1 期。

排到"全国第五"，与王屋、天台、茅山、潜山这样的名山洞府相提并论，已经是巨大的进步，而这个荣誉取得的背后，显然是对洞霄宫作为《大宋天宫宝藏》编纂地、积极参与真宗崇道运动的奖励。宋仁宗确定的二十处斋醮投龙名单，可以视为对北宋国家斋醮投龙行为的一次重要整顿。宋仁宗本着减少财政支出的目的，精简了在真宗崇道时已经十分泛滥且靡费的国家斋醮投龙行为。这一整顿后，终北宋之世都以此为依据，未做大的调整。

（四）陈尧佐家族与洞霄宫的关系

陈尧佐家族与洞霄宫的关系，从现有史料看，至少延续到了宋仁宗时期。陈尧佐（963—1044）在任官杭州时，实际负责了《道藏》编纂的督导工作，其间数次往返于洞霄宫与杭州城之间。陈尧佐有《洞霄宫》一首，载于《洞霄诗集》，应是在杭期间（1010—1015）所作。其文称：

> 一帆高挂出红尘，万仞长歌入紫云。
> 莫道游仙别无侣，玉清冠盖许同群。
> 谷口停骖上翠微，五云宫殿辟金扉。
> 不知何处朝元会，恰见龙鸾队仗归。
> 三天封部稼如云，流水清寒出洞门。
> 更爱林间磐石上。松花飘落羽人樽。
> 萧萧红树碧峰前，为爱桃花入洞天。
> 偶逐霓旌才百步，却忧人世已经年。①

这是一组写景叙事诗。"一帆高挂出红尘，万仞长歌入紫

①　〔元〕邓牧：《洞霄诗集》卷2，《丛书集成初编》第3167—3168册，北京：中华书局，1985年，第17—18页。

云”当是陈尧佐一行乘船沿苕溪前往洞霄宫的情景，由世俗的
“红尘”来到仙境的“紫云”，“玉清冠盖许同群”应是指洞霄
宫道士迎接陪同游览，“恰见龙鸾队仗归”一句中出现了“龙
鸾”“队仗”等代表皇室的词语，可能就是描写前文提到的白姓
“中使”代表皇帝访洞霄宫的情景，之后的数句是描写游览洞霄
宫各处景致的过程。此外，《咸淳临安志》证实了陈尧佐本人与
洞霄宫之间的关系，其文曰：

> 宋学士陈公尧佐授外台日，谓道士冯德之曰：“尝梦游
> 名山，见仙人以鼎鼐相期，何敢过望？”冯曰：“学士人望
> 所归，名列仙籍，世间富贵何足相浼？”后果大用，造紫石
> 巨鼎二，置祥光亭上。其一铭曰：“炉之质刌中起烟，人之
> 体虚心养元。不用之用，自然而然。炉兮人兮，兹谓道
> 焉。”其二铭曰：“山之高兮，巉巉出云，洞之深兮，幽幽
> 宅真。鸾鹤一瞬，凫鹥百春。安得而往，葆光啬神。[1]

这则史料的可信性已被元人邓牧所证实，他在这条史料的最
后写道，两坐石香鼎“其一久亡，往年尚有一在亭下，而已残
缺，故老犹及见之，今亦不存矣”。首先，冯德之的答语“学士
人望所归，名列仙籍，世间富贵何足相浼”，证实了洞霄宫住山
冯德之的机智聪明与善于交际。这可能也是冯德之虽然在编纂
《道藏》方面出了问题，却仍能使洞霄宫赐额改名的原因。其
次，我们看到了陈尧佐与洞霄宫二十多年的关系。这条史料记载

---

① 〔南宋〕潜说友：《咸淳临安志》卷75，《宋元方志集成》第4册，北京：
中华书局，1990年，第4034页。〔元〕邓牧：《洞霄图志》卷4《石香鼎》，《丛书
集成初编》第3167—3168册，北京：中华书局，1985年，第34页。

的是宋真宗大中祥符年间（1008年—1016）陈氏在杭州的事情，其间他只是"授外台"的地方转运使，但冯德之却预言将来陈尧佐必能担任如同"鼎鼐"的宰相一职。据蔡东洲考证，陈尧佐拜相于宋仁宗景祐四年（1037）四月①，也就是说这两个巨鼎只可能建于此年之后，此时距离陈、冯两人对话已至少有二十余年。陈尧佐拜相后没有忘记冯德之的预言，足见宰相之位对于南人（蜀人）出身的他所具有的特殊意义。

第二节　苏轼与杭州洞霄宫关系考

王安石变法是中国历史上最重要的改革之一，其间颁布了多种新法，士大夫群体亦因对变法措施的不同看法，导致北宋后期剧烈的新旧党争。杭州洞霄宫虽远离国都开封，却也深深卷入其中。王安石为变法及党争的需要，改革宋代特有的祠禄制度，将提举道观的数量大大增加，以处其政敌，杭州洞霄宫成为首批新增道观的第一座。另外，随着党争的加剧，不少高官被安置、贬斥到杭州或附近的江南地区，这些士大夫中有些与洞霄宫有密切关系，对洞霄宫的发展产生了重要的影响。

治平四年（1067）一月，宋英宗驾崩，年轻的宋神宗继位。同年六月，杭州洞霄宫主持道士常中行突然对弟子沈日益说：

---

① 蔡东洲：《〈宋史陈尧佐传〉补考》，《四川师范学院学报》（哲学社会科学版）1996年第2期。

"吾不久居此，越三日而逝，葬天柱峰下。"① 洞霄宫完成了新老住持的过渡。同时，洞霄宫也接连发生不同寻常的灵异事件。先是熙宁初年，"有物状如鳗，绕栏循间，两目如丹，时人以杖扑之，即坠入泉去"。须臾阴雾密布，整个洞霄宫及天柱山都遭遇大水，大水"自天柱源来，汹涌可畏，将垫殿堂乃止"。道士们认为这是触怒了形如鳗鱼的龙神所致。② 另外，相传由唐代吴筠天师手植的大栎木，枯死于宋真宗咸平元年（998），却在十五年后的大中祥符五年（1112）神奇"复荣"，这一事件被时任两浙转运使的陈尧佐作为天柱观的三大祥瑞事件上奏皇帝，成为天柱观得以改为洞霄宫的重要原因。这棵充满传奇色彩的神木，却在熙宁三年（1070）五月，"一夕风雷大震，不知是木所之"，道士们以为此木"灵化"仙去。③ 以上事件本皆由自然灾害所致，但在当时人看来却具有某些神秘和灵异色彩。

随着变法的推进，逐渐出现支持变法与反对变法的士大夫群体，即新党与旧党。宋神宗在位时主要由新党主政，旧党成为在野人士，不少旧党人士成为被打压的对象，被迫由京城转任地方。这一时期与杭州洞霄宫关系最密切的士大夫，当属苏轼。苏轼因反对新法，先后在熙宁四年（1071）到七年（1074）和元祐四年（1089）到六年（1091）两度任官杭州。在其第一次任职杭州期间的熙宁六年（1073）八月，曾亲到洞霄宫一游，并

---

① 〔元〕邓牧：《洞霄图志》卷5《常中行》，《丛书集成初编》第3167—3168册，北京：中华书局，1985年，第45页。

② 〔元〕邓牧：《洞霄图志》卷4《抚掌泉》，《丛书集成初编》第3167—3168册，北京：中华书局，1985年，第29页。

③ 〔元〕邓牧：《洞霄图志》卷4《重荣木》，《丛书集成初编》第3167—3168册，北京：中华书局，1985年，第33页。

在此后写下了三首与洞霄宫直接有关的诗句。他的游历及赋诗行为，对洞霄宫产生了重要的影响。

根据孔凡礼的考证，苏轼在熙宁六年（1073）八月往杭州"所属诸县提点"，先赴临安县，游历吴越王钱镠诸遗迹，径山寺，在回杭州途径余杭县时，游历洞霄宫。[①] 这一路线与近百年后宋高宗的巡游路线基本一致。苏轼作《洞霄宫》诗：

> 上帝高居愍世顽，故留琼馆在凡间。
> 青山九锁不易到，作者七人相对闲。
> 亭下流泉翠蛟舞，洞中飞鼠白鸦翻。
> 长松怪石宜霜鬓，不用金丹苦驻颜。[②]

在这首诗中，苏轼将洞霄宫比作凡间的琼馆，对宫中的青山九锁、庭下流泉、飞鼠白鸦、长松怪石等景观做了不无溢美的描绘。《洞霄图志》载："来贤岩，在宫东南青檀山前，嵌空数丈，磐石蕘竹，可以游息。宋熙宁间，东坡居士为杭通守……皆幅巾藜杖，盘桓于此……后人名岩来贤，作亭其上曰'宜霜'，亦摘坡语。"此后，洞霄宫道士觉得苏诗中的"翠蛟"二字较"宜霜"更好，改亭名为'翠蛟亭'，"'翠蛟'取坡仙诗'亭下流泉翠蛟舞'之句，仍奉坡像，祠事于后。亭前有坡，罗列坐石，游者必登憩焉。"[③] 可见改名"翠蛟亭"的同时还在其傍建立苏轼祠堂，这成为宋元以来洞霄宫诸游客最喜游览之处。整个宋

---

① 孔凡礼：《苏轼年谱》上册，北京：中华书局，1998年，第259—261页。

② 〔清〕王文诰辑注，孔凡礼点校：《苏轼诗集》，北京：中华书局，1982年，第503—504页。《洞霄图志》卷4《来贤岩》，《丛书集成初编》第3167—3168册，北京：中华书局，1985年，第29页。

③ 〔元〕邓牧：《洞霄图志》卷2《翠蛟亭》，《丛书集成初编》第3167—3168册，北京：中华书局，1985年，第19页。

代，能在洞霄宫建立祠堂供奉的，除了本宫观祖师道士外，只有钱镠、陈尧佐、苏轼、李纲及朱熹（明代立）五位教外人士。为苏轼建立祠堂，用其诗句命名"来贤岩""翠蛟亭"，可见苏轼于洞霄宫重要之地位。

"作者七人相对闲"一句，是对众人提举宫观或任职闲差的真实写照，苏轼自注："论语云：'作者七人矣'，今监宫凡七人。"南宋理宗初期的洞霄宫知宫道士王思明考证："东坡诗称'作者七人相对闲'，盖同游者都官郎中蔡准、管勾少卿吴天常、大监乐富国、管勾郎中闻人安道、管勾郎中俞康直、管勾张日华，暨坡凡七人也。坡既首唱，余亦和之。"王思明的这一说法是有关苏轼创作此诗背景的最早记录，其所根据的是洞霄宫石壁上的题刻以及前代道士的回忆，"兵火之后，独蔡诗得附坡不泯，自唐迄今，留题亡失过半"。此处的"兵火"当指两宋之际从方腊之变到建炎、绍兴以来的持续战乱，而得以附坡的"蔡诗"就是同游七人中的蔡准之诗，其诗曰：

> 大涤洞沈沈，天柱风業業。
> 人世悲落花，观松无易叶。
> 朝夕樵风生，云鹤闲情惬。
> 何当采玉芝，真踪从此蹑。①

按王思明的说法，这首诗为蔡准和苏轼之诗。"和诗"就是诗友之间通过诗的唱和来进行相互交流的一种形式。"和诗"在体例、用韵等方面颇为讲究，可是苏轼诗为七言绝句，蔡准诗为

---

① 〔元〕孟宗宝编：《洞霄诗集》卷2，南京：江苏古籍出版社，2000年，第23—24页。

五言绝句；苏轼诗以十五删为韵，蔡准诗以十六叶为韵，两诗无论在体裁、用韵两方面皆不相同，因此严格上不应称蔡准诗和苏轼诗，只能称其为同游洞霄所作二诗。

蔡准是宋仁宗景祐元年（1034）进士，乃北宋末期权相蔡京之父，曾任都官郎中。苏轼第一次任官杭州时，蔡准致仕居杭州，以监"洞霄宫"，其子蔡京则考中进士不久，此时为钱塘县尉，与苏轼为上下级关系。蔡准与苏轼早有往来，在此次洞霄宫之行一年前的熙宁五年（1072）四月，蔡准曾邀请苏轼同游西湖，两人有诗相和，苏轼有《和蔡准郎中见邀游西湖》一诗。[①]

同年十月，隐居洞霄宫的画家道士李顾以所画《春山》寄赠苏轼，两人从此相得甚欢。南宋何薳《春渚纪闻》记载：

> 李顾字粹老，不知何许人。少举进士，当得官，弃去乌巾布裘为道人。遍历湖湘间。晚乐吴中山水之胜，遂隐于临安大涤洞天，往来苕溪之上，遇名人胜士，必与周旋。素善丹青，而间作小诗。东坡倅（按：倅，副职之意。此时苏轼任杭州通判，为杭州知州的副职）钱塘日，粹老以幅绢作《春山》横轴，且书一诗其后，不通姓名，付樵者，令俟坡之出投之。坡展视诗画，盖已奇之矣。及问樵者："谁遣汝也？"曰："我负薪出市，始经公门，有一道人，与我百钱，令我呈此，实不知何人也。"坡益惊异之，即散问西湖名僧辈，云是"粹老"。久之，偶会于湖山僧居，相得甚喜。坡因和其诗云"诗句对君难出手，云泉劝我早抽身"

---

① 〔清〕王文诰辑注，孔凡礼点校：《苏轼诗集》，北京：中华书局，1982年，第337—339页。

是也。粹老画山，笔力工妙，画物之变，而秀润简远。①

《春渚纪闻》的这段记载颇有戏剧性，类小说家言，但其主体内容的真实性当不容置疑。由引文可知，首先，李颀起初亦为儒士，善诗文绘画，李颀之后不久有儒士陆维之亦隐于洞霄宫，并在乾道二年（1166）得到临幸洞霄宫的宋高宗的称许。此二人可谓开创宋元儒士文人隐居洞霄宫之先河，此后名流多有隐于洞霄宫者，一直到元初叶林、邓牧二人到来。他们为洞霄宫题写了众多金石文字，并最终编成《洞霄图志》《洞霄诗集》两部文献，使儒士文人隐居洞霄宫的潮流达到了高潮。其次，引文认为李颀隐居洞霄宫的原因是"晚乐吴中山水之胜"，这与众多隐士、文人墨客至洞霄宫的原因相同，其"往来苕溪之上"说明洞霄宫邻近运河的便利交通也应是原因之一。苏轼不知是谁寄与其画，便向西湖诸山寺的僧人广为"散问"，方得其姓名，可见杭州僧、道人物之间之交流，洞霄宫与杭州本地文化群体关系之密切。

总之，苏轼在第一次任官杭州期间，游览了洞霄宫，并赋诗多首以纪其行。这些诗句伴随着诗句中提及的洞霄宫景观，是洞霄宫最重要的精神遗产，成为南宋以后文人墨客最喜欢的话题，对洞霄宫从道教内部走向文人世界起到了重要的宣传作用。

第三节　宋高宗与杭州洞霄宫关系考

从方腊之变到靖康之变前后，江南地区战乱不已，杭州洞霄

---

① 〔南宋〕何薳：《春渚纪闻》卷5《李朱画得坡仙赏识》，北京：中华书局，1983年，第75—76页。

宫屡遭战火波及。道教在宋徽宗时期曾显赫一时，靖康之变后，风云突变，反而成为士大夫批判的对象。加之南宋初期战事不断，宋高宗对道教采取较理性与严格的管理政策，多次发表贬抑释、道的言论，长期停颁度牒，以达到减少僧道人数的目的。然而就在这种对道教采取打压政策的大背景下，洞霄宫却因邻近行都杭州，其在全国道观中的地位反而更加重要，还逐渐得到了宋高宗的青睐。宋高宗不仅"发帑出金"为其重修宫观，还在退位后的孝宗乾道二年（1166）亲临洞霄宫"累日"。宋高宗的这次访问，使洞霄宫的声望达到新的高度，为整个南宋至元代洞霄宫的兴盛奠定了基础。陆游在此事件后不久写就的碑文中记载称："至我宋，遂与嵩山崇福，独为天下宫观之首……他莫敢望。"[1] 宋高宗对洞霄宫何以情有独钟，其亲临洞霄宫的政治含义及其影响均是下文讨论的重点。

一　北宋末至南宋初杭州洞霄宫的三次重建

从北宋末期到南宋建炎年间（1127—1130），洞霄宫至少两次遭到战火破坏，宫观亦三次重建。宋徽宗政和二年（1112），洞霄宫住持都监何士昭以"宫宇颓圮，诣汴京陈乞，奉旨赐度牒三百道"，[2] 将洞霄宫修葺一新。然而好景不长，宣和二年（1120），方腊之变（1120—1121）爆发，新任主持石正素"死

---

① 〔元〕邓牧：《洞霄图志》卷6《洞霄宫碑》，《丛书集成初编》第3167—3168册，北京：中华书局，1985年，第76页。

② 〔元〕邓牧：《洞霄图志》卷1《洞霄宫》，《丛书集成初编》第3167—3168册，北京：中华书局，1985年，第2页。

难"，花费巨资新建的宫观亦被付之一炬。①

方腊之变平定后，徽宗再次下旨重建洞霄宫，借以表彰石正素之忠义。洞霄宫的主殿三清殿，是这次重建的重点。《乾道临安志》记载："三清殿，政和二年（1112）被旨修葺，后因方腊毁，续再言，旨俾本路漕臣孟志其铭，鼎新建立。建炎兵火，复遭焚荡。"② 而《洞霄图志》则记载："三清殿，即郭真君结茅之地。殿前三松，其所手植。今不存矣。钱王迁坐庚向甲，盖指此也。宋政和间，方腊之变，惟徽宗本命殿独存，住持道士金致一奉旨，改为三清殿，圣像乃汴京孟成忠所塑，号为绝技。"③两段材料中的"本路漕臣孟"与"汴京孟成忠"不可能指同一人，一为"本路漕臣"（转运使），一为汴京著名塑像匠人。虽然两段记载略有差异，但都体现出方腊之变后洞霄宫和朝廷对重建三清殿的重视。

然而不久后的"建炎兵火"，使洞霄宫"复遭焚荡"。绍兴（1131—1162）之后，动荡的局势才稍稍好转，洞霄宫再次开始了缓慢的第三次重建过程。这次重建从南宋初的建炎年间（1127—1130）开始，一直持续到宋高宗执政（1127—1162）的末期，宋高宗在乾道二年（1166）的驾临标志着洞霄宫第三次重建的最终完成，前后共三十余年。建炎及绍兴初年，主要修复或新建部分殿宇，以及与外界交通的桥梁及接待宫观。其中包括：

---

① 〔元〕邓牧：《洞霄图志》卷5《石正素先生》，《丛书集成初编》第3167—3168册，北京：中华书局，1985年，第55—56页。
② 〔南宋〕周淙：《乾道临安志》卷13，《宋元方志丛刊》第4册，北京：中华书局，1990年。
③ 〔元〕邓牧：《洞霄图志》卷1《三清殿》，《丛书集成初编》第3167—3168册，北京：中华书局，1985年，第4页。

佑圣殿，旧在正殿左，建炎间建。

璇玑殿，在库院东，建炎间建。

龙王仙官祠，在西庑后。宋建炎间建赐额"嘉应庙"。①

佑圣殿与璇玑殿在当时洞霄宫的主要殿宇中排名第二、第三位，第一位是三清殿，两座次要殿宇首先得以修复。洞霄宫没有首先修复主殿三清殿的原因，可能是因为宫观经费紧张以及担心金人再度南下。而龙王仙官祠（嘉应庙）却是日后洞霄宫与南宋朝廷联系的重要纽带，这一祠庙成为南宋王朝祈雨的重要场所，祠庙主神在南宋先后八次受封，从两字的"善应"侯到八字的"灵泽顺济孚惠广佑"公。这次重建中用于对外交通的桥梁以及送往迎来的附属宫观包括：

通仙桥，在余杭入宫大路，去通真门四里。宋建炎年间建，旧号石门桥。②

玉泉桥，在东天柱岭下，石府君祠左，去宫二里，俗呼为麻车桥，宋建炎年间建，飞玉泉由此出涧，故名。③

鸣凤桥，在云根石左，俗呼为袁家桥。宋建炎年间建，与鸣凤岩相近，故名。④

廨院，一在仁和县江涨桥，地名芳林乡。宋建炎年间童

---

① 〔元〕邓牧：《洞霄图志》卷1《佑圣殿》《璇玑殿》《龙王仙官祠》，《丛书集成初编》第3167—3168册，北京：中华书局，1985年，第4-5页。

② 〔元〕邓牧：《洞霄图志》卷2《通仙桥》，《丛书集成初编》第3167—3168册，北京：中华书局，1985年，第21页。

③ 〔元〕邓牧：《洞霄图志》卷2《玉泉桥》，《丛书集成初编》第3167—3168册，北京：中华书局，1985年，第21页。

④ 〔元〕邓牧：《洞霄图志》卷2《鸣凤桥》，《丛书集成初编》第3167—3168册，北京：中华书局，1985年，第22页。

先生建，俗呼为江涨道院，主者系宫门差遣。①

施水庵，一在余杭县南九里，去宫亦九里。名南湖庵。宋建炎间建，往来必道焉。四面南湖诸山，如列屏帷，门多榉、柳、芙蓉，春秋二时尤盛。②

通真门，兹门不在余杭县四门数内，宋绍兴年间建，谓由此入洞霄也。③

这些桥梁、廨院、施水庵是洞霄宫与周边（特别是余杭县城及杭州方向）联系的重要通道，洞霄宫将其列为首批修复或兴建的建筑，可见洞霄宫对与外界交通的格外重视。尤其是"通仙桥""施水庵"和"通真门"，三处建筑位于杭州通往洞霄宫的主干道上，是这次重修宫观的重中之重。"通真门"是余杭县四门之外的第五城门，却由洞霄宫来修建，因为它是由余杭县通往洞霄宫道路的起点，距洞霄宫的正门"九锁山门"十八里，洞霄宫将此门视为宫观的"门外之门"。而"通仙桥"及"施水庵"则处在这十八里"洞霄宫路"之上，起到送往迎来之作用。

上面列举的殿宇、桥梁等都是建炎、绍兴初期洞霄宫凭自身力量修复的宫观建筑。此次修复的特点是只修复特别紧要之处，远没有达到徽宗赐钱修建时的金碧辉煌。南宋初期的一些诗文也印证了这一点。南宋中兴名将"和王"杨存中之子杨偰，字子宽，

① 〔元〕邓牧：抄本《洞霄图志》卷1《廨院二所》，《中国方志丛书》华中地方第559号，台北：成文出版社，1983年，第51页。

② 〔元〕邓牧：《洞霄图志》卷2《施水庵》，《丛书集成初编》第3167—3168册，北京：中华书局，1985年，第5页。

③ 〔元〕邓牧：《洞霄图志》卷1《通真门》，《丛书集成初编》第3167—3168册，北京：中华书局，1985年，第3页。此门为绍兴间建，有可能是绍兴末年高宗重建洞霄宫的一部分。

绍兴十五年（1145）进士，官至权工部侍郎。他在中进士的四年后（1149）来游洞霄宫，有《绍兴己巳游洞霄》一诗：

> 青山九锁隔凡缘，福地潜通小有天。
> 古洞落花春寂寂，空山乱石水涓涓。
> 金丹翠箬藏千岁，芝草琅玕定几年。
> 惆怅何时谢尘事，山中长作地行仙。①

这首诗中也提及绍兴中期的洞霄宫仍然是"古洞落花春寂寂，空山乱石水涓涓"。虽然道教宫观本应与世隔绝，但这些空寂之感也是当时洞霄宫战火后的真实写照。

总之，从北宋徽宗末年到南宋绍兴年间，杭州洞霄宫至少经历两场战火，三度重建。在第三次重建中，绍兴年间的一些游客的诗作中呈现的洞霄宫仍是一片荒凉景象，重建显然并未真正完成，洞霄宫最终能走出战火的阴影还是靠宋高宗的积极扶持。

二　宋高宗与杭州洞霄宫之关系

宋高宗建炎年间及绍兴初期，南宋政权多次讨论临时首都（行在）问题，最终在绍兴八年（1138），正式以杭州为"行在所"。虽然历经战火，但宋室将杭州立为"行在"却从长远上为洞霄宫带来了巨大的好处。在解除了韩世忠、张俊、岳飞三大将的兵权，甚至制造岳飞冤狱，扫除宋金议和的最后障碍后，宋金两国终于在绍兴十一年（1141）签订和议。"绍兴和议"的历史

---

① 〔元〕孟宗宝编：《洞霄诗集》卷3《绍兴己巳游洞霄》，《丛书集成初编》第3167—3168册，北京：中华书局，1985年，第40页。

细节姑且不谈，但它使久经战火的南宋政权得到喘息的机会。正是在定都杭州与绍兴和议两个因素的共同作用下，洞霄宫迎来了重建的高潮。宋高宗先是在绍兴二十五年（1155）出资重建被方腊烧毁的这座宫宇，进而又在退位后的孝宗乾道二年（1166）临幸宫观，奠定了洞霄宫在南宋的地位。

　　汪圣铎①与卿希泰②两位先生已经对宋高宗时期的道教政策做过研究，但他们得出两种截然相反的结论。我们认为，二人的结论均有一定的合理性。根据我们掌握的资料，宋高宗并不是在绍兴二十五年（1155）突然对洞霄感兴趣，而是在此之前的一段时间内，即与洞霄宫的多位道士有过接触，并且对洞霄宫有了相当的了解。早在建炎年间（1127—1130），宋高宗就已经对洞霄宫加以封赏。前文已提及，龙王仙官祠赐额于建炎年间，处于宋金战争最艰难的建炎年间得此赐额，实属不易。至迟到绍兴十七年（1147），龙王仙官祠第一次得到朝廷加封，《洞霄图志》记载：

　　　　初，以宋绍兴九年（1139）内旨诣洞，投铁简得雨，封善应侯。敕：朕惟山林川谷，出云气为风雨者，必加礼秩，以谨奉祠。矧兹洞天，神灵所宅，屈伸变化，呼吸风云，若时愆阳，旋施膏泽。有司言状，宠锡侯封，用孚惠于烝黎，以钦承于涣绋。可特封善应侯。③

　　而清代学者徐松整理的《宋会要辑稿》则有《大条（涤）

---

　　①　汪圣铎：《宋代政教关系研究》，北京：人民出版社，2010 年，第 213—220 页。
　　②　卿希泰：《宋高宗与道教》，《宗教学研究》1998 年第 2 期。
　　③　〔元〕邓牧：抄本《洞霄图志》，《中国方志丛书》华中地方第 559 号，台北：成文出版社，1983 年，第 40—41 页。

洞天龙神祠》条，其文曰：

> 大条（涤）洞天龙神祠，在临安府余杭县大（天）柱
> 山洞霄宫，光尧皇帝（宋高宗）绍兴十七年（1147）七月
> 封善应侯。①

两则材料记载封侯的时间不同，一为绍兴九年（1139），一
为绍兴十七年（1147），但记载的事情却是同一件，均是投龙祈
雨成功后，封洞霄宫龙神为善应侯一事。龙神封侯一事应当是宋
高宗亲自批准的，加之洞霄宫位于杭州属县，又是宰辅提举的重
要宫观，因此我们认为至迟在绍兴十七年（1147），洞霄宫已经
在宋高宗心中获得了比较好的印象。

宋高宗不仅重视洞霄宫的龙神，而且与洞霄宫的多位道士有
过交往。《洞霄图志》记载：

> 李洞神，字云友，杭之新城人。自幼不茹荤酒，嗜黄老
> 学。七岁入洞霄受度，刻意道法，戒行严洁。中年走淮海，
> 谒徐神翁，密有所得，归屏人事，宴坐林下。高宗赐号明
> 素，俾主宁寿观。未几，乞还山（按：指洞霄），授右街道
> 箓，主洞霄宫。孝宫践位（1163），召使拜章，旋即昭格。②

李洞神这位洞霄宫道士早年得到两宋之际著名道士淮海徐神
翁（徐守信）真传，而在一些史料记载中宋高宗也早已与徐神

---

① 〔清〕徐松辑，刘琳、刁忠民点校：《宋会要辑稿》礼20《大条（涤）洞天
龙神祠》，上海：上海古籍出版社，2014年，第1025页。
② 〔元〕邓牧：《洞霄图志》卷5《李明素先生》，《丛书集成初编》第3167—
3168册，北京：中华书局，1985年，第57页。

翁相识。① 李洞神回到洞霄宫后，深得高宗与孝宗的宠幸，先得到高宗赐号"明素"，进而成为御前宫观之一的宁寿观住持；不久后被授予"右街道箓"这一南宋最高道教职务，并成为洞霄宫住持。宋孝宗继位后更进入"昭格署"这一国家用来专门举行道教斋醮活动的机构。李洞神这光鲜的履历，创造了南宋以来洞霄宫数个纪录，为南宋到元代众多洞霄宫道士多次得到皇帝"赐号"、任职朝廷"道官"、管理皇家的御前宫观创造了先例。

另一位洞霄宫道士陈希声，字震甫，临安人，"师凝妙大师金致一，以行业清高，际遇高宗，授右街鉴义，俾主洞霄宫。提纲严肃，奖拔后进，一时学者向风"。陈希声同样得到宋高宗的"际遇"，只是没有前举李洞神的地位高。他在朝廷的官职是"右街鉴义"，是官方道教官职中的第二等级，但同样被任命为洞霄宫的主首。需要指出的是，高宗乾道二年（1166）驾临洞霄宫时，担任洞霄宫知宫的正是陈希声，他全面负责了高宗来访前后的接待工作："乾道二年三月，车驾临幸山中，（陈希声）扈从登游，东西岩洞，赐御书、度牒，号凝和大师，又书《度人经》赐焉。"② 由于"扈从"有功，他被赐予"凝和大师"的师号，能够亲自接待宋高宗来访，是洞霄宫知宫陈希声人生的高

---

① 〔清〕潘永因《宋稗类钞》记载："高宗在潜邸，遇道人徐神翁，甚敬礼之。神翁临别献诗曰：'牡蛎滩头一艇横，夕阳西去待潮生。与君不负登临约，同上金鳌背上行。'当时不知诗意谓何。后两宫北狩，高宗匹马南渡即位，至建炎庚戌正月三日，帝避兵航海，次章安镇，滩浅阁舟，落帆于镇之福济寺前，以候晚潮。顾舟人曰：'此何滩?'曰：'牡蛎滩。'遥见山上有阁岿然，问居人曰：'此何山?'曰：'金鳌山。'高宗乃登焉，入阁，见神翁大书往年所献诗在壁间，墨痕如新。方信神翁能前知，为神仙中人也。"（北京：书目文献出版社，1995 年，第 616 页）

② 〔元〕邓牧：《洞霄图志》卷 5《陈希声》，《丛书集成初编》第 3167—3168 册，北京：中华书局，1985 年，第 57—58 页。

光时刻。在宋高宗时得到皇室宠幸的第三位洞霄宫道士是俞延禧。史载:

> 俞延禧,字德厚,临安人,受度于洞霄宫,自号竹林道人。襟韵洒落,善丹青,高宗赐御衣、象简,迁授道秩。后以《古涧松》进,孝宗御制诗,赐曰:"荦确奔流泻玉虹,凛然云干拟蟠空。红尘车马稠如织,梦入苍烟万壑风。"尝自写神,恩平郡王见之,赐赞曰:"日角月渊,天赐怡然,丹青妙笔,秉鉴自传,妙中之妙,元中之元,不知谁氏子,乃玉京之谪仙。"孝宗又赐以"怡然"二字,俾主宁寿观。未几,乞还山,复俾知洞霄宫。随亦退闲,住通明馆。①

俞延禧得到皇室注意的原因与前两位洞霄道士不同,并非因其道术高超,而是因为其善丹青,即善画。他得到了高宗的认可,被赐予"御衣、象简",也被赐"迁授道秩",只是未提及具体官职。他与宋高宗的接触当在高宗当政的晚期。不久进入孝宗时代,他以一幅《古涧松》得到孝宗的宠幸,并得御制诗一首。中国历史上仅有极少数道士能得到皇帝的御制诗,反映了其与宋孝宗不一般的关系。同时,他的自画像还得到恩平郡王的赐赞,称其为"谪仙",当是将其与唐代李白相比。俞延禧后来被赐"怡然"就是从恩平郡王的赐赞中得来。这位恩平郡王就是宋孝宗在潜邸时唯一的竞争者对手赵伯玖。其封恩平郡王在绍兴十五年(1145),因此赵伯玖与俞延禧的相识当不早于这一年。俞延禧得到宋高宗、宋孝宗两代皇帝宠信,也被授予皇家宫观

---

① 〔元〕邓牧:《洞霄图志》卷5《俞怡然》,《丛书集成初编》第3167—3168册,北京:中华书局,1985年,第59页。

"宁寿观"住持一职，这与李洞神的经历比较接近。"宁寿观"成为与洞霄宫道士关系密切的御前宫观。俞延禧乞闲还山后同样被任命为知洞霄宫，这一职位是洞霄宫的副职，没有前两位道士地位高。其在洞霄宫退闲后"住通明馆"，通明馆是宋高宗乾道二年（1166）来访居住的地方。宋高宗离开后，室内所有陈设都被严格保持，并定期打扫，成为洞霄宫内级别最高的建筑。南宋以降历代洞霄宫住持，都要带提点通明馆的职务，因此俞延禧"住通明馆"并非居住在通明馆的意思，应是管理通明馆之意。俞延禧作为一名道士画家，先后得到南宋两位皇帝、一位郡王的赏识，反映了南宋初期洞霄宫道士与皇室非同寻常的关系，也反映了洞霄宫在南宋王朝的特殊地位。

　　总之，在宋高宗临幸洞霄宫之前，洞霄宫至少有李洞神、陈希声、俞延禧三位道士与有南宋皇室有密切关系。因此宋高宗乾道二年（1166）的访问绝非偶然，而是建立在与多位洞霄宫道士有过接触，对洞霄宫深有了解的基础上进行的。

　　前文已指出，宋高宗的宗教政策应以绍兴和议为界区别看看，其在统治的后半期，即政权稳固、和平到来后，他对佛道二教持比较开放的态度。绍兴十二年（1142），高宗生母韦太后被金国送归，不久得眼疾，幸得道士皇甫坦医治痊愈。《宋史》记载：绍兴十九年（1149），"太后年七十……后苦目疾，募得医皇甫坦，治即愈"。[①] 宋高宗在此事之后对道教的态度有所改变，

---

　　① 〔元〕脱脱：《宋史》卷 243《后妃下》，北京：中华书局，1977 年，第 8643 页。何忠礼认为南宋史官将韦后的实际年龄改大十岁，以避免其被金人掳走时过于年轻而招来非议。见何忠礼：《环绕宋高宗生母韦氏年龄的若干问题》，《文史》第 39 辑，北京：中华书局，1994 年。

与其母一同支持道教，洞霄宫昊天殿的兴建可能就是在这一背景
下开始的。绍兴二十五年（1155），宋高宗下旨洞霄宫兴建昊天
殿，《洞霄图志》记载：

> 高宗南渡，绍兴二十五年（1155），发帑出金，重建昊
> 天殿于东庑后，殿左辟通明馆，本官住持兼领，焚修
> 于此。①

> 昊天阁，在东庑后，宋绍兴二十五年（1155），内帑赐
> 钱造殿。今大德辛丑（1301）重建为阁，四山环抱，最为
> 登览胜处。②

这两段文字都是元代邓牧关于修建昊天殿的总结性文字，明
确记载其时间为绍兴二十五年（1155），并为"内帑"赐钱所
造。同时，第一段引文还指出在修建昊天殿的同时，还修建了通
明馆。前文已经指出，因为通明馆是宋高宗访问期间的御用寝
殿，相当于行宫，因此以后历代住持均要兼领焚修之职，明清以
后民间流行的洞霄宫是宋代皇帝行宫的传说便来源于此。黎志添
指出："北宋，玉皇上帝经过了国家的神格化，甚至取得与历代
帝王所祭礼的昊天上帝合而为一，因此而受称为'昊天玉皇上
帝'，为国家（道教）至尊之天神。在宋代道教的神谱系统里，
主宰天地万物之首的玉皇上帝更是被提升至仅次于三清尊神之
后。"③ 昊天殿的修建，体现了玉皇昊天大帝信仰在宋代道教谱

---

① 〔元〕邓牧：《洞霄图志》卷1《洞霄宫》，《丛书集成初编》第3167—3168
册，北京：中华书局，1985年，第2页。
② 〔元〕邓牧：抄本《洞霄图志》卷1，《中国方志丛书》华中地方第559号，
台北：成文出版社，1983年，第35页。
③ 黎志添：《广东地方道教研究——道观、道士及科仪》，香港：香港中文大
学出版社，2007年，第29页。

系中的神圣地位，这一殿宇虽非建于洞霄宫建筑群的中轴线上，但在洞霄宫诸殿宇的排名中位列第二位，仅次于作为主殿的三清殿，形成了三清殿居首、昊天殿居次的格局。总之，洞霄宫昊天殿的兴建，既体现宋皇室的权威，也体现了宋代玉皇昊天神地位的提升。绍兴二十五年（1155）八月，洞霄宫昊天殿举行上梁仪式，隐居洞霄宫的陆维之作《洞霄宫昊天殿上梁文》曰：

　　上穹昭格，端景命于皇朝。时御博临，讶殊祥于福地。爰体清都之制，肆承法宸之光。惟天柱之一峰，阒仙家于九锁，韶奏下云霄之响，真游仰鸾鹤之翔，夙高清净之风，兹剧钦崇之典，用荣轮奂，以传休明。

　　恭惟今上皇帝陛下，德骏道隆，功成治定，珍符时介，荷显锡于苍规，至养日崇，馨宸诚于天阃。

　　皇太后殿下，禔身勤约，造道精微，省法宫玉食之荣，严洞府璇仪之奉。

　　皇后殿下，肃端坤厚，光配乾纯，躬淑则以钦承，履柔谦而昭事。

　　今则庶工云集，华缔将周，协和气以氤氲，拥欢声而杂还，绿槐丹桂，分霁色于仙班，琼钺霓旌，候祥飙于紫阆，愿形善颂，式举修梁。

　　东，一派寒泉九锁通，夜半风回知帝力，仙岩留得翠玲珑。

　　西，洞口祥风跨紫霓，千里华阳通秘道，红葩碧草映轮蹄。

　　南，天柱峰高拥翠岚，陛舞胎仙闻抚掌，跳珠溅璧起澄潭。

北，大涤洞宫天北极，中有真人养圣胎，霜坛夜窜神仙域。

上，丽日葱昽浮晓望，朝退群仙辇路寒，迢迢碧落开重嶂。

下，苕水萦回周四野，瑞木重荣绿荫高，金鞭玉蹬来风马。

伏愿上梁以后，福萃清躬，庆扶亨运，震承离继，昌圣寿于绵绵，地久天长，奉慈闱于永永，答时迈高明之眷。蔼思齐雍肃之音，凡我含生，齐归洪造。绍兴二十五年八月，石室隐士陆维之撰。①

上梁仪式是古代安装建筑物屋顶最高一根中梁的过程，上中梁除了建筑结构上的作用外，同时更有宗教层面的意义。② 因此，在上梁典礼中借着梁的作用，来连接庙宇建构本身、天地、神灵与人之间的关系，所谓"上梁有如人之加冠"。洞霄宫昊天殿的上梁标志着昊天殿主体结构的完成。洞霄宫道士对这座由皇室捐资兴建的殿宇极为重视，因此才有这篇华丽的上梁文。在这篇上梁文中，提及"今上皇帝"宋高宗、"皇太后殿下"韦太后、"皇后殿下"吴皇后三人，皇帝、皇后被提及实属正常。但在此文中特别提及皇太后殿下，实为少见之举，可见昊天殿之修

①　〔元〕邓牧：《洞霄图志》卷6《洞霄宫昊天殿上梁文》，《丛书集成初编》第3167—3168册，北京：中华书局，1985年，第87—88页。

②　对上梁文的相关研究较丰富，比较有代性的有松田佳子：《宋代上梁文初探》，《宋代文化研究》第八辑，1999年；路成文：《宋代上梁文初探》，《江海学刊》2008年第1期；王小盾：《从朝鲜半岛上梁文看敦煌儿郎伟》，《古典文献研究》2008年；张慕华：《论宋代上梁文演进中的"正"、"变"二体》，《江西社会科学》2010年第1期。

建确与韦太后有密切之关系，对"皇太后殿下"的赞语为"提身勤约，造道精微，省法宫玉食之荣，严洞府璇仪之奉"，似乎暗示皇太后有道教信仰，并为修建洞霄宫而节衣缩食。而文中东西南北上下的上梁语，则指出了这座新建的昊天殿的具体位置，以及东西南北临近的洞霄宫景物。上梁文的最后部分，表达了希望上梁后能够"昌圣寿于绵绵，地久天长，奉慈闱于永永，答时迈高明之眷"的愿望，又再一次虔诚地希望保佑皇帝与太后、皇后能够长命百岁。陆游《重建洞霄宫碑》也记载：

> 高宗皇帝，中兴大业，闻之当宁叹息，乃绍兴二十五年
> （1155），以皇太后之命，建昊天殿，钟、经二阁，表以崇
> 闳，缭以修庑。费出慈宁宫，梓匠工役，具于修内步军司。
> 中使临护，犒赐狎至。①

陆游这段话意在强调高宗重修洞霄的经费全部出自皇室的私财，而不是国家财政，同时也道出洞霄宫与高宗个人微妙且密切的关系。特别强调"费出慈宁宫"，即指由高宗生母韦太后捐建，因此我们认为韦太后在绍兴二十五（1155）修建昊天殿一事上占有重要地位。陆游文中记载修建昊天殿的同时，皇室还捐建"钟、经二阁"，但《洞霄图志》却记载："经阁，在西庑。宋绍兴二十九年（1159），显仁皇后赐钱造。孝宗淳熙八年（1181），赐福州写本藏经。"② 由此可见经阁的修建是在昊天殿四年之后，资助人也不是韦太后，而是高宗皇后吴氏。出现这一

---

① 〔元〕邓牧：《洞霄图志》卷 6《洞霄宫碑》，《丛书集成初编》第 3167—3168 册，北京：中华书局，1985 年，第 76 页。

② 〔元〕邓牧：《洞霄图志》卷 1《经阁》，《丛书集成初编》第 3167—3168 册，北京：中华书局，1985 年，第 5 页。

情况的原因当是韦太后于当年去世，由吴后代替韦太后捐建。另外，文中提及"梓匠工役，具于修内步军司。中使临护，犒赐狎至"，即指调动御林军修建，由宫中宦官监督工役。可见南宋皇室对昊天殿之重视，洞霄宫方面也积极配合，将此事视为宫观最重要之事。

总之，昊天殿的修建作为重建洞霄宫的重要标志，包括皇帝、太后、皇后的皇室均有参与，特别是高宗生母韦太后在其中起到关键性作用。昊天殿的修建也体现了玉皇昊天信仰在宋代的地位。同时，发内帑、动用军队修建昊天殿，也为乾道二年（1166）宋高宗临幸洞霄宫埋下伏笔，宋高宗此行的一大理由就是对昊天殿"临幸庆成"。

三　宋高宗临幸洞霄宫之经过

前文已提及，宋高宗于绍兴二十五年（1155）下旨修昊天殿，洞霄宫方面在同年八月已经写就《洞霄宫昊天殿上梁文》，可见工役进展应相当迅速，以吴皇后名义捐建的经阁也在绍兴二十九年（1159）修建完成。但是宋高宗最终"临幸庆成"的时间却是乾道二年（1166），中间相距七八年之久，可能与高宗统治末期金朝海陵王完颜亮南侵（1161）、宋金再度开战、高宗禅位孝宗（1162）等一系列重大历史事件有关。

宋高宗的退位，与金完颜亮南侵有明显的关系。宋高宗之前为达成绍兴和议付出了巨大代价（自废武功、释四大将兵权、杀岳飞），完颜亮南侵对宋高宗的心理和长期执行的和议政策冲击甚大，其政策显然已无法继续下去，特别是在采石之战宋军战胜，完颜亮死于乱军之中后，南宋的主战派占据上风，宋高宗无法接受主战派再次主政的现实，从而选择退位。[①] 宋高宗在内禅诏书中将退位的原因解释为"朕以淡泊为心，颐神养志，岂不乐哉"[②]，这当然是托词，真实原因是已无法控制主战的政局。其在退位后访问洞霄宫等佛道寺观，无疑可以使其托词合理化。因此我们认为宋高宗于乾道二年（1166）访问洞霄宫和径山寺就不仅仅是个人喜好问题，而是带有配合其退位的政治含义，同时也是对主战派和宋孝宗的示范，希望他们也像自己一样"淡泊为心"，即放弃主战政策，采取和议政策。

根据史料显示，高宗这次行动曾遭到一些大臣的激烈反对，曹勋在《谏止洞霄等处烧香》中称：

> 臣叨窃，祠禄略无裨补于崇深，非仰赞圣造，何以安迹。然深恃旧物，辄有所陈，冀达天聪。曲照愚悃，冒渎之罪，谨俟诛极。臣窃审圣驾欲诣洞霄等处烧香，有见上圣，既端拱凝命，不以万几萦心，犹寅畏天命，为国为民祈福于上下。但适此春晚正农，务蚕麦之时，而自北阙至洞霄，驱民治道，实妨农事。又从卫及巡护兵马诸司执役，无虑万人。方春晚多雨，少得晴明，道路泥泞，仪卫狼藉，观望不美。銮驾一出，有此数嫌。况从来上圣以仁德及物于此，不能不恻然。若候收刈了，择晴和日，分作数日，从容俾一行，得宿食之

---

① 参见柳立言：《南宋政治初探——高宗阴影下的孝宗》，《"中央"研究院历史语言研究所集刊》第 57 本第 3 分册，1986 年。余英时：《朱熹的历史世界：宋代士大夫政治文化的研究》，北京：生活·读书·新知三联书店，2011 年。

② 〔南宋〕李心传：《建炎以来系年要录》卷 200，北京：中华书局，1988 年，第 3379 页。

备，无雨水之患，岂不兵民优游，仰称圣情祈福之意。臣愚不识事体，辄布瞽言，不胜待罪，俟命之至取进止。①

此文点出宋高宗此行的原因与祠禄制度有关系，其反对访问洞霄宫的理由是访问会影响沿途的农业生产以及雨季仪仗不整，但这些理由显然也是借口，其真正反对的是宋高宗的议和政策。主战的宋孝宗及其朝臣，刚刚经历北伐失败，被迫达成"隆兴和议"（1164 年底）。宋高宗此时高调访问诸寺观以显示其"清静无为"的国策，显然是主战官员不希望看到的。宋朝皇帝超出都城范围的行幸是极为罕见之事，日本学者久保田和男《论北宋的皇帝行幸》一文认为："北宋皇帝的行幸，在太祖、太宗、真宗三帝执政时期较多……仁宗朝以后，再也没有地方行幸的相关记载。"② 与北宋相仿，除宋高宗早期因战争而被迫辗转多地之外，南宋皇帝基本没有离开"行都"临安。这次在"和平时期"行幸寺观的事件在当时当属一次不寻常的事件，应与当时特殊的政治军事背景有关。

孝宗乾道二年（1166），也就是高宗退位后的第四年，宋金达成"隆兴和议"后不久，太上皇高宗及太上皇后以庆祝宫观建成的理由驾临洞霄宫"累日"。此后，宋高宗一行又访问了名刹余杭径山寺以及位于湖州德清县的杨存中私庙计筹山升玄观，第二年太上皇后又单独访问过洞霄宫。因此，我们认为，高宗重建宫宇与临幸这两件事不是孤立的事件，而是高宗长期筹划的

---

① 〔南宋〕曹勋：《松隐集》卷 27《谏止洞霄等处烧香》，《景印文渊阁四库全书》第 1129 册，台北：台湾商务印书馆，1986 年，第 488—489 页。

② ［日］久保田和男著，郭万平译：《宋代开封研究》附论《论北宋的皇帝行幸》，上海：上海古籍出版社，2010 年。

结果。

宋高宗的这次临幸庆成使洞霄宫名声大震，与宋朝皇室的关系大为拉近，也奠定了南宋以降洞霄宫与朝廷关系的基调。此后的孝宗、宁宗、理宗无不对洞霄宫大加宠信，洞霄出身的道士有了更多参与朝廷活动的机会，与元明以后的龙虎山正一道非常相似。也因为这一事件，洞霄宫在朝中士大夫及普通民众心目的地位已不可同日而语。宋高宗亲临三十余年后，陆游在碑文中写道："至我宋，遂与嵩山崇福独为天下宫观之首！"① 此时嵩山崇福宫已在金国领土之内，言外之意就是在南宋境内洞霄宫已是天下独一无二的第一道观。因此，高宗临幸之后洞霄宫成为当时数一数二的道教宫观已经是不争的事实。我们可以从一些非道教的记录来看。《梦粱录》是研究南宋杭州最重要的史料之一，其中有关道观的文字主要在《城内外诸宫观》一节中，全文约 850字，而描述洞霄宫的就占 380 字。其对诸如太乙宫、万寿宫这样重要的皇家宫观也只是提名字列举而已，整个临安府范围内详细描述的只有洞霄宫，特别提到了宋高宗的临幸事件。作为官方记载的《咸淳临安志》卷 75 是其该志记录道观的部分，其中有关洞霄宫的文字就占了整卷三分之一的篇幅。由此可见，在研究南宋杭州最重要的两部官私著作中，洞霄宫都占有极其重要的地位。

---

① 〔元〕邓牧：《洞霄图志》卷 6《洞霄宫碑》，《丛书集成初编》第 3167—3168 册，北京：中华书局，1985 年，第 76 页。

第四节　宋代祠禄制度与提举杭州洞霄宫

一　宋代祠禄制度与提举洞霄宫出现的背景

对于杭州洞霄宫来说，使其名垂青史的不仅是其自身著名道观的身份，还与宋代特有的祠禄宫观制度有重要关系。祠禄官制度，是宋代特有的职官制度，是内祠（在京宫观）、外祠（京外诸州府宫观）差遣的总称。① 宋代大臣去职后，令其管理道教宫观，以示优礼，一般无实际职事，但借名食俸。《宋史·职官志十》称："宋制，设祠禄之官，以佚老优贤。先时员数绝少，熙宁以后乃增置焉。"② 宋代祠禄官设有宫观使、判官、都监、提举、提点、主管等职，去职官员需达到五品及以上。祠禄官的简称和别称有祠官、宫祠、香火祠、神馆、祠馆、宝祠官等，因宫观使等职原主祭祀，故亦称奉祠；因故自请充任祠禄官，以处闲散之地称为请祠，或称乞祠、丐祠，以上专有词汇多见于各种宋代官方文书和私人诗文。宋代祠禄官制度为历代所无，后人对这一制度褒贬不一，贬低这一制度者主要认为这一制度浪费大量国家财富，是宋代冗官冗费的一部分。如明内阁大学士王鏊在《震泽长语·杂论》中评论宋明两朝制度称："宋有西北二边，岁币百

---

① 龚延明编著：《宋代官制辞典》，北京：中华书局，1997 年，第 609—610 页。
② 〔元〕脱脱：《宋史》卷 170《职官志》，北京：中华书局，1977 年，第 4080 页。

万，百官祠禄、郊赐之类，今皆无之。"① 他就将祠禄制与宋代西、北二边军费、对辽金岁币相提并论。近代不少学者在谈到宋代"积贫积弱"时也常提及这一制度。但近年一些最新的研究成果亦注意到这一制度在优待大臣、促进地方文化学术发展方面的积极作用。

王安石变法是中国历史上最重要的变法改革之一，这一变法运动导致北宋后期剧烈的新旧党争。变法与新旧党争，成为北宋后期面临的两大中心问题。王安石为变法及党争需要，改革宋代特有的祠禄制度，将提举道观的数量大大增加，以处其政敌："时以诸臣历监司、知州有衰老不任职者，令与闲局。王安石亦欲以处异议者，故增宫观员。"宋神宗熙宁三年（1070），"诏杭州洞霄宫、永康军丈人观、亳州明道宫、华州云台观、建州武夷观、台州崇道观、成都玉局观、建昌军仙都观、江州太平观、洪州玉隆观、五岳庙、太原府兴安王庙，自今并依嵩山崇福宫、舒州灵仙观置管勾或提举官"②。杭州洞霄宫处于新增的十观二庙中的第一位。

关于宋代祠禄制度的研究，绪论部分已经讨论。③ 本书试图从提举洞霄宫的个案入手，分析两宋不同时期提举洞霄宫官员的

---

① 〔明〕王鏊：《震泽长语》卷下，《丛书集成初编》第222册，北京：中华书局，1985年，第43页。

② 〔南宋〕李焘：《续资治通鉴长编》卷211，北京：中华书局，2004年，第5128页。

③ 梁天锡：《宋代祠禄制度考实》，台北：学生书店，1978年。金圆：《宋代祠禄官的几个问题》，《中国史研究》1988年第2期。冯千山：《宋代祠禄与宫观》（上、下），《宗教学研究》1995年第3、4期。汪圣铎：《关于宋代祠禄制度的几个问题》，《中国史研究》1998年第4期。侯体健：《南宋祠禄官制与地域诗人群体：以福建为中心的考察》，《复旦学报》（社会科学版）2015年第3期。

类型、品级变化，以及祠禄制度对当地道教和政教关系的影响。

杭州洞霄宫是宋代祠禄宫观制度中最重要的宫观之一，特别是南宋时期，提举杭州洞霄宫的官员绝大部分都是正、副宰相。"提举杭州洞霄宫"这一职衔伴随着南宋120多位宰相的传记屡见于宋代史料，使杭州洞霄宫知名度大大提高。清代诗人叶观国游历洞霄宫时有诗曰：

> 予祠仍喜沾恩泽，（自注：宋时大臣罢职，多请祠得支祠禄）
>
> 半俸犹堪疗困穷。（自注：唐制致仕官准支半俸）
>
> 仆仆道途君莫笑，
>
> 清源山是洞霄宫。①

可见在清人叶观国眼中，宋代的祠禄制度对致仕官员的晚年生活具有积极意义，而洞霄宫是这一制度中的代表宫观之一。

不过，由元代邓牧所编的《洞霄图志》及《洞霄诗集》对两宋提举洞霄宫的官员并没有专门记载。明代《洞霄宫旧钞志》（今佚）才开始重视这一内容，后经明代戴日强《万历余杭县志》、清初朱彝尊《题名》、乾隆闻人儒《洞霄宫志》，到乾嘉学者朱文藻《嘉庆余杭县志》，才大体完成了对相关史料的收集整理。朱文藻总结道：

> 右祠官，凡《洞霄宫旧钞志》一百十六人，朱彝尊《题名》一百十五人，闻人儒《洞霄宫志》一百十八人，戴日强万历《县志》七十八人，旧《县志》（指《康熙余杭

① 〔清〕叶观国：《绿筠书屋诗钞》卷11《君莫笑》，北京：国家图书馆出版社，2013年，第16页。

县志》）一百二十四人，彼此各有增删不同。

朱文藻在《嘉庆余杭县志》设有专卷《宋洞霄宫祠官》，结合前代之成果，经过仔细考证，"以五书互勘，删汰重复，余悉并存以俟考订。又参考《宋史》表传及《洞霄诗集》增所未备，合之得一百六十人，视诸书所载为加详矣"。① 但是古人由于掌握的史书和史料有限，尽管经过了明清两朝数代学者的整理，但两宋洞霄宫祠官仍有遗漏。本文附表又增删了一些人物，合得一百六十余人（一百七十人次），其中北宋三十七人，南宋一百三十余人。

概而言之，宋代宰相分宰相与副宰相（执政），两者合称宰执。宋代宰相去职后附带有"观文、资政、端文"三殿学士的职名。三殿学士无职事，但资望极高，龚延明称三殿学士"有出入侍从、备顾问之名义，实为宰执官离任或外任所带职名"②。其中宰相带有品级最高的"观文殿大学士"衔，官员提举宫观时往往带有上述职名，为我们判断是否为宰相提举宫观提供了方便。

《宋史·宰辅表》开篇即言："宋宰辅年表，前九朝始建隆庚申（960），终靖康丙午（1126），凡一百六十七年，居相位者七十二人，位执政者二百三十八人。后七朝始建炎丁未（1127），终德祐丙子（1276），凡一百四十九年，居相位者六十一人，位执政者二百四十四人。"③ 也就意味着南宋时期共有三百零五人担任过宰执（正、副宰相），而笔者经过统计（见附录《两宋提举洞霄宫官员表》），南宋时期约有一百二十余位宰执提

---

① 〔清〕朱文藻：《嘉庆余杭县志》卷22，台北：成文出版社，1970年，第313页。

② 龚延明编著：《宋代官制辞典》，北京：中华书局，1997年，第18页。

③ 〔元〕脱脱：《宋史》卷210《宰辅表》，北京：中华书局，1977年，第5415页。

举过杭州洞霄宫，约占南宋宰相总数的四成。因此，通过分析提举洞霄宫这一具体宫观，能在较大程度上反映南宋祠禄制度和宰相任免的整体面貌。

二　两宋各时期提举洞霄宫的人次及其特点

北宋的三十七人次，按皇帝细分，宋神宗十九年内共九人次，宋哲宗十五年内共七人次，宋徽宗二十五年内共二十一人次，钦宗朝两年零人次。由于这一制度是这一时期新创的，上述人次已经不少，神宗和哲宗朝在每两年一人左右，而徽宗朝则大大提高，总体上呈现出越来越频繁的趋势。

南宋共有一百三十余人次，其中高宗朝三十六年五十二人次，孝宗朝二十七年二十二人次，光宗朝五年五人次，宁宗朝三十年十人次，理宗朝四十年三十六人次，度宗朝十年八人次。这其中最突出的是高宗时期高频度和与之相对的宁宗时期的极低频度。仔细研究，高宗时期的五十二人次绝大部分集中在高宗前期，特别是建炎（1127—1130）和绍兴四年（1134）之前，这七年间就有三十人次，是两宋宰相提举洞霄宫最密集的时间段。这一段时期正是南宋初建，宋金战争最惨烈、社会最动荡的时期，由于宰相在和战方针上与皇帝意见相左（如李纲、张浚）、战败或政策失败、苗傅刘正彦兵变等众多事件在短时期内集中发生，这一时期高频率出现提举洞霄宫是可以理解的。反而在宋高宗统治的后三十年间，只有二十二人次提举洞霄宫，特别是秦桧在绍兴八年（1138）将最大对手赵鼎贬去"提举洞霄宫"后，直到秦桧死亡的绍兴二十五年（1155），"提举洞霄宫"的人次大大减少。这十七年间只有八人次，远低两宋的平均数。这在某种程度上说明秦桧专权时期南宋宰相相对稳定，秦桧权力稳固。秦桧死后，高宗掌握大权时，君主再度频繁地更换宰相，八年中有六人次。南宋的另一个极端发生在宁宗朝，仅有十人次提举洞霄宫，这一极低的提举频率也是权相政治造成的。宁宗前期（1195—1207）是韩侂胄掌权的时期，十三年内共七人次提举洞霄宫，其中三人在 1207 年开禧北伐战败，韩侂胄身首异处的动荡时段提举洞霄宫的。1207 年之后直到宋理宗绍定六年的 1233 年，共二十七年的时间，是权相史弥远掌握朝政的时期，这一时间内仅有五人提举洞霄宫，亦说明了宰相人选十分合史弥远之意，权相地位的极为稳定。当史弥一死，理宗亲政，君主频繁地更换宰相，防止专权再度出现，三十年内达到三十四人次提举洞霄宫。

　　总之，通过分析宋代不同时期提举洞霄宫官员的人次，我们可以发现在动荡时期（高宗前期）提举人数显著增加；在权相时期（秦桧 1138—1155 年、韩侂胄 1195—1207 年、史弥远 1208—1233 年）则刚好相反，人数最少；其他时期在两个极端之间。这两个极端反映出君主掌权时为限制宰相专权会加速宰相的流动，权相当政时期则由于用自己人当权，宰相流动性极低，权力稳定性极高。

三　两宋提举洞霄宫官员在品级和是否到任上的差别

　　关于祠禄制度的沿革，学者早有论述，本书只论及与道教相关者。通过分析《两宋提举洞霄宫官员表》，我们发现南、北宋提举洞霄宫的官员品级出现了明显的变化。北宋时期，提举洞霄宫的官员大多为知某州、知某府、某阁学士、直学士、待制、御史、舍人等中高级官员，但都不是宰相。担任过宰相的章惇、蔡京等人，都是其在失去相位后或者尚未任相之时提举洞霄宫，因此不能认为洞霄宫在北宋已经是宰相的提举宫观。反观南宋，大部分提举官员带有"三殿学士"（即前任宰相）的职名，没有这类职名的只有一成左右。换句话说，南宋提举洞霄宫的官员绝大部分是正、副宰相。

表中反映的实情与两宋的提举制度相符。马端临《文献通考》载："宋朝宫观，皆俟力请而后授，侍从而上，任宫观者绝少，若因责降，改作主管，方且差焉。"① 马端临在这里着重强调"任宫观者绝少"，并以"侍从而上"为界限。宋代称大学士至待制为侍从官，侍从官因常在皇帝左右备顾问，故名"侍从"。其后又称在京职事官如六部尚书、侍郎及学士等中高级官吏为侍从。提举洞霄宫官员，北宋时是侍从一级，南宋时则为"待从以上"的宰相。史载：

> 诏宫观毋限员，并差知州人，以三十月为任。在京宫观，旧制以宰相执政充使，或丞郎学士以上充副使，两省或五品以上为判官，内侍官或诸司使副为都监，又有提举、提典、主管官。其戚里近属，及前宰执留京师者，多除宫观，以示优礼之意。绍兴二十一年在京宫观作在外宫祠以三十个月为任。②

---

① 〔元〕马端临：《文献通考》卷60《在外宫观岳祠》，北京：中华书局，2011年，第1822页。

② 〔南宋〕章如愚：《山堂考索》后集卷6，明正德十六年本，哈佛大学燕京图书馆藏。

只有现任宰相才能担任在京宫观的宫观使，其他官员只能任都监、提举之类的宫观官。叶梦得是少数在两宋均提举洞霄宫之官员，他总结道："洞霄在中朝，从官常莅之，不专以处宰执，南渡以后，乃不然也。"[1] 这里的"中朝"当指建都中原的北宋，"从官"则是上文总结的中高级"侍从官"，亦可证北宋并非以宰相为提举洞霄之官，宰执提举洞霄宫是在"南渡"之后。南宋朱熹评论北宋祠禄制度道：

> 本朝先未有祠禄，但有主管某宫、某观公事者，皆大官带之，真个是主管本宫本观御容之属……自王介甫（王安石）更新法，虑天下士大夫议论不合，欲一切弹击罢黜，又恐骇物论，于是创为宫观祠禄，以待新法异议之人。然亦难得，惟监司、郡守以上，眷礼优渥者，方得之……华州云台观、南京鸿庆宫有祖宗神像在，使人主管，犹自有说，若武夷山冲佑观、临安府洞霄宫，知他主管个甚么？[2]

首先，朱熹认为北宋前期并没有祠禄制度，这一时期主管道观的皆为"大官"（宰相），要真正地主管道观及道观中的皇帝御容。其次，朱熹强调王安石变法才是祠禄制度出现的根本原因，但取得宫观的条件仍是"监司、郡守以上"的中高级官员，这与本书及叶梦得的结论相一致。最后，朱熹认为提举"有神宗神像"等皇帝御容的宫观尚说得过去，"武夷山冲佑观、临安府洞霄宫"这些没有御容的道观没有设立提举的必要。朱熹最

---

① 〔南宋〕岳珂撰，吴企明点校：《桯史》卷4，北京：中华书局，1981年，第44页。

② 〔宋〕黎士毅编，徐时仪、杨艳汇校：《朱子语类汇校》卷128，上海：上海古籍出版社，2014年，第3079—3083页。

后的评论充满了不满与牢骚，但在其长期提举武夷山冲佑观的岁月中，朝廷曾多次召其任官，却均被其拒绝。这种矛盾可能与朱熹认为复出尚不到时机有关，也可能与提举宫观悠闲自在、俸禄优厚有一定关系。

两宋祠禄制度的另一点不同是官员是否真正到任。从两宋全部 170 多人次的提举看，绝大部分都不必亲往洞霄宫，只有少部分被朝廷惩罚的官员会由朝廷规定去处，如某某州安置，而这种惩罚大部分发生在北宋后期党争最激烈的时期。《文献通考》载熙宁四年（1072），"诏宫观、岳庙留官一员，余听如分司致仕例，从便居住"。① 也就是说，从理论上讲，在众多的提举宫观官中，每座宫观皆有一人要真正赴任提举。真正到洞霄宫提举的包括北宋的章惇、黄裳等人。对这两人的个案研究为观察提举宫观制度与道教宫观的关系提供了极好的视角。这两人在宫观的特殊经历对以后的北宋政治、政教关系均产生了不同程度的影响。

（一）章惇

章惇（1035—1105），字子厚，号大涤翁，自谓"墨禅"，是北宋后期新旧党争中新党的重要人物。宋神宗驾崩后宋哲宗继位，元祐时期以司马光、吕公著为首的旧党在太后的支持下执政，于宋哲宗元祐元年（1086）十一月二十四日，将新党首领之一的章惇"发配"杭州洞霄宫。史载：

> 宣仁后临朝，用司马光、吕公著，欲革弊事。惇与宰相蔡确，不肯引咎去位，窥伺得失。惇尤谲诲光，争论决法，

---

① 〔元〕马端临：《文献通考》卷 60《在外宫观岳祠》，北京：中华书局，2011 年，第 1822 页。

光不能堪。苏辙为谏官，上疏论其奸恶，惇与确皆逐去。惇知汝州，提举杭州洞霄宫。①

此后章惇可能在洞霄宫内度过了几年清苦孤独的生活。北宋释道潜曾作《呈丞相章公》诗一首，作者自注题目曰："时提举洞霄"，诗文曰：

> 大涤仙翁谢往还，萧然几席奉清闲。
>
> 胸中旧已吞云梦，人望从来重泰山。
>
> 书到钟王方绝学，文非典诰不须攀。
>
> 名言一一皆公语，它日亲闻广坐间。②

从诗题自注及诗文内容可见是章惇提举洞霄宫时写作，而且章惇此时很可能正在洞霄宫中。诗中已称章惇为"大涤仙翁"（洞霄宫以大涤洞天闻名），说明"大涤"的名号在其提举洞霄宫期间已取好。诗文赞美了章惇的人品和书法，表现了其隐居的生活，其间多与僧、道有联系。北宋胡仔《苕溪渔隐丛话前集》引《高斋诗话》云：

> 章子厚尝与刘子先定有场屋之旧，又颇相厚善。子厚居京口，子先守姑苏，以新醅洞庭春寄之。子厚答诗云："洞霄宫里一闲人，东府西枢老旧臣。多谢姑苏贤太守，殷勤分送洞庭春。"其后隔阔十年，子厚拜相，亦不通问，寄书诮其相忘远引之意。子先以诗谢曰："故人天上有书来，责我

---

① 〔元〕脱脱：《宋史》卷339《苏辙传》，北京：中华书局，1985年，第10823页。

② 〔北宋〕释道潜：《参寥子诗集》卷7，《四部丛刊三编》，上海：商务印书馆，1936年，第82313页。

疏愚唤不回，两处共瞻千里月，十年不寄一枝梅。尘泥自与云霄隔，驽马难追骐骥才。莫谓无心向门下，也曾终夕望三台。"公得诗大喜，即召为宰属，遂迁户部侍郎。①

虽然记载中的"子厚居京口"，并非洞霄宫，但诗文中却有"洞霄宫里一闲人"之句，表明章惇确曾在洞霄宫中。章惇提举洞霄宫期间，自称"一闲人"，可谓落魄至极，本来与其交往不深的苏州知州刘定（字子先），曾寄章惇苏州名茶"洞庭春"，但此后二人也未有深交。后来起复为相的章惇却牢记这位在其最落魄时雪中送炭的同年，将其升任户部侍郎，可见这段提举洞霄宫的经历对章惇来说是刻骨铭心的。北宋黄伯思曾为章惇书法作跋，其跋题名为"跋大涤翁论书帖后"，其文曰："章申公书，暮年愈妙，一以魏晋诸贤为则。"② 历史上称章申公者仅有北宋章惇一人，因此此处大涤翁必为章惇。章惇在当时被称为大涤翁多与其书画作品相关，著名词人秦观（1049—1100）曾作《铭颖师砚》，其文称："颖师十二岁以书为东坡、大涤二公所称，他时岂易量哉？予以紫石砚赠之，铭其下曰：三生怀素，法颖上人，时于此处，转大法轮。"③ 两宋之际人张邦基在《墨庄漫录》中提及："丞相申公子厚，以能书自负，性喜挥翰，虽在政府，暇时日书幅。予尝见杂书一卷，凡九事，乃抄之，因载于此。"落款题为："元祐六年（1091）十一月五日京西斋东，大涤翁

---

① 〔北宋〕胡仔：《苕溪渔隐丛话前集》卷55，北京：人民文学出版社，1962年，第373页。

② 〔北宋〕黄伯思：《东观余论》卷下，北京：人民美术出版社，2010年，第110页。

③ 〔北宋〕秦观：《淮海集》卷33，《四部丛刊初编》，上海：商务印书馆，1922年，第119页。

书，时小至后一日也。"① 北宋程俱与洞霄宫颇有渊源，曾多次到访洞霄宫，其《北山小集》载有《次韵叶内翰游西余山用袁奉议韵甲辰》一诗，诗中有"向来大涤翁，晚节万户侯"一句，这里的"大涤翁""万户侯"当是暗指处于人生低潮与高潮时的章惇。

（二）黄裳

黄裳（1044—1130），延平（今福建南平）人。元丰五年（1082）进士，状元及第，累官至端明殿学士，卒赠少傅。著有《演山先生文集》《演山词》。学术界对黄裳的研究不少，其中比较重要的有关黄裳生平的是马里扬《北宋词人黄裳考证》一文，该文对黄裳任官、生活经历有较细致的考证，② 是本书这部分写作的基础。根据马里扬的研究，黄裳在宋徽宗崇宁五年（1106），以龙图阁直学士第一次提举杭州洞霄宫。第一个祠禄任期满后，于大观三年（1109），仍本官、再领宫祠。政和三年（1113）闰四月，以龙图阁直学士、中大夫起知福州，历二任。宣和元年（1119），除龙图阁学士，第二次、第三任提举杭州洞霄宫。宣和六年（1124），第三次、第四任领宫祠。可见黄裳与洞霄宫渊源很深，先后三次、四任，共十二年领洞霄宫祠。在这四任洞霄宫的十二年中间，是其任官最辉煌的时刻，两任福州知州，并完成中国历史上第一部道藏——《政和万寿道藏》的刻印。

众多史料皆可证实，黄裳确实亲临洞霄宫领祠禄一职。宋徽宗崇宁五年（1106）正月二十六日，"诏龙图阁直学士、知郓州

---

① 〔北宋〕张邦基：《墨庄漫录》卷10，北京：中华书局，2002年，第266—269页。古代对冬至十分重视。古人认为冬至阳气生而君道长，是乱而复治之机。从汉代以来都举行庆贺仪式，到了宋代，对冬至的庆祝达到顶峰。冬至前一天叫做小至或小冬，冬至叫做长至或大冬，冬至后一天叫做至后。

② 马里扬：《北宋词人黄裳考证》，《文学遗产》2014年第2期。

黄裳落职，提举杭州洞霄宫，以言者论其目昏，不事事，营饰台榭，不恤军民，故有是命"。① 从此开始其长达十二年的提举洞霄宫的生涯。不久之后，黄裳作《谢宫观表》，表文为：

> 考言章之敷奏，宜窜遐荒。荷圣德之宽容，尚留真宇。
> 中谢。惟臣微起孤生，荣升禁从，出佩诸侯之印，坐持连帅
> 之符，颁诏十行，蒙恩三载。事叹人言之可畏，福讼已求之
> 不周，更复何云。姑陈所幸，素抱寻真之志，方怀遗累之
> 谋，未获因缘，乃何幸会？许回头于纷扰，容窃禄于优闲。
> 恭惟皇帝陛下，日月照临，乾坤覆载，当拟遐遗之士，尚诒
> 兼爱之仁华。以天章优之月廪，供职湖山之境，栖神仙圣之
> 宫，一篆香清，独上朝元之殿阁，万缘念寂，谁攀应世之衣
> 冠，但思罔极之恩，宜祝无疆之寿。②

置于这一表文之前的是《谢除知郓州表》，证明《谢宫观表》正是作于其首次提举洞霄宫的崇宁五年（1106），在此前他的实职正是知郓州。在表文中黄裳首先感谢皇帝没有将他流放到更加蛮荒之地；其次不承认自己有罪，而是认为"人言之可畏"；最后表明自己对神仙洞府之地素来有向往之志，其中"供职湖山之境，栖神仙圣之宫"，可能暗示黄裳确实在道教宫观中。紧接这一谢恩表之后的是《谢赎金表》，其全文为：

> 始恕前愆，尚留道馆，再陈余累。祇屈金刑宛转，恩临

---

① 〔清〕徐松辑，刘琳、刁忠民点校：《宋会要辑稿》职官68，上海：上海古籍出版社，2014年，第4878—4879页。

② 〔北宋〕黄裳：《演山集》卷27《谢宫观表》，《景印文渊阁四库全书》第1120册，台北：商务印书馆，1986年，第189—190页。

重荷，乾坤之覆载，优游官守。密移洞府之光阴，斋引天香。念缘帝渥。中谢。恭惟皇帝陛下，以中行之惠，敷及疏远，以旁烛之明，格知幽深，责弗求周，过惟从宥，虽号浅末，亦蒙抚存，法既用廉，虽悔莫追于一失，德将欲报，惟诚可仰于三无。长守右铭，毋忘中佩。①

在上表文中，黄裳多次表达谦卑与对过去错误的悔恨。其中"始恕前愆尚留道馆""密移洞府之光阴，斋引天香"几句，表明黄裳此时正在杭州洞霄宫中赎罪。紧接此表的为《贺广西路奏溪洞纳土表》，其结尾称"限洞霄之睽阻，徒瞻天阙以欢呼"，又下一表《贺日月交不蚀表》中有"适守琳宫之职，徒瞻金阙之班"，②均表明黄裳确实在提举洞霄宫，他在其间多次上表。这样做其一出于制度的要求，其二为不断提醒皇帝在杭州洞霄宫中尚有一个可用之材，希望引起皇帝注意，早日结束祠禄生涯。不久之后，黄裳就收到回报，官资转为朝奉大夫，其《谢转朝奉大夫表》"间更两载，获依祠馆之烟霞，荣陟一阶，幸用禁林之日月……谢恩北望，徒思天阙之班，联祝圣东游，惟恳洞霄之仙圣"，表明这次转升是在其提举宫观的第二年，黄裳再次表达想要"朝天阙"的强烈愿望。但是不幸的是，三年任满之后，迎来却是再任的诏旨。黄裳又上《谢再任宫观表》。在此期间，黄裳还作有《湖上闲赋》一首，其诗曰：

　　钱塘吴之雄，西湖乃其二。晴虚混高下，寒光堕苍翠。

①〔北宋〕黄裳：《演山集》卷27《谢赎金表》，《景印文渊阁四库全书》第1120册，台北：商务印书馆，1986年，第190页。
②〔北宋〕黄裳：《演山集》卷27《贺广西路奏溪洞纳土表》《贺日月交不蚀表》，《景印文渊阁四库全书》第1120册，台北：商务印书馆，1986年，第190页。

俯仰晚澄澈，融结会幽邃。日月司晦明，烟云管开闭。
楼阁生有无，尘凡换奇异。素蔼俄包藏，物象已非二。
中有虚一子，四顾银色世。云罅漏余昙，稍盛却阴翳。
遽回天汉明，收摄何所取。近影认遥碧，故态献新媚。
振羽鹭初起，一苇出天祭。大巧现奇画，人欢发幽思。
杖履秋林深，弦管春波细。名字人不知，闲藏洞霄吏。①

这首诗当是其游杭州西湖所作，"素蔼俄包藏，物象已非二。中有虚一子，四顾银色世"等句已有佛、道之意味。末句"名字人不知，闲藏洞霄吏"中作者以"洞霄闲吏"自称，充满落魄和抱怨之意。从提举洞霄宫的祠禄官可以游览所在城市湖山这一点看，提举宫观官并非如坐监狱一般不能踏出宫观半步，而是拥有相对自由的活动范围。

总之，本文通过完善、分析《两宋提举杭州洞霄宫官员表》认为，两宋提举杭州洞霄宫的人数在不同时间段呈现出不同的"频度"，这与当时政局有密切关系。在动荡时期（北宋末期的党争、高宗前期的战乱）人数均显著增加；在南宋的权相当政时期（秦桧1138—1155年、韩侂胄1195—1207年、史弥远1208—1233年）则刚好相反，人数最少；其他时期在两个极端之间。这两个极端反映出君主掌权时为限制宰相专权会加速宰相的流动，权相当政时期由于用自己人当权，故宰相流动性极低，权力稳定性极高。在提举洞霄宫官员的品级上，南北宋亦呈现出截然不同的局面。北宋以中高级的侍从官为主，没有达到宰相一级，南宋时由

---

① 〔北宋〕黄裳：《演山集》卷1《湖上闲赋》，《景印文渊阁四库全书》第1120册，台北：商务印书馆，1986年，第30页。

于洞霄宫接近行在，加上北方众多提举宫观的丧失，洞霄宫成为南宋最重要的几座提举宫观之一，提举洞霄宫的官员以宰相为主。两宋绝大多数提举洞霄宫的官员均不必亲自提举，但从北宋末年章惇和黄裳两位实领洞霄宫官员的经历看，这一段提举宫观的经历均对其后来行事产生过重要影响。章惇在元祐元年（1086）被发配洞霄宫，并在数年内居于洞霄宫。这一段时间是其人生的最低点，这时他是孤苦伶仃、少有人理会的"大涤翁"，这段提举生涯是其不能忘怀的痛苦记忆。在其结束祠禄重掌政权后，他对旧党展开疯狂报复，众多旧党被发配流放，其中不少在途中或流放地死亡，这样残酷的报复很可能与其在洞霄宫期间的痛苦经历有关。同时，章惇在各种书画作品中多以"大涤翁"自称，也体现了这段宫观经历对其艺术方面的积极影响。黄裳的提举洞霄宫经历对其人生的影响则与章惇的负面作用相反，他在提举洞霄宫期间接触到道教典籍，从此对道教产生了更浓厚的兴趣，并以"洞霄先生"自称。结束提举洞霄宫后，黄裳任福州知州，任内最主要的成绩就是刊刻了后来的《政和万寿道藏》，这是中国历史上第一部全版刊印的道藏。正是在提举洞霄宫期间对道教的深入了解，使他顺利地完成了这一艰巨的任务。[1] 金庸先生更是将其写入小说《射雕英雄传》中，赋予黄裳在编纂《道藏》时领悟并无师自通练成了绝顶武功，最终写下震古烁今的《九阴真经》，并视其为天下武学总纲。

---

① 许起山：《黄裳与〈万寿道藏〉在福州的雕版》，《闽江学院学报》2014年第3期。

第五节　宋元朝代递嬗背景下的洞霄宫

宋理宗时期，宋蒙联手灭金，金亡后南宋又不得不独自面对来自蒙古的巨大压力，大有亡国之危。面对此种危机，理宗大兴理学的同时，亦把存续的希望寄托于崇奉道教上，位于国都杭州的洞霄宫因此得利最大，洞霄宫达到了它的极盛期。

在宫观经济方面，洞霄宫共有八处田庄，大部分置办于两宋时期，其最后两处也是面积最大、产量最丰的两处，正是宋理宗在位时直接或间接赐予的。[①] 得到这两处田产之前，由于与日俱增的影响力与名望，在洞霄宫常住及暂住的道士、隐士日渐增多，洞霄宫仅凭原有田产必然出现粮食供给困难，"资储屡空，宫众百数弗克赡"。此时任知宫事的孙处道挺身而出，"以常产素薄请于朝，理宗赐度牒买田阳羡，筑塘立圩，不数月集事，又赐琏川田以益之。为书'洞天福地'四字，仍赐书《清静经》一卷。至今冠裳云集，供给不匮，皆其力也"。[②] 宋理宗的大量赐田，为洞霄宫的长远发展奠定了物质基础。

宋度宗咸淳十年（1274），洞霄宫发生毁灭性的大火，不久洞霄宫也开始了重建的进程。然而，在大功即将告成的至元二十一年（1284），大火再至，重建工作功亏一篑。此后洞霄宫道士

①　〔元〕邓牧：《洞霄图志》卷1《洞霄宫》，《丛书集成初编》第3167—3168册，北京：中华书局，1985年，第2页。

②　〔元〕邓牧：抄本《洞霄图志》卷1《诸庄》，《中国方志丛书》华中地方第559号，台北：成文出版社，1983年，第52—53页。同书卷6《洞霄宫庄田记》，第187—189页。

再经过十年努力，历尽艰辛，顽强地再度修复诸建筑。二十年内能两度重修，不仅因为洞霄宫道士有坚韧的本位意识，更因为洞霄宫有雄厚的经济基础作为后盾。在元朝，洞霄宫再也不是国都所在地的道观，其地位也不可能与南宋时相提并论，但统治者利用宗教神道设教的初衷并未改变，因此在元代，洞霄宫的八处田庄仍得到国家的保护。

历史上，判断一座宫观是否兴盛的一个标准就是其附属宫观的数量与规模。全真道拥有芮城永乐宫、北京白云观、陕西终南山重阳宫三座祖庭；正一天师道以贵溪龙虎山为祖庭，全国各地有众多的附属宫观，这些反映了各自教团的势力。洞霄宫亦是如此，至元大德十年（1306），《洞霄图志》记载洞霄宫约有二十五座附属于本宫观的子宫观，主要分布在杭州府的余杭、临安、钱塘、仁和等县，最远到达嘉兴、湖州两府。这些附属宫观或由洞霄本宫出钱修建，或由洞霄宫的道士出钱修建，大部分修建于宋理宗至元初这段时间。即使在1274—1294年本宫观两度失火重建期间，其扩张的步伐亦未停歇。[1] 因此，在南宋末年到元朝初年形成了以洞霄宫本宫为核心，众多宫观附属的道教组织，反映了在这一阶段洞霄宫教团势力的迅速扩张。

在政治层面，洞霄宫与宋朝国家的关系亦最为密切。前文已经提及理宗赐田、赐度牒、御书"洞天福地"等事，与此同时，数名洞霄宫道士先后被召入禁中，与皇帝及大臣建立起超越政治的个人亲密关系。有些参与皇宫内斋醮仪式；有些担任太一宫、延祥观等皇家宫观主持，并被授予师号及赐紫；有些担任国家最

---

① 〔元〕邓牧：抄本《洞霄图志》卷1《本山接待诸宫观》，《中国方志丛书》华中地方第559号，台北：成文出版社，1983年，第54—61页。

高道教官职"左右街道录";有些被授予其他地方宫观的住持之职。以上这些现象在南宋后期之前是极为少见或是完全相反的。比如在北宋,洞霄宫至少有真宗时期的冯德之、徽宗时期的石正素(元规)两位由朝廷直接任命的外来住持;而到了南宋末期及元初刚好相反,不少由洞霄宫培养的道士被朝廷任命为其他宫观的住持。另外,《洞霄图志》从东晋的郭文开始,共为四十二位道士立传,没有立传仅提及名字的亦有数十人。在这些人物中,晋唐之间大抵皆流寓之士,他们既非杭州本地人,亦非由洞霄宫(天柱观)所培养。北宋到南宋初年亦有相当一部分为南渡之人。直到南宋中后期,生长于余杭、临安、钱塘、仁和、于潜等杭州本地,且由洞霄宫培养出来的道士才大量出现,并被输出到全国各地,展现出了洞霄宫全盛期的景象。这种道士来源本地化、道士培养由输入到输出的转变,正是洞霄宫与朝廷关系日渐紧密、洞霄宫势力不断膨胀的体现。

此外,值得一提的是南宋王朝对洞霄宫龙王祠的频繁加封。南宋疆域比北宋大大缩小,为历朝所重视的祭祀五岳四渎的活动在南宋显然不能完全实现。于是每遇水旱灾害,这一职能就落在国都杭州附近的著名寺观身上,佛教的径山寺和道教的洞霄宫就是其中代表。洞霄宫的龙王仙官祠始建于南宋初的建炎年间(1127—1130),到度宗咸淳六年(1270)的一百四十年间,被南宋朝廷加封八次,由二字的"善应"侯到八字的"善应灵济昭贶广福"侯,再由二字的"灵泽"公最终到八字的"灵泽顺济孚惠广佑"公。[①] 这种史所罕见的加封速度,体现的正是南宋王朝对洞

---

① 〔元〕邓牧:抄本《洞霄图志》卷1《龙王仙官祠》,《中国方志丛书》华中地方第559号,台北:成文出版社,1983年,第40—44页。

霄宫保佑国泰民安、风调雨顺的信赖以及两者之间的亲密关系。

洞霄宫显赫的地位，加上优美的自然风景，还有邻近大运河及国都杭州的地理位置，都使其成为文人墨客的向往之处。唐代吴筠开始留下诗文，至宋代诗文大量增加。在北宋以前，留下诗文的主要是云游的僧道及地方官员，例如北宋时仅有苏轼以高层官员和文化名人的身份出现。南宋以杭州为首都后，游洞霄宫者络绎不绝，中高级官员的比例越来越高。进入南宋中后期，特别是住持贝大钦在理宗淳祐年间（1241—1252）修筑了从余杭县城到洞霄宫的十八里石子路后，文人墨客的到来就更加方便。随着诗文作品的增加，因年代久远而磨蚀的石刻文字有必要得到保护，洞霄宫开始收集这些诗文石刻，形成了后来王思明编辑的《洞霄诗集》前六卷。

宋末的战乱及两次大火导致隐居和游历的人数减少。但随后宫观得以修复，洞霄宫也采取积极吸引人才的政策。名士周密、仇远、方回、林景熙成了洞霄宫的常客，隐士及宋遗民叶林等人更是常年隐居于此。当然最重要的一位教外人士就是以宋遗民自居的文学家邓牧，住持沈多福为其新建一座别墅。沈氏看重邓牧的文采与声望，希望他能为洞霄宫修一部名垂青史的宫观志。最终邓牧不负众望，修成我们今天看到的这部《洞霄图志》。尽管难以说它是十分严谨的史学著作，但在现存的几部道教宫观志中绝对是最有文采的一部。[①] 可以说，元朝初年洞霄宫最大的特色就是以邓牧、叶林为代表的宋遗民文化，洞霄宫为南宋文化在元代的继续做出了贡献。

---

① 有关邓牧的研究，见 Lo-Shu Fu, *Teng Mu: A Forgotten Chinese Philosopher*, T'oung Pao, Second Series, Vol. 52, Livr. 1/3（1965）, pp. 35—96。

　　纵观整个元代，洞霄宫失去了来自朝廷的大力庇护，不再是全国最重要的道观，但洞霄宫拥有大量良田作为经济基础，仍然具有南宋故都首席宫观的文化底蕴。因此，虽然它失去官方支持这一外在助力，但本宫道士强烈的洞霄本位意识仍然存在。在宋末元初的两次灾难性的大火后，洞霄宫两次在主持的带领下依靠自身奇迹般地进行了重建，并且连续不断新建附属宫观，延请文化名士。元末农民战争爆发后，江南地区处于战乱及无政府状态。洞霄宫的多处田庄被附近势力户或佃农侵夺，宫观也遭到严重破坏。① 朱元璋击败张士诚后，为泄旧恨，对张士诚原统治区实行"江南重赋"政策，再加上朱元璋打压道教的政策，洞霄宫可谓厄运不断，被夺宫田不仅收不回来，还要交纳在宋代根本不用交纳的重赋。明初徐一夔《洞霄宫新规记》记载：

　　涉元六十余年，玄风之盛犹昨日也。夫何至正之季，兵起三方，宫之所入，亦厚输于官。未几，兵燹及宫，他屋宇尽为一炬，独昊天殿与库庾仅存……当是时，吾党犹守故栖，而琅璈之音未息。洪武初元，有司验田以赋吾宫，赋役日繁，吾党始弗遑宁处，窜匿他方者有之，浮沉里俗者有之，其趋办于官者，则械系走墟里。②

　　长期的战乱及大部分田产的失去，使大量道士死亡或离开洞霄宫，而劫后余生的道士们又搞起了"小团体主义"，十八斋以各自利益为中心，不再把整个洞霄宫的利益当作根本大事。《洞霄宫

---

　　① 〔元〕邓牧：抄本《洞霄图志》卷1《诸庄》，《中国方志丛书》华中地方第559号，台北：成文出版社，1983年，第52—53页。

　　② 〔明〕徐一夔撰，徐永恩校注：《始丰稿校注》卷7《洞霄宫新规记》，杭州：浙江古籍出版社，2008年，第186—187页。

新规记》又载："先是，吾宫之众析为十有八斋，异居异食，而各以所入自为丰约……今之计具亟合十有八斋之众，使归于一，合其所入，以为丰约，庶几可以济用，而宫门有复兴之渐，不然终废尔。"十八斋个自"丰约"导致贫富不均，人心溃散。

这样继元初失去官方支持之后，明初又先后失去以田产为中心的经济基础和有"洞霄本位"意识的集团。洞霄宫在明代的衰亡已成必然。至明代中后期，一批批文人墨客探访洞霄宫时，眼中已只有荒草残垣，令人唏嘘。至清代乾隆时期，余杭、临安两地乡绅试图复兴洞霄宫，但延请来主持宫观的道士已变成北方的全真派道士，并且也只是在乾嘉时期有过短暂的复兴，此后由于近代中国的混乱又陷于默默无闻。

南宋末期，洞霄宫内部组织亦效仿宋代官僚机构。最高负责人为住持都监兼领通明殿焚修，副职为知宫事及同知宫事，其中职位最高的住持都监须由宋朝政府任命，即"尚书省奏旨颁降敕黄、省札差充"。[①] 低一级的组织是洞霄宫历史形成的三院十八斋，我们认为其最终的形成在南宋末期的理宗或度宗时期。所谓"三院"，一为东晋许迈创立的南陵院派，二为唐玄宗前后朱法满创立的精思院派，三为最晚创立、势力却最大的唐末间丘方远创建的上清院派。每院派下又分若干斋，为其分支，其中南陵院和精思院各两斋，最大的上清院十四斋。这三院十八斋的建筑都位于道观正殿的西侧，环绕一池而建。其中，历代住持都监都来自间丘方远创立的上清院。

与宋代朝廷的关系是洞霄宫最大的特点，前文已多有叙述。

---

① 〔元〕邓牧：《洞霄图志》卷5《洞霄宫住持题名》，《丛书集成初编》第3167—3168 册，北京：中华书局，1985 年，第65—69 页。

两宋至元代，这关系进一步扩展到士大夫与宫观的关系。宋代是士大夫文化最发达的朝代，其在洞霄宫也有十分明显的体现。《洞霄诗集》中有唐宋元上千首描述洞霄山水的诗歌。《洞霄图志》卷六则记有二十多方碑刻，这些金石文字大部分由士大夫与洞霄宫道士共同完成，有些士大夫甚至对洞霄宫及其道士产生了特殊的归属感。

小　结

学界对《大宋天宫宝藏》在《道藏》编纂史上的地位已经有过较多讨论，本文则主要从编纂者道士冯德之、张君房的人际交往入手进行考察，认为冯德之是一位出自嵩山在天台山游历过的道士，在当时应当有一定影响力。宋真宗诏令编纂《道藏》时，其恰好活动于杭州的吴山，因此被选为编纂《道藏》的主要道士之一。本书认为，《宝文统录》（成书于1016）不是道藏，而是一部《道藏》目录，其编成后还得到了朝廷奖赏，编纂《道藏》的混乱状态（1012）出现在《宝文统录》编成之前。张君房被委任参与修藏，与时任两浙漕运使的陈尧佐及其家族有着密切关系。张君房当时被贬浙江，而陈尧佐了解张君房的宗教才能。天柱观修《道藏》混乱却未被处罚，反而升格为宫，是宋真宗对崇道政策进行整体考虑的结果。选择杭州洞霄宫而非首都开封作为编纂地点的背后，体现的是在北宋前期北方籍官员压制南方籍（原十国地区）官员的情况下，南方官员试图打破局面，是南、北方官员群体间争夺最高权力的明争暗斗。

　　南宋高宗退位之后，于乾道二年（1166）访问洞霄宫，奠定了南宋朝廷与洞霄宫关系的基础。南宋初有数位洞霄宫道士与皇室有密切关系，曾担任左右街道录等最高道教职位。宋高宗访问洞霄宫的背后，则与宋高宗退位及宋金"隆兴和议"等重大历史事件有密切关系。

　　本章还讨论了提举洞霄宫这一特定"官职"在两宋各个时期的状况和特点，讨论了不同时期提举洞霄宫官员的身份及人数变化与当时政治的关系，还以章惇及黄裳两位提举洞霄宫的官员作为例子，考察了亲临宫观对官员心理及人生经历的重要影响。

第五章 宋元时期道教甲乙住持制度和洞霄宫经济生活研究

——以杭州洞霄宫为中心

唐宋以来，寺、观通常设有住持等主首职务，在本寺、本观内拥有支配权力，因此对寺、观主首等职位的竞争相当激烈。寺、观主首的选任方式主要有甲乙制与十方制两大类。简而言之，甲乙制是由寺、观选任本寺、观出身的僧、道担任主首职务，由寺、观自身决定最终人选；十方制则是在全国范围内公开选举寺、观主首，由地方官府或中央朝廷决定最终人选。两种制度的根本区别在于寺、观主首选任的最终决定权是操于寺、观还是朝廷。关于这两种选任方式的研究，学术界已经取得一定成果。本章试图在此基础上，通过对杭州洞霄宫甲乙住持选任方式的个案研究，对宋元时期甲乙住持制度在道教宫观中的具体运作方式提出新的认识。

第一节　甲乙住持制道观是宋元道教宫观的主流

在道教产生的东汉末年，早期天师道形成了祭酒统领民，和以"二十四治"为组织形式的政教合一教团。① 魏晋南北朝时期，在江南地区出现了以"山中隐修"为修道方式和以"静室"为代表的宗教设施，是为道教宫观体系的最初萌芽。② 六朝中后期，随着道教隐修场所规模的逐渐扩大，"静室"发展成组织规模更大的"道馆"，"道馆"得到官方的承认后，开始成为道教教团新的组织形式。研究者认为从"静室"到"道馆"的发展过程，体现了由个人或家族修道向"教团组织"的转变。隋唐统一后，"道观"逐渐取代"道馆"，道教宫观体系最终形成。③这一转变不仅体现在名称的改变与规模的扩大上，更体现在中央王朝对道教组织团体的承认与管理方式上。隋唐国家设立了全国统一的道教管理机构"崇玄署"，合法的道观被朝廷授予"敕额"，并赐予"观产"，合法的道士被授予"度牒"，中央王朝对

---

① 参见［法］傅飞岚著，吕鹏志译：《二十四治和早期天师道的空间与科仪结构》，《法国汉学》第七辑，北京：中华书局，2002 年。

② 王承文：《汉晋道教"静室"与斋戒制度的渊源考释》，载第 6 回日中学者中国古代史论坛《中国史の時代区分の現在》（东京：2014 年 5 月），第 90—131 页。［日］吉川忠夫：《静室考》，刘俊文主编，许洋主等译：《日本学者研究中国史论著选译》第七卷，北京：中华书局，1993 年。

③ 王永平：《道教与唐代社会》，北京：首都师范大学出版社，2002 年。［英］巴瑞特著，曾维加译：《唐代道教——中国历史上黄金时期的宗教与帝国》，济南：齐鲁书社，2012 年。萧潇：《隋唐道教宫观体系与出家理论初探》，中山大学硕士学位论文，2013 年。

道教的管理与控制得到加强。①

唐宋时期，佛道寺、观主首选任制度逐渐形成甲乙制与十方制两大类。甲乙制又称甲乙徒弟制，是由寺、观选任本寺、观出身的僧道担任主首职务，由寺、观决定最终人选。这种制度主要采取师徒相继的方式，采取这种制度的寺、观也因此称为"子孙丛林""子孙庙"。十方制则是在全国范围内公开选举寺、观主首，由地方官府或中央朝廷决定最终人选。

关于宋代佛教的住持选任制度，详见绪论部分。② 杭州洞霄宫拥有明确的甲乙传承制度，但其具体的传承方式与茅山、龙虎山、玄教、全真教等主要道教派别以师徒、父子相传为主的方式均不相同，更有其自身鲜明的特点。本文将在以上成果的基础上，试图通过对杭州洞霄宫的个案研究实现对道教甲乙制度的更

---

① ［日］都筑晶子：《六朝时代的江南社会与道教》，谷川道雄主编：《魏晋南北朝隋唐史的基本问题》，北京：中华书局，2010 年。［日］都筑晶子著，付晨晨译，魏斌校：《六朝后期道馆的形成——山中修道》，《魏晋南北朝隋唐史资料》第二十五辑，上海：上海古籍出版社，2009 年。

② 黄敏枝：《宋代佛教社会经济史论集》，台北：学生书局，1989 年。［日］金井德幸：《宋代禅刹の形成過程－十方住持の法制化》，《駒澤大學禅研究所年報》，第十五号，2003 年。刘长东：《论宋代的甲乙与十方寺制》，《四川大学学报》（哲学社会科学版）2005 年第 1 期。王大伟：《宋元禅寺中住持的象征与权力》，《陕西师范大学学报》（哲学社会科学版）2013 年第 5 期。唐代剑：《宋代道教管理制度研究》，北京：线装书局，2000 年。汪圣铎：《宋代僧道官制度考》，《古籍整理与研究》第 6 辑，1991 年，收入氏著《宋代政教关系研究》，北京：人民出版社，2010 年。胡孝忠：《北宋前期京外敕差住持制度研究》，《宗教学研究》2010 年第 4 期。胡孝忠：《北宋山东〈敕赐十方灵岩寺碑〉研究》，《北京理工大学学报》（社会科学版）2011 年第 2 期。黎志添主编：《道教图像、考古与仪式——宋代道教的演变与特色》，香港：香港中文大学出版社，2016 年。［日］高桥文治：《从张留孙登场前看后的传授文书看蒙古时代的道教》，《东洋史研究》第五十六卷第一号，1999 年。［日］高桥文治：《有关承天观公据》，《追手门学院大学文学部纪要》第三十五号，1999 年。刘晓：《元代道教公文初探——以〈承天观公据〉与〈灵应观甲乙住持札付碑〉为中心》，《东方学报》第 86 册，2011 年 8 月。

深入考察。

　　有关佛道二教住持选任方式的研究以佛教为主，道教偏少。佛教研究所得出的结论往往被简单地套用在道教研究领域。比如佛教学者认为宋代最重要的一批佛寺以十方制为主，改甲乙为十方是当时佛寺发展的主流趋势。道教学者也接受了这一观点，将寺、观并称，笼统地得出"一般甲乙制寺、观规模都较小，而规模较大的寺、观中十方制寺、观占有较大比率"的结论。① 清人载宋代《寺观敕差住持》一条确有记载："中兴以后，驻跸浙右，大刹如径山、净慈、灵隐、天竺，宫观如太乙、开元、佑圣，皆降敕札差主首。"② 但其中的"太乙、开元、佑圣"等道教宫观皆是在京的御前宫观，地位虽高，但并非宋代道教的主体，而是一批特殊的宫观。根据我们的研究，在道教领域，与以上结论正好相反，采用甲乙制的道观一般规模较大，特别是历史上一批大型的著名道观，往往都实行甲乙制。以下我们有必要对宋元著名道教派别或宫观主首的选任方式做一简要梳理。

　　茅山是著名的道教洞天福地之一，其内部实行宗师制。根据元代刘大彬《茅山志》记载，截至该书成书时，茅山已传四十五代宗师，在唐宋元时期，这一宗师制基本以师、徒传承的形式完成。③ 在其四十一代宗师王志心的传记中有"唯上清宗坛主其法者，世以甲乙次，盖自静一先生（刘混康）始"的记载，可以明确茅山的宗师制就是甲乙制，只是其中称这一制度始于北宋后

---

　　① 汪圣铎：《宋代政教关系研究》，北京：人民出版社，2010年，第484页。
　　② 〔清〕俞樾：《茶香室四钞》卷19，《俞樾全集》第23册，杭州：浙江古籍出版社，2018年，第1718—1719页。
　　③ 〔元〕刘大彬编：《茅山志》卷10—卷12《上清品》，《道藏》第5册，文物出版社、上海书店、天津古籍出版社，1988年，第597—610页。

期刘混康，则还有待商榷。根据《茅山志》中茅山历代宗师的师承关系，在北宋刘混康以前的六朝隋唐，茅山也一直采用师徒相继的甲乙制，并不始于刘混康。《茅山志》之所以突出刘混康的地位，盖因在其任茅山宗师期间，茅山成为"三山符箓"之一。①

龙虎山是宋代以来中国南方道教的中心之一，正一派的根据地。该山与茅山类似，实行天师制，以张陵、张鲁后代自居，至1949年前已传六十多代天师。根据我们的研究，龙虎山天师在正常情况都采取父子相承的方式，少数情况采用兄终弟及的方式，但不论哪一种，均是典型的甲乙传承。② 即使是龙虎山的附属宫观，也普遍采取甲乙住持制。元代陈著《信州龙虎山象元观记》记载：

> 凝妙师林元素，鄞人也。本儒家子，少负逸气，为喜方外游，既而出家，为道士。辈行多所推许，尝提点二道教事，未几，谢去。主越之龙瑞宫，意欲托老子祠，为翛然远引计。畜其徒者吴禹锡，为于信之龙虎山西买旧隐者址，相与悉心毕力审面势，以崇栋宇，开林壑以纳光景。岁戊子（1288）经始，乙未（1295）讫工。曰殿，曰方丈，曰仓库，若廊庑、庖湢皆具。取老子所谓"象元"之义以名其观，将直下甲乙而传之。间因里中旧以状来，请记诏永久，余谓道家者流，门户一立，规揭至严。③

---

① 〔元〕刘大彬编：《茅山志》卷12《四十一代宗师》，《道藏》第5册，文物出版社、上海书店、天津古籍出版社，1988年，第607—610页。

② 参见王见川：《张天师之研究：以龙虎山一系为考察中心》，台湾中正大学历史研究所博士论文，2003年。

③ 〔元〕陈著：《本堂集》卷51，《景印文渊阁四库全书》第1185册，台北：商务印书馆，1986年，第246页。

陈旅《龙虎山繁禧观碑铭有序》亦记载：

> 嗣天师与玄教大宗师闻之，皆表之曰"繁禧之观"，元统甲戌（1334），上遣使人以幡香来。至元丁丑（1237），又降香并赐玺书护持，授谨修明远冲妙崇教法师、教门高士、开山住持提点，又命其弟子陈自诚为至正元嘉文泰法师、教门高士、提点知观事，俾嗣其道。于是观者，以甲乙传次。①

元代两座新创立、并附属龙虎山的道观象元观与繁禧观皆采取甲乙传承之制，其中之一更是得到天师与玄教宗师的争相表奏，以及朝廷颁布的师号、道官职务等，以朝廷诏旨的形式确保其甲乙之制得以合法延续。

元代龙虎山的分支玄教，历张留孙、吴全节、夏文泳、张德隆、于大宗师五任掌教，除最后一任师承不明外，均是师徒相传，其中第四代张德隆更是祖师张留孙的"从子"，可见元代极盛一时的玄教也是典型的甲乙传承之制。

宋元时期北方最重要的道教组织全真教，实行全真大宗师制，也以甲乙之制传承，历代大宗师皆为祖师王重阳的后学。关于全真教大宗师的传承，研究成果较多。根据张广保的考证，全真教大宗师的任免与蒙元皇室的宫廷斗争有密切关系，完全由元政府尤其是皇帝本人掌控，早期那种由前任掌教宗师指定，报请

---

① 〔元〕陈旅：《安雅堂集》卷10，《景印文渊阁四库全书》第1213册，台北：商务印书馆，1986年，第8页。

汗庭认可的局面已不复存在。① 程越、景安宁分析了全真教"后弘期"（元武宗以后）的掌教传承，同样指出掌教任免与元帝国上层权力斗争紧密联系。但不论全真各派斗争多么激烈，蒙元皇室的干预程度多么深，全真内部甲乙相承的制度始终没有改变。除全真大宗师外，全真教各地方宫观亦实行子孙丛林制，即甲乙住持之制，其主首在各自宗派内部以师徒相传的形式传承。② 金人元好问曾记载全真教"南际淮，北至朔漠，西向秦，东向海。山林城市，庐舍相望，什百为偶，甲乙授受，牢不可破"。③ 明确说明全真教中包括三大祖庭在内的各主要宫观皆实行"甲乙授受"之制。全真教还将接手的原十方道观改造为甲乙道观。比如山西的大纯阳宫，其前身是实行十方制的吕公祠，自从宋德芳接手后，就成为宋德芳一派的重要传承基地，成为后来全真三大祖庭之一的大纯阳永乐宫。④

　　而在金元时期活跃的另外两大新道教——真大道和太一教也是明显的甲乙相承之制。真大教在元代逐渐形成玉虚宫派和天宝宫派两派，拥有各自的法派传承，这一点与洞霄宫类似。太一教由萧抱珍创立，其前五代教主在担任教主后全部改姓为萧氏，皆为师徒相传，其四祖萧辅道更是萧抱珍的再重孙，表现了太一教家族内部传承的倾向，更体现了道教甲乙制与中国传统血缘宗法

---

　　① 张广保：《蒙元时期全真大宗师传承研究》，熊铁基、麦子飞主编：《全真道与老庄学国际学术研讨会论文集》上册，武汉：华中师范大学出版社，2009 年，第245—246 页。

　　② 程越：《金元时期全真道宫观研究》，济南：齐鲁书社，2012 年，第84、92 页。

　　③〔金〕元好问：《元好问全集》卷三十五《紫微观记》，太原：三晋出版社，第632 页。

　　④ 陈垣编，陈智超、曾庆瑛校补：《道家金石略》，北京：文物出版社，1988 年，第547—548 页。

制的结合。①

在目前已知的重要道观中，明确实行十方制的只有净明道的中心——南昌西山的玉隆万寿宫。白玉蟾《续真君传》载玉隆万寿宫在"政和四（六）年（1116）改观为宫，仍加'万寿'二字，除甲乙为十方"。② 有关玉隆万寿宫及净明道，日本学者秋月观暎最早对其做过专门的研究。③ 最近，许蔚对玉隆万寿宫住持制度有专门考论，他认为对于南宋以降的净明道而言由观升格为宫并不十分重要，重要的是"住持制度变革"。他指出玉隆观在唐及北宋时是以熊姓家族道士为核心进行甲乙传承的宫观。④ 本文重点研究的洞霄宫文献，亦能证明这一结论。《洞霄图志》载：

> 徐冲渊，字叔静，姑苏人，自号"栖霞子"，尝浪迹江湖间。淳熙中（1174—1189），被召居太一宫高士斋，已而奉诏，典洞霄通明馆。久之，会孝宗居重华宫，召置佑圣观凝神斋，尝奉命和《御制秋怀诗》二篇……时豫章玉隆观主席方虚，高士谢守颢荐于郡，即日具礼走京师迎之，居岁余，假化。朝奉郎府倅丘公琛，搜其诗数百篇，刻观中，号

① 卿希泰主编：《中国道教史》（修订本）第3卷，成都：四川人民出版社，1996年，第1—20页。
② 〔南宋〕白玉蟾：《玉隆集》，《道藏》第4册，文物出版社、上海书店、天津古籍出版社，1988年。
③ ［日］秋月观暎著，丁培仁译：《中国近世道教的形成：净明道的基础研究》，北京：中国社会科学出版社，2005年，第83页。
④ 许蔚：《断裂与建构：净明道的历史与文学》，复旦大学博士学位论文，2013年。

《经进西游集》。①

徐冲渊出身于杭州洞霄宫，是南宋十大御前宫观之一的太一宫高士，并经同为高士的谢守灏推荐，得以任玉隆万寿宫主席。其遗著名为《经进西游集》，"经进"就是曾经进呈皇帝御览之意，进一步暗示曾任御前宫观高士、被旨住持玉隆万寿宫的徐冲渊与皇帝有亲密关系；"西游"当指徐冲渊从东面的临安出发到西面的南昌西山玉隆观之任职经历。结合上下文可知，徐冲渊任玉隆万寿宫主席是在"孝宗居重华宫"时，重华宫是孝宗退位给光宗后所居宫殿，也就表明他任职于宋光宗绍熙年间（1190—1194）。《历世真仙体道通鉴续编》载谢守灏：

> 孝宗淳熙十三年（1186），江西漕使牒请知西山玉隆万寿宫。光宗绍熙（1190—1194）之初，朝廷赐"观复大师"，充行在寿宁观管辖高士……绍熙四年（1193），再任玉隆万寿宫住持。②

由此可知，徐冲渊的推荐者高士谢守灏正是前任玉隆万寿宫住持之一，徐冲渊"居岁余"，便"假化"而去，接替其职的便是"再任玉隆万寿宫住持"的谢守灏，时间是绍熙四年（1193）。

因此，我们可以确认南昌玉隆万寿宫在宋徽宗政和六年（1116）以后已是一座典型的十方制道教宫观，也是目前已知的唯一一座大型的十方制道观。学界的研究已证实，宋朝对佛道二

---

① 〔元〕邓牧：《洞霄图志》卷5《徐栖霞先生》，《丛书集成初编》第3167—3168册，北京：中华书局，1985年，第59页。

② 〔元〕赵道一：《历世真仙体道通鉴续编》卷5，《道藏》第5册，文物出版社、上海书店、天津古籍出版社，1988年，第445页。

教改甲乙为十方制采取积极支持的政策，意在增加对佛道二教的控制力。玉隆万寿宫在此时被"除甲乙为十方"，当是宋徽宗借崇奉道教运动之机，行控制全国重要道教中心之实。龙虎山道士石自方在宣和元年（1119）被宋徽宗直接任命为洞霄宫住持亦应是这一政策的组成部分。自南宋至元代，南昌玉隆万寿宫的十方住持制大体延续了下来，但其道士一直试图摆脱这一束缚，在南宋至元代创立的众多万寿宫附属宫观中，无一不采用甲乙住持之制。① 即使是"十大御前宫观"之一的杭州三茅宁寿观，在其创设之初，亦曾采用甲乙制。陆游《行在宁寿观碑》载宋高宗命"道士蔡君大象知观事，蒙君守亮副之，许其徒世守"。② 南宋谈钥《嘉泰吴兴志》记载蔡大象又作蔡道像，为神霄派道士。③ 清代嵇曾筠《浙江通志》亦载："（蔡大象）不知何许人，宋高宗……因感江中之事，遂赐为三茅宁寿观，选高行者充知观事，以道像主焉。"④ 神霄派创自北宋末年的王文卿，其教法在南宋流行于江南，深受皇室崇奉，茅山等派道士也多习神霄雷法。但从此后杭州三茅宁寿观住持人选情况看，宁寿观并非由蔡大象、蒙守亮等神霄系统的道士"世守"，仍如其他御前宫观一样，采取十方制。此后控制三茅宁寿观的是宦官出身的刘敖（刘能真），刘敖师事东华派道士宁全真。《灵宝领教济度金书嗣

---

① 许蔚：《断裂与建构：净明道的历史与文学》，复旦大学博士学位论文，2013 年。

② 〔南宋〕陆游：《陆放翁全集》卷 16《行在宁寿观碑》，北京：中国书店，1986 年，第 91 页。

③ 〔南宋〕谈钥：《嘉泰吴兴志》卷 6，《宋元方志丛刊》第 5 册，北京：中华书局，1990 年，第 4715 页。

④ 〔清〕嵇曾筠等修：《浙江通志》卷 198，《景印文渊阁四库全书》第 524 册，台北：商务印书馆，1986 年，第 385—386 页。

教录》："先生姓宁，名本立，字道立，讳全真，开封府人也。……左街道录刘能真初嗣先生上清灵宝大法，眷宠两朝。"① 肇始于六朝的灵宝派演变为阁皂宗，在两宋时与茅山宗、龙虎宗并称"三山符箓"，东华派为阁皂宗之分支，创始人即是赞化先生宁全真。洞霄宫出身的道士李洞神和俞怡然也先后入主改观。《洞霄图志》载："李洞神……七岁入洞霄受度，刻意道法，戒行严洁，中年走淮海，谒徐神翁，密有所得，归屏人事，宴坐林下，高宗赐号明素，俾主宁寿观。"② 李洞神所师事的徐神翁，名守信，泰州海陵人，嘉祐中礼天台道士余元吉为师。高宗未登基时遇徐神翁，神翁预言高宗能继大统，故高宗登基后感念真人，对神翁的弟子李洞神亦礼敬有加，令其主持皇家宫观三茅宁寿观，并授右街道录一职。南宋洞霄宫亦属茅山派，故李明素当属茅山道士，亦从其师徐神翁修神霄雷法等。又有洞霄宫道士俞怡然，孝宗时住持三茅宁寿观，《洞霄图志》："俞延禧，字德厚，临安人，受度于洞霄宫，自号竹林道人。……孝宗又赐以怡然二字，俾主宁寿观。"

经过对茅山、龙虎山、玄教、全真教、真大教、太一教、西山玉隆万寿宫这几处宋元时期全国最重要的道教中心或派别的考查，除去宋代由官方控制的所谓"御前宫观"及个别年号宫观（如天庆观）外，只有西山玉隆万寿宫为十方制，其他数处都是明显的甲乙制。因此我们认为，从佛教领域得出的十方制一般适

---

① 〔宋〕林灵真编：《灵宝领教济度金书嗣教录》卷1，《道藏》第7册，文物出版社、上海书店、天津古籍出版社，1988年，第17—18页。

② 〔元〕邓牧：《洞霄图志》卷5，《丛书集成初编》第3167—3168册，北京：中华书局，1985年，第57页。

用于规模较大的寺，甲乙制适用于规模较小的结论并不适用于道教。佛教和道教虽然都采用甲乙与十方之制，但两个宗教由于其宗派、宫观形成的历史背景、教义各不相同，因此不能一概而论地将佛教研究得出的结论套用到道教领域。

唐代以前，道教组织的自主性较强，国家对道教的控制力与影响力有限，"道馆"或"道观"的主首道士选任基本采取甲乙师徒制，或家族内部传承制。因此，我们认为唐代以前的道教在某种意义上不存在"十方制"，完全是"甲乙制"。唐宋以来，随着中央王朝对道教控制力的加强以及佛教寺庙中十方制的影响，朝廷"引进"十方制，"强加"于道教宫观，以实现道教"国家化"的目的。但是由于道教有着固有的从"治""静室"到"道观"历史传承，十方制取代甲乙制的企图并非一朝一夕就能成功。宋代以后，十方制主要在由朝廷或地方政府控制、新建或重建的道观中施行，特别是在所谓"御前宫观"和以天庆观为代表的宫观；而甲乙制则在有一定历史传统、宗派传承的宫观中"顽固"地存在着。

第二节　杭州洞霄宫独特的甲乙住持制：
四个主要支派的轮替制度

一　唐末至南宋前期的洞霄宫住持制度考

杭州洞霄宫采取的是明确的甲乙住持制。《洞霄宫住持题

名》称："本宫甲乙住持，已前姓氏，不可尽考矣。"① 洞霄宫设
"住持""知宫事""同（副）知宫事"三个由高到低的职位，
若要担任宫观最高的"住持"一职，必须先经"同（副）知宫
事""知宫事"这两个等级。洞霄宫附属宫观的《洞晨观记》
载："主席必循序迁，不得侥幸，有得至焉，亦皆老成重厚，深
阅世故者，是以玄风日振代不乏人。"② 知宫事孙处道"序升主
席"③；住持龚大明在升任主席后，更是"强起应缘者四十年"，
即由副知宫事到住持经四十年。因此按照洞霄宫的相关制度，宫
观主首三职必须一级一级升迁，那么在南宋元近两百年的洞霄宫
历史中，这一制度是否严格地得到遵守呢？

《洞霄图志》所载南宋以来《洞霄宫住持题名》是本章节研
究的基础，因此有必要全文引用如下：

> 《洞霄宫住持题名》
>
> 本宫甲乙住持，已前姓氏，不可尽考矣，从《旧志》。
> 自宋绍兴年间（1130—1162），至德祐乙亥（1275），凡十
> 三人。住持都监、兼领通明殿焚修，皆系尚书省奏旨颁降敕
> 黄，省札差充，历任年月，不暇详录。
>
> A1　凝妙大师金致一
>
> A2　虚靖灵一大师叶彦球
>
> A3　右街道录明素大师李洞神

---

① 〔元〕邓牧：《洞霄图志》卷 5《洞霄宫住持题名》，《丛书集成初编》第
3167—3168 册，北京：中华书局，1985 年，第 99 页。

② 〔元〕邓牧：《洞霄图志》卷 6《洞晨观记》，《丛书集成初编》第 3167—
3168 册，北京：中华书局，1985 年，第 86—87 页。

③ 〔元〕邓牧：《洞霄图志》卷 5《孙灵济先生》，《丛书集成初编》第 3167—
3168 册，北京：中华书局，1985 年，第 61 页。

A4 右街鉴义凝和大师陈希声

A5 虚靖灵一大师叶彦球（原注：再充）

A6 葆光大师潘三华

A7 冲虚大师高守中

A8 虚一大师王居实

A9 冲妙大师龚大明

A10 冲素大师王大年

A11 灵一大师贝大钦

A12 明一大师杨大中

A13 演教大师龚文焕

A14 通妙大师郎道一

国朝至元十三年（1276）为始，住持

A14 葆真毓和大师郎道一

A15 凝真抱素大师贝守一

A16 杭州路道教提点澄虚明教守正大师曹至坚

A17 养素冲元通妙法师吴处仁

元贞元年（1295年）为始，住持兼管本山诸宫观事

A18 浙西道道教提点体元崇教安道法师郎如山

A19 浙西道道教提举清修明素冲道法师舒元一

A20 清修养素冲妙法师沈多福

知官事题名

宋绍兴后

B1 明真大师骆大成

B2 冲和大师喻天时

B3 冲真大师陈以明

B4 宏教大师许可久

B5 左街道录凝真大师俞延禧

B6 崇真大师水丘居仁

B7 洞渊大师胡道枢

B8 灵济通真大师孙处道

B9 凝神大师朱特立

国朝至元后

B9 凝神大师朱特立

B10 崇道冲应清真大师观妙斋高士周允和

B11 杭州路道录冲真洞元葆光法师杨清一①

同知宫事题名

宋绍兴后

C1 纯素大师水丘师德

C2 凝和大师章居中

C3 元素大师王思明

国朝至元后

C4 真常洞微守正大师李元纲

C5 通妙崇教冲逸法师孙元吉

C6 清真崇教凝和法师金致一②

---

① 《知不足斋丛书》本《洞霄图志》将杨清一列于同知宫事最后，误。根据抄本《洞霄图志》杨清一应列于知宫事最后，同知宫事最后一人应为金致一。
② 〔元〕邓牧：《洞霄图志》卷5《洞霄宫住持题名》，《知不足斋丛书》本，第65—69页；〔元〕邓牧：抄本《洞霄图志》，《中国方志丛书》华中地方第559号，台北：成文出版社，第99—106页。

需要说明的是，由于《洞霄图志》成书于元代，南宋以前的洞霄宫住持等名单已失载。为便于之后考证，我们在三个职位前分别加上 ABC 与序号。A 序列代表住持，B 序列代表知宫事，C 序列代表同（副）知宫事，数字代表其顺序。根据这份名单，南宋以来共有 20 任 19 位住持（A2 与 A5 为叶彦球一人两任），11 位知宫和 6 位同（副）知宫事，这并不代表住持的人数大大多于后两者。因为上文提及的"主席必循序迁"这一制度，因此所有担任主首职务的道士必须从同（副）知宫事这一最低级任起，而《题名》中所载的 6 位同（副）知宫事止步于这一职位，他们中大部分卒于任上，可能只有一人主动离职。同理，11 位知宫终任于知宫这一职位，19 位住持则是最终成功问鼎住持之位者。也就是说，共有 36 人出现于这一名单中，参与了对住持之位的竞争，其中 19 人最终成功，最终成功者超过半数。南宋初（1127）到元大德三年（1305），共 178 年，住持的平均任期为 14 年左右。但是，这一名单只是南宋以来的记录，我们有必要对南宋以前洞霄宫的住持传承情况进行考证。

二　唐末至南宋前期洞霄宫的住持传承考

杭州洞霄宫的前身天柱观创立于唐高宗弘道元年（683），此后有朱法满、叶法善、司马承祯、吴筠等著名道士活动的记载，但从未出现过关于宫观主首职位的记载。唐末五代来自天台山的闾丘方远教团彻底改变了这一情况，虽然没有诸如观主、住持等宫观官名称的出现，但闾丘方远建立了新的宗教团体，并实际担任天柱观观主及吴越国的道教领袖。此后，郑玄章及闾丘方远的弟子夏隐言继承其权力，在实质上确立了天柱观的甲乙传承之制。间丘方远法系主导了天柱观的人事，"弟子夏隐言等十人，受思真炼神之旨，今道院仅十八斋，而派出先生者十有四焉"。① 《洞霄宫住持题名》中的绝大多数住持都属于间丘方远法系。

间丘方远法派垄断天柱观的局面，于宋真宗为编纂《道藏》而直接任命冯德之"住杭州洞霄宫"时被打破。《洞霄图志》载：

> 冯德之，字几道，河南人。少习儒业，书无不读，京师号"冯万卷"。不慕声利，弃家入道，被旨住杭州洞霄宫，时公卿皆以诗饯行。②

此处只称冯德之"被旨住杭州洞霄宫"，并未提及冯德之担任宫观职位，但这个"住"字实则不仅是"居住"之意，而且有"住持"之意。关于洞霄宫"祥符庄"的记载称：

> （宫田）一在杭州仁和县赤岸，名"祥符庄"。宋（祥）符五年（1112）住山冯德之建，故名。今至元年间重修。③

这段引文出现的"住山"，是宋元时代对担任住持这一洞霄宫最高职位之人的称呼，并且冯德之为洞霄宫建立了"祥符庄"这处宫田，不像只是临时在此编书之人所为。更重要的是，在编纂

---

① 〔元〕邓牧：《洞霄图志》卷5《间丘玄同先生》，《丛书集成初编》第3167—3168册，北京：中华书局，1985年，第44页。

② 〔元〕邓牧：《洞霄图志》卷5《冯先生》，《丛书集成初编》第3167—3168册，北京：中华书局，1985年，第54页。

③ 〔元〕邓牧：抄本《洞霄图志》卷1《诸庄》，《中国方志丛书》华中地方第559号，台北：成文出版社，1983年，第52页。

《道藏》其间洞霄宫一系列的活动均由冯德之掌握，显示其在洞霄宫拥有实权。因此"住山冯德之"的记载似乎不是毫无根据。

另外，在《洞霄图志》中，北宋前半期的人物传记只记录了冯德之、常中行、沈日益三人，而这三人均是师徒关系，也就意味着他们全部是冯德之法派。常中行本传载：

> 常中行，钱塘人。师河南冯德之。形貌奇伟，落魄不拘检，好饮酒及音律，箧无留金，所有一箫一笛而已……治平四年（1067）六月，语弟子沈日益曰："吾不久居此。"偃卧俄顷。起曰："嗟乎！吾未能出。"即于几案间，设鉴一、水盂一，时时取视之，神色怡然，越三日而逝，葬天柱峰下。①

来自北方的道士冯德之，在杭州洞霄宫所受弟子常中行为杭州本地钱塘人。常中行的弟子沈日益则是元丰七年（1084）前宰相赵抃游洞霄宫的主陪同者，《洞霄图志》载：

> 宋元丰己未（1079），赵清献公抃，再帅钱塘，抗章告老。岁甲子（1084）八月，忽来游山，谓道士沈日益曰："近梦入真境，宫阙巍峨，有数道士相讶，询之，曰：此洞霄宫。既觉思之，两典是郡，未尝至此，故冒暑来。今观泉石楼观，与梦中所见无异，岂仙圣有缘邪？"留诗曰："龙穴藏身稳，泉源抚掌清。红尘人绝离，白日世长生。我分谙

---

① 〔元〕邓牧：《洞霄图志》卷5《常先生》，《丛书集成初编》第3167—3168册，北京：中华书局，1985年，第45页。

冲寂，谁能顾利名？梦中休指笑，又作洞霄行。"①

陪伴宰相游历宫观这类任务一般由洞霄宫主首道士负责，因此引文暗示我们沈日益在宋神宗时担任过洞霄宫的主要领导职务。

综上所述，文献中虽然没有提及冯德之的弟子常中行及徒孙沈日益担任过洞霄宫的主首道士（事实上，北宋前期记载的全部洞霄宫道士就只是这三个人），但从他们所占有的地位和参与的活动看，他们三人很可能都担任了洞霄宫的领导职务，在某种程度上打破了唐末以来间丘方远法派对洞霄宫职务的垄断。另外，根据前文对冯德之经历的研究，冯德之在任职洞霄宫之前，曾经游历过天台山，在某种程度上可以说跟间丘方远法派有一定的联系。

北宋末期，宋徽宗崇奉道教，《洞霄图志》对这一时期主首道士传承的记载也逐渐增多。政和二年（1112），"住持都监何士昭以宫宇颓圮诣汴京陈乞"。②《何冲靖先生》亦记载：

> 何士昭，余杭人。自幼有修真志，师上清大洞道士胡处邦受度，戒行精勤，教学不倦，凡慕道者悉归焉。宣政和间（1111—1118），被旨典宫事。亲诣京师奏请，蒙赐度牒三百道。令本路漕臣，应办工役，一新宫宇。道侣云集，号为全盛。重和元年（1118）十二月五日……趺坐而逝。③

---

① 〔元〕邓牧：《洞霄图志》卷4《应梦游诗》，《丛书集成初编》第3167—3168册，北京：中华书局，1985年，第35页。

② 〔元〕邓牧：《洞霄图志》卷1，《丛书集成初编》第3167—3168册，北京：中华书局，1985年，第2页。

③ 〔元〕邓牧：《洞霄图志》卷5《何冲靖先生》，《丛书集成初编》第3167—3168册，北京：中华书局，1985年，第56—57页。

　　从引文可见，何士昭是余杭本地人，在政和二年（1112）前已经担任洞霄宫的最高职位"住持都监"，并于重和元年（1118）十二月去世，其受业恩师为"上清大洞道士胡处邦"。不知引文中出现的"住持都监"是否是何士昭当时所使用的称谓，抑或是邓牧以后人的"常识"所加。如果是当时的用法，则此是"住持都监"这一职位在《洞霄图志》第一次出现。根据汪圣铎研究，宋徽下旨改"宫观主"为"知宫观事"的时间刚好比"住持都监"第一次出现的时间晚一年（1113）。①

　　宋徽宗除了为洞霄宫重建宫观外，还打算打破洞霄宫的传承制度。与宋真宗任命冯德之相类似，宋徽宗在何士昭死后派出一位非洞霄宫出身的道士担任洞霄宫的主首。《洞霄图志》载：

　　　　石自方，字符矩，饶州鄱阳人，师冲寂大师孔守容为道士……眉山陆维忠授丹诀，往来西山、庐阜。与方外隐逸以琴酒自适，尝自号浑沦道人。时虚静天师作庵于龙虎戏珠峰，先生至即下榻，榜曰"浑沦庵"。虚静被召，拉先生偕行，居无何返故庐。朝廷方求岩穴奇士，部使者以先生闻，强起至京师。徽宗幸宝箓宫讲所，先生在焉。上望见仪状魁伟，召前问从何来。对曰："草野臣无他技能，江东使者以臣应诏。"即日授金坛郎，主杭州洞霄。盖宣和元年（1119）冬也。明年七月至官，四方学道者翕然从之。冬十月，盗起严、徽间。明年（1121）正月，破临安县，官吏散走，其徒亦治舟请行。先生曰："吾被天子命主此官，守死吾职也。公等第去。"已而贼至，先生正色叱之，遂遇

　　　　①　汪圣铎：《宋代政教关系研究》，北京：人民出版社，2010年，第476页。

害。门人程用光叩阍言死事，状上，闵其忠，赙钱三十万，赠"正素大夫"。制书云："敕：故金坛郎石自方，顷者盗啸浙东，侵犯邻壤，而居官任职者往往惊遁，尔典司真馆，秉志不回，叱骂凶徒，遂至蹈难。赐颁赙赉，超进道阶，非独劝死节者之荣，而亦为偷生者之愧。"时东南死事者才三数人，士大夫以此高之。平生有诗文数百篇，以先生死节洞霄，号"石洞霄"。"曲肱先生"熊彦诗作《石洞霄传》。①

《三十代天师虚靖真君语录》中亦有大量张继先与石自方的诗作，其中《妙应大师往钱塘欲予赠行》一诗，当写于张继先临别送行"妙应大师"之时。诗载：

> 太真宫室上方新，归去先垂紫诏人。
> 天目洞霄期过处，星冠应不冒风尘。②

根据《洞霄图志》石自方传记的相关记载，其死后只有获赠的"正素大夫"称号，诗文中的"妙应大师"可能不是指石自方。两宋之际有"妙应大师"称号者数人，③皆为僧人，其中最有名、与宋代士大夫关系最密切者为"妙应大师"智缘。他曾为王安石诊脉，并预言其子王雱登第。④无论这位"妙应大师"是谁，张继先此诗都说明他对洞霄宫有一定的了解。张继

---

① 〔元〕邓牧：《洞霄图志》卷5《石正素先生》，《丛书集成初编》第3167—3168册，北京：中华书局，1985年，第55—56页。

② 《三十代天师虚靖真君语录》卷7，《道藏》第32册，文物出版社、上海书店、天津古籍出版社，1988年，第338页。

③ 〔清〕徐松辑，刘琳、刁忠民点校：《宋会要辑稿》道释1《妙应大师》第16册，上海：上海古籍出版社，2014年，第9973—9974页。

④ 〔北宋〕晁补之：《鸡肋集》卷35《送医李寅序》，《景印文渊阁四库全书》第1118册，台北：商务印书馆，1986年，第678—679页。

先从龙虎山北上汴京，最便捷的路线就是经浙赣走廊沿信江——浙江到达杭州，再从杭州转大运河（宋代）到达汴京，因此余杭是其必经之路。"太真宫室上方新"一句当指政和二年（1112）何士昭上奏徽宗重建洞霄宫并已完成新建工作，表明张继先对洞霄宫现状的了解。"天目洞霄期过处，星冠应不冒风尘"表明洞霄宫因所处于南北交通线上而成为来往僧道的"过处"，因为在长途旅行中有了落脚休息的"过处"，才使来往的"星冠"们不至于干冒风尘之苦。总之，这首诗表明了洞霄宫枢纽性的地理位置其及对僧道长途旅行的特殊意义，同时也反映出张继先对洞霄宫现状的了解，因此我们可以猜测他可能推荐爱徒石自方任洞霄宫主首道士。

但是，根据宋哲宗绍圣四年（1197）的敕旨，"江宁府句容县三茅山经箓宗坛，与信州龙虎山、临江军阁皂山，三山鼎峙，辅化皇图"，[①] 三山符箓鼎足之势已成，杭州洞霄宫从宗派源流上讲无疑属于茅山上清宗坛的管辖范围。宋徽宗让出身龙虎山系统的道士石自方担任"金坛郎，主杭州洞霄"，不仅破坏了洞霄宫原有的本宫道士独立传承的甲乙住持制度，而且破坏了茅山作为三山符箓中上清宗坛的宗主地位，是一种破坏制度的"掺沙子"行为，同时也反映了龙虎山道派势力的上升与扩张。《茅山志》还记载："初，三山经箓，龙虎正一、阁皂灵宝、茅山大洞，各嗣其本宗，先生（黄澄，宋徽宗时人）请混一之，令龙

---

① 〔元〕刘大彬编：《茅山志》卷11《二十五代宗师》，《道藏》第5册，文物出版社、上海书店、天津古籍出版社，1988年，第605页。

虎、閤皂之传上清毕法，盖始于此。"①　朱越利指出："宋徽宗批准黄澄顺形势，采取积极进取促进融合的态度，使三山经箓增加了融合的深度。"②

综合分析，石自方因为与龙虎山第三十代天师张继先的密切关系，得以出任原来为甲乙制传承的洞霄宫主首之职。从"主杭州洞霄""吾被天子命主此宫，守死吾职也""尔典司真馆"等词句看，石自方很可能是继承了何士昭"住持都监"这一最高职位，而非"知宫"或"同知宫"等副职。而宋徽宗的这项干预性的人事安排，试图让洞霄宫实行十方住持制，但因方腊之变、石自方死难以及此后的靖康之变，最终夭折，洞霄宫便重回甲乙传承之路。

北宋朝廷先后两次在宋真宗时派出冯德之、在宋徽宗时派出石自方干预洞霄宫例行的、自唐末五代形成的甲乙传承之制。派遣冯德之的本意为修《道藏》，并非想夺取洞霄宫的人事权，因此冯德之似乎也成功地融入这一体制，并传承至常中行、沈日益，而徽宗派石自方则因连续的偶然因素而夭折。这两次干预均发生于北宋两次崇道的高潮时期，是皇权试图加强对重要宫观控制的表现，既非偶然，也非历史的常态。

《洞霄宫住持题名》记载了洞霄宫诸主首道士。但在南宋的前半期，这些道士的资料仍十分有限，这一时期大部分进入《洞霄宫住持题名》的道士，在《洞霄图志》中都没有传记，甚至有些只字未提。因此我们很难对这一时期的洞霄宫主首道士做

---

① 〔元〕刘大彬编：《茅山志》卷16《黄澄》，《道藏》第5册，文物出版社、上海书店、天津古籍出版社，1988年，第621页。

② 朱越利：《读〈茅山志〉札记五则》，《世界宗教研究》1998年第4期。

系统性的研究，对他们的生平、师承关系亦不甚了了，我们只能
尽量复原。

A1 金致一是《题名》中排第一的主首道士，没有完整的传
记资料，只有零星的相关记载：

> 宋政和间（1111—1118），方腊之变，惟徽宗本命殿独
> 存。住持道士金致一奉旨改为三清殿，圣像乃汴京孟成忠所
> 塑，号为绝技。①
>
> 右《大涤真境录》，道士唐子霞撰。予借观，爱其善叙
> 事，而知宫金凝妙、副宫吴观妙，诿予是正。予颇附益以所
> 遗……宣和五年（1123）四月余杭县丞吴兴成无玷序。②
>
> 陈希声，字震甫，临安人，师凝妙大师金致一。③

第一条材料有至少两处错误，方腊之变发生于宋宣和二年
（1120）到三年（1121），而不是政和间。第二处错误是金致一
在方腊之变后并没有马上成为住持，因为在第二条材料吴无玷的
序中明确称金致一（金凝妙）为"知宫"，而非"住持"，而且
序中提及的"副宫吴观妙"在《题名》中并未出现。成无玷序
写于宣和五年（1123），是当时人记载当时事，比后来邓牧"总
结"出来的人物传记或《题名》更可靠，因此金致一在宣和五
年（1123）担任知宫比较可信，其担任住持应当更晚。同时，
这也是提及"知宫""副宫"的最早记录。从第三条材料可知

---

　　① 〔元〕邓牧：《洞霄图志》卷1《三清殿》，《丛书集成初编》第 3167—3168
册，北京：中华书局，1985 年，第 4 页。
　　② 〔元〕邓牧：《洞霄图志》卷6《旧真境录后序》，《丛书集成初编》第
3167—3168 册，北京：中华书局，1985 年，第 88 页。
　　③ 〔元〕邓牧：《洞霄图志》卷5《陈凝和先生》，《丛书集成初编》第 3167—
3168 册，北京：中华书局，1985 年，第 57 页。

A1 金致一与 A4 陈希声的师徒关系。洞霄宫的住持一职确实存在师徒相承的情况，但却与其他重要道观直接相承不同，而是隔代相承。

A3 李明素先生

> 李洞神，字云友，杭之新城人。自幼不茹荤酒，嗜黄老学。七岁入洞霄受度。刻意道法。戒行严洁。中年走淮海，谒徐神翁，密有所得，归屏人事，宴坐林下。高宗赐号"明素"，俾主宁寿观。未几，乞还山，授右街道录、主洞霄宫。孝宗践位（1162），召使拜章，旋即昭格（昭格署）。乾道九年（1173）正月晦日，草别书，遗同道，偃然而寂。嘉兴钱公叙其行业，刊于遗像，有云："周流六虚，去来自若，死而不亡，先生有之。"赞曰："去知而愚，性含太初，视有若无，心包太虚，生而神悟，密契道枢，死而神在，起颂遗书。"①

李洞神虽然有传记，但并未提及其师承关系，以及其担任洞霄宫主首道士的准确时间。我们只能确定其在宋高宗晚期任主首道士，宋孝宗乾道九年（1173 年）去世。

李洞神所师事的徐神翁，是两宋之间的著名道士，"名守信，泰州海陵人，嘉祐（1056—1163）中礼天台道士余元吉为师"。宋高宗未登基时遇徐神翁，神翁预言高宗能继大统，故高宗登基后感念真人，对神翁的弟子李洞神亦礼敬有加，令其主持皇家宫观三茅宁寿观，并授右街道录一职。而引文提及的三茅宁

---

① 〔元〕邓牧：《洞霄图志》卷 5《李明素先生》，《丛书集成初编》第 3167—3168 册，北京：中华书局，1985 年，第 57 页。

寿观是由宋高宗创建并大力扶持的南宋十大御前宫观之一，其实际控制者是宋高宗宠信的宦官刘敖（刘能真）。刘敖"弃官"出家为道士后，任三茅宁寿观住持，左右街都道录。^① 作为御前宫观，三茅宁寿观采取十方住持制，洞霄宫出身的李洞神任刘敖的副手，"俾主宁寿观""授右街道录"，都比刘敖低半级。李洞神能够担任上述职务，说明其与宋高宗及宦官道士刘敖有着密切的关系。

A4 陈凝和先生（1108—1176）

陈希声，字震甫，临安人，师凝妙大师金致一。以行业清高，际遇高宗，授右街鉴义，俾主洞霄宫，提纲严肃，奖拔后进，一时学者向风。乾道二年（1166）三月，车驾临幸山中，扈从登游东西岩洞，赐御书、度牒，号"凝和大师"，又书《度人经》赐焉。淳熙三年（1176）九月，谈笑而寂，寿六十有九。^②

周必大记载：

隆兴癸未（1163）四月庚寅早，同祝升卿秀才游洞霄宫。去县约二十里，青山九锁，溪流不断，道傍有仙人迹，相传秦始皇移山，仙人拒之，其说荒唐难据。众山之中，一峰稍高者，天柱也。宫门立钱镠大碑，颇叙兴废，余皆无所考。招知官右街鉴义陈希声。^③

---

① 〔南宋〕陆游：《陆放翁全集》上册，北京：中国书店，1986 年，第 91 页。

② 〔元〕邓牧：《洞霄图志》卷 5《陈凝和先生》，《丛书集成初编》第 3167—3168 册，北京：中华书局，1985 年，第 57—58 页。

③ 〔南宋〕周必大著，王蓉贵、〔日〕白井顺点校：《周必大全集》第 3 册《归庐陵日记》，成都：四川大学出版社，2017 年，第 1541 页。

作为金致一的学生，陈希声在高宗朝任主首道士，在周必大游历洞霄宫的1163年已任知宫，且已授道职"鉴义"。乾道二年（1166）高宗来访时，他主持了接待工作。乾道九年（1173）李洞神去世后，他接任洞霄宫住持。淳熙三年（1176）去世，任住持四年。

A2、A5 叶灵一先生

　　叶彦球，钱塘人，崇宁间（1102—1106）受度。寻师方外，溯长江，上荆汉，浮沅湘，访天师遗迹，南游吴、越，过闽、广，徘徊罗浮，以归。遂走京师，寓宝箓宫（徽宗），复还洞霄。由是锐意教法，飞章走檄，祸福之验，耸动当世。至安吉之乌镇，镇南有地爽垲，乃卜居焉。以符水为民禳禬，疾无不愈，乡人敬信，冠履云集。经营之初，富者出财，贫者出力，故宫殿廊庑，金碧焕烂。赐额曰崇福宫。先生两领洞霄，晚益精励，赐号"虚静灵一大师"。于蜕龙洞之傍，筑室老焉。天台虞公似良，榜曰"归云"。寿八十四，无疾而终。[1]

　　崇福宫，在县（崇德县）东北五十八里青镇。考证，宋绍兴七年（1137），道士叶彦球建，名奉真庵。至二十年（1150）始创殿宇，请今额。[2]（按：此宫不在洞霄宫附属宫观中）

叶彦球是南宋时期唯一一位两任洞霄宫住持的道士。其创立

---

① 〔元〕邓牧：《洞霄图志》卷5《叶灵一先生》，《丛书集成初编》第3167—3168册，北京：中华书局，1985年，第56页。
② 〔元〕徐硕：《至元嘉禾志》卷12，《宋元方志丛刊》第5册，北京：中华书局，1990年，第4491页。

的道观崇福宫始建于绍兴七年（1137），中途更废，其后虽然复兴，却并未算作洞霄宫的附属宫观。对于他的师承，史料没有记载，其第二次任期当始于陈希声去世的淳熙三年（1176）。为叶彦球题写"归云"二字的"天台虞公似良"，是南宋孝宗时期小有名气的书法家及古文字家。南宋陈耆卿《嘉定赤城志》载：

> 虞似良，余杭人，字仲房，淳熙中（1174—1189）为兵部郎官，终成都府路转运判官。建炎中（1127—1130）以父授分教于此，因寓黄岩，自号横溪真逸。①

邓牧文中的"天台虞公似良"为余杭人，长期任官兵部，天台黄岩是其早年寓居之地，因此他与叶彦球存在交集。元代陶宗仪《书史会要》亦载：

> 虞似良，字仲房，号横溪，自称宝莲山人，吴郡余杭人。官至监左藏东库，善篆、隶，隶法尤工。家徒四壁，藏汉刻数千本，心慕手追，尽得旨趣。其分析波画，正是偏傍，各有根据，大至数尺，小至蝇头，无不能也，亦能古文奇字。②

陶宗仪《书史会要》是中国书法史上的重要资料，所载之人物皆历代书法大家，由此可见虞似良在南宋初书法史上的地位。叶彦球与其交往，反映了洞霄宫道士与宋代文士的密切关系。至于叶彦球两次任住持的原因，我们认为是由于前任住持及

---

① 〔南宋〕陈耆卿：《嘉定赤城志》卷34，《宋元方志丛刊》第7册，北京：中华书局，1990年，第7550页。

② 〔元〕陶宗仪：《书史会要》卷6，北京：北京师范大学出版社，2016年，第150页。

知宫在同一年去世，候补人选过于年轻的特殊形势所迫。

B2 冲和大师喻天时的传记称：

> 喻天时，字齐仲，号蟾华子，自幼肄业洞霄……淳熙三
> 年（1175），之徽州，太守沈君礼遇之，一日别太守……其
> 徒奉丧归藏于大涤山栖真洞侧。①

C2 凝和大师章居中之传记亦载：

> 四山界松，宋淳熙三年（1176），同知宫章居中凡宫山
> 岗阜与民境接者，悉树以松，亲董工役。既成，春秋二时，
> 每指引后进登山，以识疆界。经今大德乙巳（1305），一百
> 二十余年，四山虬枝龙形，环列森立，围皆丈许，真图画所
> 不能到。其经始培植之功，不可泯也。②

从几条材料可知在 A4 陈希声去世的同一年（1176），本应
继承其职位的喻天时也恰巧去世。而同知宫章居中或因资历不
够，或因也在这一年前后去世，洞霄宫的三个主首职务一时全部
空缺，出现青黄不接的局面，又不可能让年轻没有经验与资历的
道士直接担任宫观住持。宫观只能邀请叶彦球重新出山。从 A1
金致一到 A4 陈希声的前四代任期原本稳定，但此时出现前住持
A2 叶彦球再充住持的罕见情况。这一特例乃特殊情况下的不得
已之举，不能将之视为对洞霄宫甲乙住持制度的破坏，此后再未
出现这种反复任职的情况。

---

① 〔元〕邓牧：《洞霄图志》卷5《喻冲和先生》，《丛书集成初编》第3167—
3168 册，北京：中华书局，1985 年，第46 页。

② 〔元〕邓牧：《洞霄图志》卷4《四界山松》，《丛书集成初编》第3167—
3168 册，北京：中华书局，1985 年，第34 页。

B5 俞怡然先生

俞延禧，字德厚，临安人。受度于洞霄宫，自号竹林道人。襟韵洒落，善丹青。高宗赐御衣、象简，迁授道秩。后以《古涧松》进孝宗，御制诗赐曰："荦确奔流泻玉虹，凛然云干拟蟠空。红尘车马稠如织，梦入苍烟万壑风。"尝自写神，恩平郡王（孝宗的竞争者）见之，赐赞曰："日角月渊，天赐怡然，丹青妙笔，秉鉴自传，妙中之妙，玄中之玄，不知谁氏子，乃玉京之谪仙。"孝宗又赐以"怡然"二字，俾主宁寿观（寿宁观）。未几，乞还山，复俾知洞霄宫。随亦退闲，住通明馆，脩然棋局间，话以自养。淳熙十四年（1187）二月十五日，与道侣对棋拈子，称"好着"而化。高士徐冲渊吊云："千里云烟三尺画，百年生死一枰棋。"①

俞延禧的传记中没有关于其师承的记载，其通过书画得宠于高宗、孝宗及恩平郡王，拥有丰富资历。他并未终身任职洞霄宫，而是采取"退闲"的方式结束任期，与 A2 叶彦球提前退休类似。

B3 冲真大师陈以明

宁宗庆元二年（1196），知宫陈以明以岁久漫灭重给。②

则陈以明至迟于宋宁宗庆元二年（1196）已任知宫。《题名》将其排在淳熙十四年（1187）去世的 B5 俞延禧之前。

---

① 〔元〕邓牧：《洞霄图志》卷5《俞怡然先生》，《丛书集成初编》第3167—3168册，北京：中华书局，1985年，第59页。

② 〔元〕邓牧：《洞霄图志》卷1，《丛书集成初编》第3167—3168册，北京：中华书局，1985年，第2页。

A6 潘三华

一在余杭县北曹桥镇，名曹镇庄。乾道二年（1166）住山潘三华建。①

C3 王纯素先生

王思明，号竹庵，临安人，为王冲素（王大年）弟子。性嗜书，编录满案，余闲寄兴风雅，与龚冲妙、章清隐（清隐斋）、潘怡云结山中吟社，当世重之。宁宗庆元间（1195—1200），赐纯素大师，同领宫事。放翁陆公游喜与交，为撰《洞霄宫碑》。《谢别放翁诗》云："还丹一粒如粟大，点铁成金金不坏。服之冲举骑苍龙，直上九霄观世界。君藏此药天下知，鬼神正眼那得窥。归磨苍石宝君施，文章与此元无异。"真迹尚在。寿七十余卒，著《竹庵诗稿》《栖真洞神光记》。②

庆元六年（1200）九月，葆光大师宫都监潘三华与知宫事高守中、同知宫事水丘居仁，以告游曰："愿有纪，以为无穷之传。"游以疾未能属稿。同知宫事王思明，及其徒李知柔踵至以请。会游被命绁史，又不克成。嘉泰三年（1203）四月，史成奏御，乃能叙载本末如此。③

都监宫事龚大明语其徒王思明、王大年，前是住山潘君

<hr/>

① 〔元〕邓牧：抄本《洞霄图志》卷1《诸庄》，台北：成文出版社，1983年，第52页。

② 〔元〕邓牧：《洞霄图志》卷5《王纯素先生》，《丛书集成初编》第3167—3168册，北京：中华书局，1985年，第59—60页。

③ 〔元〕邓牧：《洞霄图志》卷6《洞霄宫碑》，《丛书集成初编》第3167—3168册，北京：中华书局，1985年，第76页。

三华，尚能斥橐装，买曹桥田以继粟。吾徒可坐睨宽乡上腴，大家腐陈……宝庆元年（1225）三月旦日……知宫事王大年、冲妙大师住持都监龚大明立石。①

王思明《西洞神光》载：

宋绍定辛卯（1231），有杨公伯岩者，武恭王之孙，游山至栖真洞，方举火仰视华盖，忽有神光发层台上，青白相半，冉冉而升，圆如满月，久之方隐。公嗟异，留诗山中，有"东台仙子许参玄，满月光明现大千"句。道士王思明尝立石识其事。②

绍定五年（1232）夏至日，当山道士元素大师王思明记，同知宫事胡道枢、知宫事王大年、冲妙大师住持都监兼通明殿焚修龚大明立石。③

C3 王思明在 A7 高守中任住持时（宋宁宗前期）就已经担任同知宫事之职，他任职期间最大的功劳是请得大诗人陆游为洞霄宫作《洞霄宫碑》（1203）。在洞霄宫住持题名中，其仅为同知宫事，陆游作《洞霄宫碑》（1203）时他已担任这一职务。晚于他担任同知宫事的 A9 龚大明已经成为住持时（1231），王思明反被冠以"当山道士"，而"当山道士"非洞霄宫三个主首职务中的任何一个，此事颇有疑点。总之，王思明的经历十分反

①〔元〕邓牧：《洞霄图志》卷 6《檀越施田记》，《丛书集成初编》第 3167—3168 册，北京：中华书局，1985 年，第 78—79 页。

②〔元〕邓牧：《洞霄图志》卷 4《西洞神光》，《丛书集成初编》第 3167—3168 册，北京：中华书局，1985 年，第 33 页。

③〔元〕邓牧：《洞霄图志》卷 6《栖真洞神光记》，《丛书集成初编》第 3167—3168 册，北京：中华书局，1985 年，第 84—85 页。

常，他可能是主动辞去职务，但仍活跃于洞霄宫。

综上，唐末闾丘方远教团入主天柱观，创立上清院，以后逐渐形成洞霄宫"三院十八斋"。闾丘方远之后，郑玄章、夏隐言先后担任宫观的主首道士，特别是自夏隐言始，确定了闾丘方远法系对天柱观住持的垄断，一直到北宋初年，基本可以确定天柱观实行甲乙制。北宋真宗编撰《大宋天宫观宝藏》，北方道士冯德之入主洞霄宫，并担任"住山"一职。此后，他与弟子常中行及法孙沈日益成为《洞霄图志》中仅有的三位北宋前期道士。这三人应当先后担任了洞霄宫的主首职务，可见冯德之属于敕差住持，带有十方制的特点，但此后其法系又先后担任领导职务，事实上已回到"甲乙制"的老路。北宋末年的何士昭是最早以"住持都监"身份被记载的道士。此后，宋徽宗以龙虎山系统的石自方为宫观主首，再次打破洞霄宫的甲乙传承制，但石自方任职仅一年便死于"方腊之役"，使得甲乙制再度恢复。南宋前期洞霄宫各主首道士间的关系由于资料的稀缺而不能做整体研究，只能确定个别道士间的师承关系，但可以确定这些道士均来自洞霄宫，可见甲乙制度得以延续。

从唐末到南宋前期，洞霄宫住持以闾丘方远法系为核心，期间有宋真宗时的冯德之和宋徽宗时的石自方以敕差住持的身份入主洞霄宫，形式上符合十方选任制，背后体现的是皇权控制洞霄宫人事权。但这两次特例均发生于宋真宗与宋徽宗两代最崇道教的特殊时期，并非主流，反映出皇帝崇道的行为，也反映了北宋加强对地方宫观控制的过程。除此之外，洞霄宫住持传承皆采用甲乙制，因此洞霄宫住持传承甲乙制在南宋拥有稳固的基础。

三　南宋宁宗以降的四大法系

从 A9 龚大明担任洞霄宫住持以降，也就是南宋宁宗以后，关于《洞霄宫住持题名》中各主首道士的资料明显增多，其师承关系逐渐明朗。经过对史料的排比爬梳，可发现与大多数同时代宫观以师徒间连续传承的甲乙住持制度不同，杭州洞霄宫形成了至少四组师承道士轮流任职的甲乙住持制，洞霄宫建立了一套稳定的、轮替的主首道士序迁制度。

甲、龚大明法系

A9 龚大明（1168—1238），南宋以来洞霄宫第九位住持，《洞霄图志》载：

> 龚大明，字若晦，仁和人。七岁读书，一再过，辄成诵。其家与洞霄胡先生志行族相邻，先生省亲奇之，引归度为弟子。弱冠，遇异人，得修炼旨，神采秀发积三十余年，升山中主席，力辞弗获，强起应缘者，四十年。①

可知龚大明七岁进入洞霄宫任"童行"，与洞霄宫众多道士在七八岁初任"童行"的时间相同。他最早师从洞霄宫道士胡志行，而得以成为其弟子的原因是与胡志行"族相邻"，并且是在其省亲时相识，暗示胡志行——龚大明这一法系的传承带有明显的地域血缘关系。另外值得注意的是胡志行并非洞霄宫的著名道士，《洞霄宫住持题名》没有提及其姓名。龚大明担任洞霄宫

---

① 〔元〕邓牧：《洞霄图志》卷 5《龚冲妙先生》，《丛书集成初编》第 3167—3168 册，北京：中华书局，1985 年，第 60—61 页。

主首道士四十年（约 1199—1238），主要在宋宁宗朝（1195—1224）到理宗朝（1225—1264）前期。在其担任最高的住持一职时，A10 王大年任知宫事、B7 胡道枢任同（副）知宫事。如洪咨夔作于宋理宗宝庆元年（1225）三月的《檀越施田记》碑尾题"知宫事王大年、冲妙大师住持都监龚大明立石"。① 曹叔远作于宋理宗绍定二年（1229）的《洪钟记》碑尾题"同知宫事胡道枢、知宫事王大年、特赐冲妙大师住持都监兼主管昊天殿焚修龚大明立石"。② 知宫和副知宫分别是 A10 王大年和 B7 胡道枢，二人的师承关系不详，无法将二人归入四个已知法系中的任何一个。根据轮替担任主持的大规则，这两人与龚大明很可能没有师承关系，龚大明的传家弟子是 B8 孙处道。

B8 孙处道（1203—1264），《洞霄图志》载：

> 孙处道，字符素，余杭人。颖异肥皙，总角有出尘志，尝梦幢节，迎导入大宫阙，主者劳问殷勤，若有嘱付。未几，随父入天柱山，指楼阁曰："此正畴昔梦见者。"师冲妙先生（龚大明）叹曰："天意昌吾大涤，使尔来耶？"长通《老》《列》《庄》书，精琴棋，嗜丹青。序升主席，赐号"灵济通真大师"，历二十七年。③

吴泳作于宋理宗淳祐三年（1243）的《演教堂记》题尾称："灵济大师、同知宫事孙处道，灵一大师、知宫事贝大钦，冲素

---

① 〔元〕邓牧：《洞霄图志》卷 6《檀越施田记》，《丛书集成初编》第 3167—3168 册，北京：中华书局，1985 年，第 79 页。

② 〔元〕邓牧：《洞霄图志》卷 6《洪钟记》，《丛书集成初编》第 3167—3168 册，北京：中华书局，1985 年，第 77—78 页。

③ 〔元〕邓牧：《洞霄图志》卷 5《孙灵济先生》，《丛书集成初编》第 3167—3168 册，北京：中华书局，1985 年，第 61 页。

大师、住持都监、兼通明殿焚修王大年立石。"① 综合几段史料,可知孙处道是余杭本地人,在总角(8—14)时初入洞霄宫,师从龚大明,并被赞为"天意昌吾大涤,使尔来耶",意在表现龚大明很早就欲将法派传与孙处道。传记中认为是洞霄宫与孙处道梦中的大宫阙相合,才使其入道,实际上他随父入洞霄宫可能还是宗族或地域因素在发挥作用。首先,孙处道"从序升主席"到去世,前后经历二十七年。他的卒年是 1264 年,也就是说孙处道担任主席中最低职位的同知宫事在 1238 年,正是其师龚大明去世的同年,孙处道应是接续龚大明去世留下的主席空缺。其次,孙处道在任期间,其他主首道士分别是王大年与贝大钦,孙与他们二人也没有任何师承关系。再次,他担任同知宫事二十七年最后卒于任上,并非其能力与资力不足,而是在此前担任住持的王大年、贝大钦皆过于高寿。最后,孙处道与贝大钦都卒于1264 年,孙处道寿终于 62 岁,而贝大钦却终于 86 岁。可见是否足够长寿成为能否成功问鼎主持之位的重要因素。

孙处道的主要传人是同为龚大明家族的 A13 龚文焕。龚文焕没有完整的人物传记,其记载零星地见于其传人周允和、沈多福等人的相关记述中。

B10 周允和(1220—1285),《洞霄图志》载:

> 周允和,字谦甫,号清溪,杭仁和人。初生有雷,殷殷发地下,邻里惊异。十八岁,入大涤,师冲妙先生(龚大

---

① 〔元〕邓牧:《洞霄图志》卷 6《演教堂记》,《丛书集成初编》第 3167—3168 册,北京:中华书局,1985 年,第 80—81 页。

明）。①

这段文字称周允和18岁时"师冲妙先生（龚大明）"，这一结论显然不准确。龚大明卒于宋理宗嘉熙二年（1238），而周允和18岁则是嘉熙元年（1237），也就是龚大名去世前不久。显然，周允和不可能在这时成为龚大明的直接弟子，准确的提法应为师从龚大明第三代弟子"演教大师"龚文焕。余安裕作于宋理宗咸淳九年（1273）的《冲天观记》称：

> 洞霄知宫灵济通真大师孙处道，兴起宫事，既勤既备，乃卜基于安吉之青坡（洞霄宫八块田庄所在地之一），初作上清道院。都监演教大师龚文焕，式克肯堂，拓旧而新，殿庑整比，丹碧发荣，复以冲天观敕额请于朝，既又获省符，视御前宫观，悉免科役。俾其徒周允和主之，遂为苕霅间一大奇观。②

这段文字明确了从孙处道到龚文焕、周允和、张公汉四代的师承关系。《洞霄图志》卷1《冲天观》称：

> 冲天观，在九锁山门外东天柱山新址。先是，宋咸淳间（1265—1274），住山龚文焕建于德清（湖州德清县）之青坡。至元壬午（1282）知宫事周允和更建此处。今住山沈多福疏凿泉石，栽植松梅，颇有徜徉登眺之趣，有记。钱塘

---

① 〔元〕邓牧：《洞霄图志》卷5《周崇道先生》，《丛书集成初编》第3167—3168册，北京：中华书局，1985年，第50页。

② 〔元〕邓牧：《洞霄图志》卷6《冲天观记》，《丛书集成初编》第3167—3168册，北京：中华书局，1985年，第85—86页。

叶玄文隐于是二十年，大德丙午（1306）正月成道仙去。①

由沈多福作于元世祖至元二十六年（1289）的《重建冲天观记》亦载：

> 冲天观者，旧创于吴兴之别墅，水国风高，白蘋秋老，与鹭朋鸥侣，相期于浩渺间。先祖师蓬山孙公（孙处道）、菊岩龚公（龚文焕）、清溪周公（周允和）之志也……至元二十六年己丑（1289）二月望日住山沈多福记，道士孟宗宝书，钱塘叶林题盖。②

邓牧作于元成宗大德四年（1300）的《冲天观记》又载：

> 至元壬午（1282），前知洞霄宫事周公曰：清溪翁得兹地，爱甚。与其徒张公汉，传命工凿三面山趾二百余丈，辟为夷壤，栋宇之。先是，宋咸淳间，翁祖灵济孙先生（孙处道）、泊翁师演教龚先生（龚文焕）请冲天观，赐额隶钱塘者。建观霅溪上，寻以难毁。至是徙而扁焉，四五年间，事未竟，二公相先后遗世。今主席洞霄沈公介石，为翁法孙，竭力营缮……牧时过沈公法孙孟集虚，与闻于此，遂为识之。大德四年庚子（1300）上元日石室隐居钱塘邓牧记。③

这两段文字不仅再次明确了孙处道、龚文焕、周允和三代之

　　① 〔元〕邓牧：《洞霄图志》卷1《冲天观》，《丛书集成初编》第3167—3168册，北京：中华书局，1985年，第8页。
　　② 〔元〕邓牧：《洞霄图志》卷6《重建冲天观记》，《丛书集成初编》第3167—3168册，北京：中华书局，1985年，第96—97页。
　　③ 〔元〕邓牧：《洞霄图志》卷6《冲天观记》，《丛书集成初编》第3167—3168册，北京：中华书局，1985年，第97—98页。

间的师承关系，还提及这一法系的沈多福及沈多福再传弟子孟宗宝。第二段引文更称周允和为"清溪翁"、孙处道为"翁祖"、龚文焕为"翁师"，而沈多福则"为翁法孙"、孟宗宝为"沈公法孙"。叶林作于大德九年（1305）的《白鹿山房记》记载："时杭人牧心邓公，适留山中，孟公集虚与其徒孙史元甫，为附屋后偏，介两石，若楼船而方，将使遂栖隐志。"[①] 则史景仁（元甫）又是孟宗宝的"徒孙"。此"徒孙"并非今日第三代弟子之意，而应为泛指徒弟徒孙之意。

结合上述几段史料，我们可以得出龚大明法系如下：胡志行——A9 龚大明——B8 孙处道——A13 龚文焕——B10 周允和——张公汉——A20 沈多福——孟宗宝——史景仁、史景初。这一法系计有四位住持、两位知宫事，可谓洞霄宫诸法系中最盛者。元代邓牧的《洞霄图志》正是在这一法系的 A20 沈多福任住持间编撰完成的，因此在志中对这一法系的记载也最详细，溢美之词也最多。

乙、郎杨法系

郎杨法系是以郎氏与杨氏两个血亲集团为核心构成的洞霄宫支系。这一法系的主要人物郎如山与杨清一不仅在《洞霄图志》有记载，还见于元代文士张伯淳《养蒙文集》中的郎如山（1225—1297）墓志铭。《体玄崇教安道法师洞霄宫住持提点郎尊师墓志铭》称：

> 余在词林，与玄教宗师张真人过从甚稔，于南来黄冠师

---

① 〔元〕邓牧：《洞霄图志》卷6《白鹿山房记》，《丛书集成初编》第3167—3168册，北京：中华书局，1985年，第93页。

多所接识。有能言洞霄之事，由曩岁甲戌（1274）逮至元甲申（1284），经劫灰者再，其间兴废支倾，栽培扶植，顿还旧观，郎师之力居多。暨余得告还里，始识师笃厚乐易者也。以大德丁酉（1297）十一月五日蜕簪裳，其徒杨君清一，叙师生平所历，及际遇两朝光宠之盛，而请铭于余，辞不获，则为考其状。师讳如山，字鲁瞻，自号一山，世为余杭望族。高曾而下，隐德不耀，父必闻，尝阶迪功郎，里称善人。师其季子也，生而慕尚不凡，于方学有契，甫七龄（1231），父命礼山中杨、刘二先生为师，卓然群儿间，少长读书敏悟。①

首先，这段墓志指出在元大都的官员文士得以与"南来黄冠"接触是经由"玄教宗师张真人"，体现了以杭州洞霄宫为代表的江南，特别是南宋故都杭州附近地区道教与玄教的特殊关系。其次，文中明确了郎如山师从"杨、刘二先生"，其初入洞霄宫也是七岁，郎如山的师傅与弟子中皆有杨氏族人。最后，文中指出郎如山"世为余杭望族"，其父郎必闻更是在南宋时"尝阶迪功郎"（宋代文官最后一阶，从九品），可谓是有一定影响力的地方望族。《洞霄图志》中将郎如山与杨清合为一传，其文载：

> 郎如山，字鲁瞻，号一山，余杭人。精教典，师洞霄明一先生杨公、明一师凌公，中年月杳，躬侍饮食浣濯，无惮劳苦。宋景定间（1260—1264），召居延祥观，赐号总教大

① 〔元〕张伯淳：《养蒙文集》卷4，《景印文渊阁四库全书》第1194册，台北：商务印书馆，1986年，第465—466页。

师，欲畀道秩，辞愿荣亲。上从之，官其父必闻迪功郎。会灵济孙先生被朝命，益广常产，公赞襄为多。今至元丁丑（1277）春，开山西湖崇真观通真斋高士。逾年（1278），领洞霄主席，兼西太一宫。其掌浙西道道教（1283），得南塘赵文懿故居，建通仙宫，以便云水。先是，兵火后民多流亡，公设黄箓醮，普度八千余名（墓志作八十余名），多胐蚤之应。戊子（1288）三月，御史中丞崔公或寻访高道，以公入觐，暨乞归。奉旨蠲宫门租赋，元贞初元（1295），宣命授"体元崇教安道法师"，兼管本山诸宫观事。丙申（1296），赐宫锦金衣一袭。一日，谓徒众曰："吾主兹山十九年（1278—1297），名位逾分，维持吾教不得不然，而胸次了无一物。今老矣，不久斯世，汝等当勉励进学，勿羡吾荣。"丁酉（1297）十一月初五日，无疾而逝，寿七十有三。

其徒杨公清一，字符洁，号逸峰，临安人，早遇明师，精于符法，特达好施，与甃余杭后塘路，建石门通仙桥（1269）。宋咸淳七年（1271），召为东太一宫法师，九年（1273），升左街鉴义。今至元壬午（1282）春，住持宜兴通真观，后改升西太一宫，继郎公席，复任家山宫事。丙申（1296）秋，以郎公命，捧香诣阙。郎公之赐衣，公亦与焉。已而畀宣命，授"冲真洞元葆光法师"，归领杭州路道录。郎公既羽化，己亥（1299）八月，涓吉治葬，预陈祭告，哀恸而死，寿五十七。以死伤生，固儒者所弗许，然与其易也。宁戚。今世为人子者，生事死葬，苟弗畔礼，尚以为孝，吾道以义相父子，恩弗逮焉。乃能为人子所难能者，其师弟子间相与之至，为可传也。①

　　通仙桥，在余杭入官大路，去通真门四里。宋建炎年间建，旧号石门桥。今大德己亥（1297）八月，知官事杨清一重建。②

　　在杨、郎二人的传记中，首先明确了郎如山的杨、刘二先生中的杨先生应为"明一先生"A12 杨大中，但杨大中比郎如山长两辈左右，因此郎如山不可能直接师从于杨大中，而应是由刘先生具体教导。文中还点出杨大中的老师为"凌公"。第二，指出郎如山任主首道士十九年，即"吾主兹山十九年（1278—1297）"。第三，其得意弟子杨清一英年早逝，仅"寿五十七"，卒于知官事任上，再次体现了寿命对问鼎住持职位的重要性。

　　虽然郎如山的首席弟子杨清一年寿不长，也未见其有传承，但郎如山的另一弟子或再传弟子章居实（1254—1304）的传承却是清楚的。元代戴表元《剡源集》有《故道录章公墓志铭》，其文曰：

　　　　章居实法师，在钱塘西太乙。时余以授徒余闲，常相周旋，见其黄冠羽衣而耽章逢之，深贤之。别去数年，当大德乙巳（1305），其徒走状来江东，言居实以去年十月十日解化于西太乙宫矣。某月某日将窆洞霄山中，敢请铭。余知师，铭何辞。③

————————

① 〔元〕邓牧：《洞霄图志》卷5《杨郎二先生》，《丛书集成初编》第3167—3168 册，北京：中华书局，1985 年，第63 页。

② 〔元〕邓牧：《洞霄图志》卷2，《丛书集成初编》第3167—3168 册，北京：中华书局，1985 年，第21 页。

③ 〔元〕戴表元：《剡源集》卷16，《四部丛刊》第2057 册，北京：中华书局，1985 年，第245—246 页。

第一段文字指出戴表元与墓主章居实的关系，戴表元（1244—1310）是宋末元初文学家，被称为"东南文章大家"，元代著名学者袁桷（1266—1327）之师。其于南宋末中进士，不久宋亡，成为宋遗民之一，与洞霄宫多有往来。第二段文曰：

> 按状，师讳氏，字居实，章氏，台黄岩人。章之世多达者，至师曾祖某、祖某、父某，俱隐德不仕。幼敏悟，总角入乡校，有奇名。岁戊辰（1268，15岁），侍父来杭，居纷华之场，而读书一室，端凝如愚人。己巳（1269，16岁）春，竹宫翻经，往游观焉。仪止修雅，应对开爽，众目为属。时大涤诸老咸在，遂携以入山，一山郎公（1225—1297）专意育教。

这一段文字指出章居实为台州黄岩人，十五岁时随父入杭州，十六岁在"竹宫翻经"这一宗教活动中得到以郎如山为首的洞霄宫诸位高道的赏识，得以入洞霄宫为道士。其中的"竹宫翻经"表面意思是在宫观中进行经典的翻译、讲解活动，结合下文"仪止修雅，应对开爽"，我们认为这一活动有招徒考试的成分在其中。第三段文字：

> 十八岁为道士，（郎道一）命礼四世孙李某为师。至元戊寅（1278，25岁）擢西湖崇真观上座，兼书记。辛巳（1281），充玄学修撰，西太乙宫焚修。丙戌（1286），转台州路道录，以一山公委寄之重，不赴。庚寅（1290，37岁，同年郎任洞霄宫住持）进玄学提举，住持龙德通仙宫。元贞丙申（1296，43岁）提点佑圣观事，固辞之，为凝神斋高士、兼住持玄洞观。大德改元（1297，44岁）提点玄妙

观。戊戌（1298）充西太乙宫提点知宫，复辞。明年正月
（1299）泺被是命，辞不受，始就职。十一月授杭州路道
录。辛丑（1301）升提点知宫，力丐，仍本职。壬寅
（1302），拜玺书护持。

这段文字是章居实为道三十余年的经历，其先后任职于西湖
崇真观、西太乙宫、龙德通仙宫、佑圣观。这些宫观中，龙德通
仙宫是郎杨法系的中心宫观，史料中称为"家山"。西湖崇真观
是杭州的重要道观之一，而西太乙宫、佑圣观则皆是南宋十大御
前宫观之一，至元初，成为郎杨法系传承的重要据点。章居实在
这几座宫观都任提点一职。而在道官方面，章居实终任于杭州路
道录。第四段文字：

> 师内饬风裁，外接光尘，所居而理，所施而悦。初西太
> 乙之失其庐也，道侣栖栖然，侨居湖侧，逼隘单寒，有不堪
> 之色。一山公（郎如山）与其嗣逸峰杨公（杨清一），相继
> 极力补缀，渐见端绪，师承其后，必欲改为，以成先志，相
> 攸其宜。凡杭之中外远近，靡不涉历，乃得一区于杨氏之废
> 圃（1293），面势而原麓，称卜吉而䖟筮叶要成而书契备，
> 于是发搏节所余之绪，哀材役工，心计身督，忘寝食而为
> 之。未期年，库舍、斋堂、丈室即成，而师以劳勚致疾，然
> 犹不自悔，隆寒盛暑，蹒跚木丛几架间。曰：命之修短，天
> 也。西宫吾家世事，不可不竟。

这一段主要讲述郎如山、杨清一、章居实为夺回元初被占的
西太乙宫宫产而做的努力，其中称杨清一为郎如山之"嗣"，明
显带有法系继承人之意。文中提及的"杨氏之废圃"是南宋名

将杨沂中的园林，也就是与洞霄宫有密切关系的文士周密的母家。元初，杨氏将这一园林卖于洞霄宫的郎杨法系，改为玄同观。① 杨郎法系多任职于杭州诸道观，与文士、政治人物接触最多。其中最后一句"命之修短，天也。西宫吾家世事。不可不竟"，明确指出西宫（西太乙宫）是"吾家世事"。这一"家"当指郎杨法系，因此即使拼上性命也要将本法系的这一宫观建好。这一句带有极强的宗派感。第五段文字：

> 事一山公三十年，驱驰艰险无倦容。丁亥（1287）入觐，宣勤备至。一山公仙游，与逸峰之丧，营奉如礼。在通仙，建层阁，辟公帑，翼侠庑，宏外门。在玄同，则巨构，一切鼎新之。钱塘使客中都宫，往来如麻，师未尝衰，与之觌，初若不可干久，而弥敬。酬应稍空，骚儒韵士，弦奕觞咏，潇潇然，清事起矣。

这段文字赞美章居实跟随郎如山三十年所做出的贡献。"钱塘使客中都宫，往来如麻"体现了郎杨法系多任职于杭州诸道观，与文士、政治人物接触最多，是元代洞霄宫诸法系在官方最有影响力的一派。第六段文字：

> 师将化，命左右掖以坐，知旧问疾。有洒泣者，张目视之曰：死生如寒暑、昼夜，何戚为？复就枕，遂化。尝名修真之居曰"耕隐"，人称耕隐翁，号明素真冲妙法师。生于甲寅（1254）十一月二十三日，及是年五十一（1304）。为

---

① 夏承焘：《唐宋词人年谱》，上海：上海古籍出版社，1979年，第351页。

之嗣者，吴贵德、胡仁方、水丘浩然等也。①

这一段文字大大充实了郎杨法系，指出吴贵德、胡仁方、水丘浩然都是章居实的后学，而其中的水丘氏也是洞霄宫重要的家族。水丘氏世居临安，吴越王钱镠祖母、母亲两代皆出自这一家族，是吴越国最有影响力的家族，宋元时仍为地方豪族。这一家族中有数位入洞霄宫为道士，其中 C1 水丘师德早在南宋前期即为同知洞霄宫事。

宋绍兴后

C1 纯素大师水丘师德

C2 凝和大师章居中

C3 元素大师王思明

　　四山界松，宋淳熙三年（1176），同知官章居中凡官山岗阜与民境接者，悉树以松，亲董工役。②

可见水丘师德任副知宫事在淳熙三年（1176）之前，亦可推测郎杨法系的形成应早于这一年。章居实为台州黄岩人，在南宋末才随其父从台州迁入杭州，与南宋前期的章居中差约百年，两人同用"居"字，当为巧合，应当没有亲属关系，因此不能认为章居中是这一法系的道士，但这一法系也可以追溯到比章居中还早的水丘师德。另一位水丘氏道士为 B6 水丘居仁，大约在龚大明的前一代，即宋孝宗到宁宗之间人。章居实的弟子水丘浩

---

①　〔元〕戴表元：《剡源集》卷 16，《四部丛刊》第 2057 册，北京：中华书局，1985 年，第 245—246 页。

②　〔元〕邓牧：《洞霄图志》卷 4《四界山松》，《丛书集成初编》第 3167—3168 册，北京：中华书局，1985 年，第 34 页。

然已是史籍中第三位出身水丘家的洞霄宫道士。水丘浩然在《洞霄图志》书末的《洞霄图志题名》中名列十位知宫事道士的第五位，可见其在章居实死后，他已经进入洞霄宫核心领导层。因此我们认为，水丘氏的三位道士应属于郎杨法系。

综上所述，这一法系的传承可追溯到南宋初年，其师承如下：C1 水丘师德……B6 水丘居仁……凌公——A12 杨大中——A14 郎道一——刘先生——A18 郎如山——B11 杨清一——章居实——吴贵德、胡仁方、水丘浩然。这一法系有三位住持和两位知宫，一位同知宫事。其中章居实并非杨清一弟子，而是郎如山另一弟子李某之弟子。

丙、贝氏法系

《洞霄图志》载："道士桥，与通仙桥相去半里。昔本宫祖师建，忘其姓氏，咸呼为道士桥。宋景定甲子（1264），住山贝大钦与其徒徐应庚重修，刻石为记。"[①] 这一段记载的就是洞霄宫的第三个重要法系贝氏法系。宇文十朋作于宋度宗咸淳十年（1274）的《洞晨观记》载：

> 洞霄宫都监贝灵一，得而爱之，开建观宇。凡殿阁、堂庑庖湢诸舍，色色具备，风瓢雨笠，来游来居，咸得其所。岁癸亥（1263）请于礼部，锡今额命。其徒贝守一，开山主领。自甲而乙，徐应庚继之，端明洪公焘尹京，复为表奏，视本宫古例悉免科役，迨今三传矣……元素大师知观事

---

① 〔元〕邓牧：《洞霄图志》卷2，《丛书集成初编》第3167—3168册，北京：中华书局，1985年，第21页。

陈敬雷靖逸大师，管辖住持观事贝如圭立石。①

碑文所记洞晨观是这一法系在南宋末年创立的，属于本法系管理的洞霄宫重要附属道观。当时正值贝大钦（号灵一，1179—1264）任洞霄宫住持的最后几年，这一法系在这一时段获得了长足的发展。贝大钦任命出身同族的法孙贝守一"开山主领"，并且实行甲乙传承之制。贝守一之后由"徐应庚继之"，至创作碑文的咸淳十年（1274），已经三传，当时由贝氏族人贝如圭任住持，陈敬雷任知观事。可见贝氏一族在这一法系中拥有独一无二的地位。《洞霄图志》载贝大钦与其徒徐应庚的合传：

> 贝大钦，号懒云，余杭人。入道洞霄，住山三十年，延纳云水，日亲视厨馔无阙。典得陈季卿故址，建洞晨观。修黄箓，普度余万名。自邑至宫十八里，道路崎岖，行者以为病，君捐资买石，甃为夷途。理宗赐号"灵一大师"。逮庞眉皓首，徜徉泉石间，如神仙中人，寿八十六而终。其徒徐应庚，亦余杭人。好学，日抄夜诵，卒成才。同衣称"徐白眉"。赞贝君甃路，亲董工役，不避寒暑，增土筑塘，架石为梁，夹路树林木，阅五年成，亦解化。寿五十余。自景定至今四十余年，行者如在图画，其师弟子之功不可没也。②

可见贝大钦任住山长达三十年（约1235—1264），终年86

---

① 〔元〕邓牧：《洞霄图志》卷6《洞晨观记》，《丛书集成初编》第3167—3168册，北京：中华书局，1985年，第86—87页。

② 〔元〕邓牧：《洞霄图志》卷5《贝徐二先生》，《丛书集成初编》第3167—3168册，北京：中华书局，1985年，第61—62页。

岁。他的长寿导致龚大明法系的孙处道未能问鼎住持之位。贝大钦、徐应庚对洞霄宫的主要功绩是修建余杭县城到洞霄宫的十八里石路，使洞霄宫至余杭县、杭州城的交通大为改善。其嫡传徐应庚早逝后，贝守一（1119—1280）成为这一法系的领袖人物。《东阳楼记》称："灵一（贝大钦）之孙守一嘱如圭来言曰：'灵一年八十六而卒，愿得向者名楼之义，以发其幽光。'"① 可见贝守一是贝大钦之孙，贝如圭更是贝守一的后辈，贝氏三代皆为洞霄宫中道士。贝守一传记称：

> 贝守一，号月溪，余杭人，通经史。灵一先生创洞晨观（1263），命开山领袖，斋道员千人，云会之盛，为苕邑观。未几，丐闲筑居，避喧丈室后。久之，迁九锁外山庵，吟咏自适，有《月溪稿》镂板行世，畜海上奇方，施药十余年不倦。自洞晨退席，散衣钵，遗诸徒及亲识，唯存布衲二，念余年不改操。今至元戊寅（1278），序升主席（同都监），授凝真抱素大师。师札褒之曰："素怀淡泊，尚有典刑，推此可见。"自是终不事事，庚辰（1280）九月，无疾泊然而化，寿八十二。②

贝守一在元初（1278—1280）曾短暂任洞霄宫同住持都监之职，成为这一法系获得洞霄宫最高职位的第二位道士。在《洞霄图志》书末的《洞霄图志题名》中，有两位贝氏法系的道士：贝国宝和贝国瑞。其中贝国宝题为"观复辅教宗玄法师、

---

① 〔元〕邓牧：《洞霄图志》卷6《东阳楼记》，《丛书集成初编》第3167—3168册，北京：中华书局，1985年，第82页。

② 〔元〕邓牧：《洞霄图志》卷5《贝凝真先生》，《丛书集成初编》第3167—3168册，北京：中华书局，1985年，第62页。

杭州路天柱山大涤洞天洞霄宫副知事",是沈多福时期两位副知宫事之一;贝国瑞仅次于贝国宝,任"都监宫事",[①] 他们是当时洞霄宫第五号与第六号人物。可见这一法系在元代仍有很强的影响力。

结合以上几段史料,可以得出这一法系的传承如下:A11 贝大钦——徐应庚(早卒)——A15 贝守一——贝如圭——陈敬雷——贝国宝、贝国瑞。这一法系有两位住持,有五位贝姓道士,可见这一法系带有极强的宗族色彩。这一法系可考的师承最早出现于南宋,不排除其为四个法系中成形较晚的一个。

丁、吴处仁、舒元一法系

洞霄宫最后一个重要法系以元代 A17 吴处仁、A19 舒元一为核心,其派系从现存史料分析,形成时间最晚。知制诰张伯淳作于元成宗大德四年(1300)的《元清宫记》载:

> 元清宫者,提点住持洞霄宫事舒尊师所建也,曰"山素斋"。接待者何?洞霄列斋十有八,山素其一,而元清隶焉。方外士于此而憩也。去余杭而卜筑于临安之锦南乡者何?师生育之地也。宫何以曰"元清"?师名元一,其徒金公名常清嗣守其业,合而名之也……师踵门谓余曰:"吾崎岖历落人也,自幼无怙无恃,荧然出俗,遂入道洞霄,徐公应时吾祖也,一见即以嗣法相期,时生计最薄若,谓吾足以振起香火缘者。"[②]

---

① 〔元〕邓牧:《洞霄图志》尾题《洞霄图志题名》,《丛书集成初编》第3167—3168 册,北京:中华书局,1985 年,第 101 页。

② 〔元〕邓牧:《洞霄图志》卷 6《元清宫记》,《丛书集成初编》第 3167—3168 册,北京:中华书局,1985 年,第 94 页。

首先，碑文中提及元清宫由舒元一建创，是洞霄宫十八斋中"山素斋"所属的接待宫观。其次，"元清宫"的得名，是取洞霄宫住持舒元一的"元"字与其法嗣金常清的"清"字。最后，文中提及舒元一师承于徐应时，徐氏对舒元一以法嗣相待，才有了后来舒元一的地位，文中"嗣法相期""振起香火"都带有强烈的宗派特点。金常清最初的接班人是金正韶（1244—1290），《洞霄图志》载：

> 金正韶，字九成，号约山，余杭人。早岁师桂林舒公，敏慧淳谨，与石室同居，读书十余年。宋度宗召为龙翔宫书记。今至元丙子（1276）后，再以高士居宫之颐正斋。会元教大宗师捧诏入杭，授"洞观冲素大师"，名山讲师。所居文籍山积，展玩耽读，至忘寝食，虽病手不释卷，尤深性理之学。庚寅（1290）秋解化，留书法眷云："生死事急，不用候，归了。"无迟恋意。年四十七，学徒舒逢原，集其著述，传山中。①

《元清宫记》载：

> 今天师真人拜祖庭，道由宫间，顾瞻轮奂，喜溢眉宇，大书今额，以镇此山。命吾开山住持，常清则提举知宫事，甲乙流传，其永无斁。初常清与吾师孙金正韶，于是荐货输力为多，清自号玉鉴，韶号约山，韶物化久，吾将于清之次俾周鼎传、董贵宁，又嗣守焉，别为元清派，与洞霄派相伯仲而亚之。宫之金谷出纳，须洞霄提其纲……冲靖凝和通妙

---

① 〔元〕邓牧：《洞霄图志》卷5《吕金二先生》，《丛书集成初编》第3167—3168册，北京：中华书局，1985年，第64页。

法师副宫事元和辅教真卿周鼎传，清真崇教凝和法师提举知宫事金常清，清修明素冲道法师、天柱山洞霄宫住持提点兼管本山诸宫观事、元清宫开山提点住持、通明养素真卿舒元一立石。①

结合两段史料，可知金正韶在宋末任十大御前宫之一的龙翔宫书记，入元后任高士，并得到来到江南的玄教大宗师赏识，得授师号。舒元一创立元清宫，原打算命金常清为住持，金正韶继嗣其位，结果金正韶年仅47岁便早逝，原有的传承方案被打破，舒元一只得安排周鼎传、董贵宁继承其位。

金常清在大德九年（1305）去世前曾任洞霄宫都监及同知宫事，邓牧《昊天阁记》最后题："副宫事高公会辰、都监宫事金公常清，咸与有力，大德六年壬寅（1302）十二月望日，钱塘邓牧记。"② 可见其在洞霄宫住持序列中位于高会辰之后、胡宗老之前。

综上所述，这一法派的传承如下：A17 吴处仁——徐应时——A19 舒元一——C6 金常清——金正韶——舒逢原——周鼎传——董贵宁。这一法系产生了两位住持和一位副知宫事，是洞霄宫四个主要法系中形成最晚的一个。

纵观整个南宋，洞霄宫以3人为宫观主首，包括住持、知宫事、副（同）知宫事各一人。从A1 金致一到A4 陈希声，前四代任期稳定。宋孝宗淳熙三年（1176）担任住持的A4 陈希声和知宫

---

① 〔元〕邓牧：《洞霄图志》卷6《元清宫记》，《丛书集成初编》第3167—3168册，北京：中华书局，1985年，第94—96页。
② 〔元〕邓牧：《洞霄图志》卷6《昊天阁记》，《丛书集成初编》第3167—3168册，北京：中华书局，1985年，第91—92页。

事 B2 喻天时于同年去世，副（同）知宫事 C2 章居中也终任于这一年（很可能也是去世），洞霄宫的三个主首职务一时全部空缺，出现青黄不接的局面，又不可能让年轻没有经验与资历的道士直接担任宫观住持，因此出现前住持 A2、A5 叶彦球再充住持的罕见情况。这一特例乃是特殊情况下的不得已之举，不能将之视为对洞霄宫甲乙住持制度的破坏，此后再未出现这种反复任职的情况。

元代初年，3 人任主首的制度改变。元世祖至元十五年（戊寅，1278）十一月，A14 郎道一担任住持都监，同时，任命 A15 贝守一担任新创立的同住持都监，B10 周允和、A17 吴处仁担任知宫事，A18 郎如山、A19 舒元一担任副（同）知宫事。一年后的至元十六年（己卯，1279）十月，又任命 A16 曹至坚任知宫事。因此在 A14 郎道一担任洞霄宫住持的 1278—1285 年间，洞霄宫同时出现一位住持、一位同住持、三位知宫事、两位副（同）知宫事，共 7 人担任洞霄宫主首。出现这一巨大变化的原因，一是宋末元初改朝换代的历史变局，二是洞霄宫在咸淳十年（甲戌，1174）毁于大火，面临宫观重建的巨大压力。此后从 A16 曹至坚至 A20 沈多福的五任住持任内，洞霄宫主首人数降为固定的 4 人，即一住持、一知宫事、二副（同）知宫事，较南宋的制度多一名副（同）知宫事。

总之，从南宋后半期开始，杭州洞霄宫的甲乙住持在（甲）龚大明法系、（乙）郎杨法系、（丙）贝大钦法系、（丁）吴处仁法系这四组传承相对明确的法系间循序传承，这种传承应当有成文或不成文的约定。从南宋至元代，这一制度运行稳定，即使在宋末元初最混乱的时期仍能有序实行，是洞霄宫在元代地位稳固的基础。

四 洞霄宫特殊的甲乙住持制度形成之原因

（一） 三院十八斋制与洞霄宫甲乙住持制之关系

洞霄宫住持一职在龚大明法系（甲）、郎杨法系（乙）、贝大钦法系（丙）、吴处仁法系（丁）之间轮转，其实这四个法系正代表洞霄宫的四个斋。唐末以后，在洞霄宫道教发展过程中形成了三院十八斋体制。正如黄敏枝指出的，各斋"分房列户，分餐而食"，较具规模的佛教寺院分院、分房的例子在宋代不胜枚举。① 各斋拥有自己的财政收支，以本斋为中心扩张自身之势力。至南宋，最终形成最强的四个斋。唐末间丘方远教团的开支散叶，导致各支派相互制衡。《洞霄图志》载：

> 道院，在西庑后，古有三院。曰上清，曰精思，曰南陵。今分为十有八斋，中瞰一池，诸斋环向，池水盈涸，往往亦关休咎。左庑七斋，曰山隐，曰山素，曰岫隐，曰嵩隐，曰怡云，曰粟隐，则上清院；曰回紫，则南陵院。右庑四斋，曰清隐，曰谷隐，曰盘隐，则上清院；曰清虚，则南陵院；正面七斋，曰壶隐，曰橘隐，曰悠然，曰闲隐，曰学隐，则上清院；曰怡然，曰碧壶，则精思院。②

上文记述了洞霄宫在宋代形成的三院十八斋，其中间丘方远的上清院派拥有十四个斋，是洞霄宫的掌权派。精思、南陵二院

---

① 黄敏枝：《宋代佛教社会经济史论集》，台北：学生书局，1989年，第312—313页。

② 〔元〕邓牧：《洞霄图志》卷1《道院》，《丛书集成初编》第3167—3168册，北京：中华书局，1985年，第7页。

的道士在宋代以降的文献中极为少见。作于唐末的《天柱观记》载："大殿之内，望天尊真人、龙虎二君，侍卫无阙。其次别创上清、精思院，为朝真念道之方。"① 这是天柱观时期分上清、精思两院的明确记载。写于北宋末年的《大涤真境录》亦载："精思院，盖冲素先生郑元章所居。先生常斋居危坐，纤介不入。"② 可见至晚到唐末五代，闾丘方远创立的上清院和朱法满创立的精思院确实存在，但传说中由东晋许迈创立的南陵院派却不见于记载，其成立当在宋代，为宋人攀附许迈而成。这十八斋的建筑都在洞霄宫主殿西侧，呈"匚"字形排列为左、中、右三列，中间有泉水：

> 丹泉，一名天柱泉，是泉发源最高，历天柱山半。初但闻有声，殷殷若雷。至大涤洞西百余步，始出地上，既清且甘，大旱不竭，有方池潴焉。天宇清明则有赤光，四旁苔藓，时作紫晕，东坡居士诗云："一庵闲寄洞霄宫，井有丹砂水常赤"，故扁"丹泉"池上。亭曰"清音"，取左太冲（左思）"山水有清音"之句。除引供厨堂及十八斋之外，一境田畴，咸仰灌溉云。

可见十八斋作为洞霄宫道士生活、居住的主要场所，环绕泉水而建，容易得到补给。洞霄宫诸斋设有供生员学习的场所——通明馆。这是洞霄宫历代住持的办公地和居所，"在昊天殿左，主殿焚修之人居焉"，更是宋高宗临幸（1166）时的"寝食"之

① 〔元〕邓牧：《洞霄图志》卷6《天柱观记》，《丛书集成初编》第3167—3168册，北京：中华书局，1985年，第73页。
② 〔南宋〕陈葆光：《三洞群仙录》卷10，《道藏》第32册，文物出版社、上海书店、天津古籍出版社，1988年，第303页。

地，"几榻咸在"。这是洞霄宫诸建筑中与皇室关系最密切者，因此由住持亲自担任"焚修"之责。其前厅"曾为书院，延师训诸斋生员"，在宋度宗咸淳十年（1274）的大火中焚毁。可见，洞霄宫对年轻道士的教育也是以"诸斋生员"的名义展开的，表明斋在洞霄宫的特殊地位。

洞霄宫经历了宋度宗咸淳十年（1274）和十年后的元世祖至元二十一年（1284）两次大火。两次重建也是以斋为基本单位，每斋分摊重建任务。《洞霄图志》载：

> 自岁甲戌（1274）迄于甲申（1284），十一年间，再厄天变，邃馆层楼，化为飞埃，土木之兴难矣。故自大殿东、西庑，斋、库两堂外，力不暇给，若三门、若诸祠宇，悉山中耆老分任营构而相成。昊天阁者，今住山清修明素冲道法师舒公元一，清修养素冲妙法师沈公多福也。①

引文中的"山中耆老"，其实就是洞霄宫各斋的首领道士，"若三门、若诸祠宇"这些规模较小的建筑，各斋"分任营构而相成"。但如昊天阁，前身为宋高宗来访时的居所昊天殿，规模较大，要由时任洞霄宫住持的舒元一及沈多福合力兴建。这绝不是说这两位道士自己出资，而是由其所代表的两个斋出资、出力。现在能够确定各斋与各法系关系的如下：

1. 山隐斋——龚大明法系

《洞霄诗集》载有《山居》一诗，作者题为"山隐道士龚大明"，诗文为：

---

① 〔元〕邓牧：《洞霄图志》卷6《昊天阁记》，《丛书集成初编》第3167—3168 册，北京：中华书局，1985 年，第91—92 页。

山居好，山居好。鹤唳猿啼饯昏晓。碧窗柏子炷炉香，跌坐蒲团诵黄老。

山居好，山居好。门对青山水环绕。一榻烟霞梦寐清，我以不贪为至宝。

山居好，山居好。竹杖芒鞋恣幽讨。坐分苔石树阴凉，闲数落花听啼鸟。

山居好，山居好，劚月锄云种瑶草。泠泠碧涧响寒泉，蔌蔌落花风自扫。①

全诗以山居为题，突出一个"山"字，与龚大明法系的山隐斋相符。宋宗室赵汝旗（宋太宗八世孙）有《宿山隐斋》诗：

平生悦山隐，一室容我借。
弄泉掬明月，坐石延清话。
既调松下琴，复作松风泻。
仙人捣药禽，独叫青山夜。②

可见洞霄宫各斋可以将房屋借给游览之贵客居住。余杭人闻氏族人闻九成有《洞霄山隐斋》诗：

余杭之山天柱峰，下有石洞蟠苍龙。
斋居无尘山四合，仙人宴坐空翠中。
夜扪北斗罡气接，晨吸东日精光通。
醉凌高风驾白鹤，笑视黄庭驱玉童。
人闲自有赤松子，方外或友洪崖公。

①〔元〕孟宗宝：《洞霄诗集》卷7《山居》，《丛书集成初编》第1757册，北京：中华书局，1985年，第47页。
②〔清〕厉鹗：《宋诗纪事》卷85，上海：上海古籍出版社，1983年，第2060页。

丹泉吹阴晓雾碧，野果变色秋山红。

献酬且尽琉璃钟，笑谈便是蓬莱宫。

肯如金粟衰病翁，散花丈室谈虚空。①

可见山隐斋在诗文中频繁出现。作为洞霄宫最大法系的一斋，其参与了洞霄宫的重建工作。《洞霄图志》载："三门，宋绍兴三十二年（1162）内帑赐钱造，至元戊寅（1278）山隐斋建，癸巳年（1293）本斋重建，仍造天香亭于后，故所无也。"②还有上文提及的昊天阁，都是由这一斋重建。

2. 山素斋——舒元一法系

《元清宫记》载："元清宫者，提点住持洞霄宫事舒尊师所建也。曰山素斋，接待者何？洞霄列斋十有八，山素其一，而元清隶焉，方外士于此而憩也。"③ 证明舒元一所在法系为山素斋。"昊天阁在东庑，后宋绍兴二十五年（1155）内帑赐钱造殿。大德辛丑（1301）重建为阁。四山环抱，最为登览胜处。山素斋、壶隐斋助缘，隐士邓牧心撰上梁文。"④ 山素斋参与了洞霄宫最重要建筑昊天阁的重建工作。元代著名画家高克恭有游洞霄宫诗两首，其一题为《丁酉（1297）秋季偕廉理问端甫王井西来游》，其二题为《又题山素斋》，诗曰：

白头方外人，结庐方外住。

---

① 〔清〕厉鹗：《宋诗纪事》卷71，上海：上海古籍出版社，1983年，第1760页。

② 〔元〕邓牧：《洞霄图志》卷1《三门》，《丛书集成初编》第3167—3168册，北京：中华书局，1985年，第4页。

③ 〔元〕邓牧：《洞霄图志》卷6《元清宫记》，《丛书集成初编》第3167—3168册，北京：中华书局，1985年，第94页。

④ 〔元〕邓牧：抄本《洞霄图志》卷1《昊天阁》，台北：成文出版社，1983年，第35页。

开门见南山，青青无数树。

诗文中的"白头方外人"可能就是山素斋斋主舒元一，当时舒元一正任洞霄宫住持。

3. 壶隐斋

"昊天阁在东庑后。宋绍兴二十五年（1155）内帑赐钱造殿。大德辛丑（1301）重建为阁。四山环抱，最为登览胜处。山素斋、壶隐斋助缘，隐士邓牧心撰上梁文。"①

祠山张帝祠，旧在宫门外西阜。开禧间（1205—1207）内庭赐神像及左右侍从。景定间（1260—1264）移建三门右。至元庚辰（1280）壶隐斋建，辛卯（1291）本斋重建。②

4. 回紫斋

璇玑殿，在库院东。建炎间（1127—1130）建，至元辛巳（1281）回紫斋（南陵院派）建。③

5. 怡云斋

佑圣殿，旧在正殿左。建炎间（1127—1130年）建，至元辛巳（1281）怡云斋建于三门东偏。④山隐道士龚大明有《赠道友怡云潘先生》诗云：

①〔元〕邓牧：抄本《洞霄图志》卷1《昊天阁》，台北：成文出版社，1983年，第35页。

②〔元〕邓牧：《洞霄图志》卷1《祠山张帝祠》，《丛书集成初编》第3167—3168册，北京：中华书局，1985年，第5页。

③〔元〕邓牧：《洞霄图志》卷1《璇玑殿》，《丛书集成初编》第3167—3168册，北京：中华书局，1985年，第5页。

④〔元〕邓牧：《洞霄图志》卷1《佑圣殿》，《丛书集成初编》第3167—3168册，北京：中华书局，1985年，第5页。

九转工夫真妙绝，丹炉进火徐徐热。

离龙坎虎自归降，姹女婴儿共欢悦。

天机密运造元微，精采神光迥然别。

枝头结果有时红，骖鸾跨鹤神仙列。

6. 清虚斋（南陵院派）

龙王仙官祠，在西庑后。宋建炎间（1127—1130）建，赐额嘉应庙。至元壬午（1282）清虚斋建。[1]

（二）轮替的甲乙住持制度产生的原因

随着晚清民国以来资料渐多，围绕着寺观产业与管理权纠纷，十方制与甲乙制的冲突更多被学者关注。丁希宇《教派与权争：静安寺住持传继纠纷（1922—1923）》一文研究了民国上海静安寺的住持纷争，在纷争中上海地区形成剃度派（甲乙派）与十方派两个阵营，双方在背后各势力支持之下展开了复杂与激烈的对抗。[2] 因为史料原因，对宋元时代住持纷争种种细节的呈现无法像丁著对晚清民国住持纷争描写的那样精彩、详细，但推想其亦不会简单。

洞霄宫这种轮替执政的甲乙住持制度在中国道教史上比最普遍的、简单的师徒间传承的甲乙制更具复杂性。洞霄宫之所以在南宋能够形成几个主要派系轮替执政的制度，有以下两方面的原因。一方面，唐末以来形成的三院十八斋体制，到南宋形成几个势力均衡的主要派系。这几个派系对洞霄宫住持一职的垄断，实

---

① 〔元〕邓牧：《洞霄图志》卷1《龙王仙官祠》，《丛书集成初编》第3167—3168册，北京：中华书局，1985年，第5页。

② 丁希宇：《教派与权争：静安寺住持传继纠纷（1922—1923）》，《世界宗教研究》2012年第4期。

际上凌驾于其他各斋之上，故此制又是洞霄宫内部不平衡的产物。另一方面，洞霄宫内部各派系担心宋王朝的行政干预，担心朝廷以十方制改变并控制洞霄宫住持的传承。这在北宋已经发生过两次，一旦洞霄宫派系间因住持选任产生纠纷，便会为朝廷采用十方制代替甲乙制带来法理上的依据。一旦采用十方制，闾丘方远法系将失去对洞霄宫的控制权。因此洞霄宫的主要派系在共同利益的驱使下，形成了这种带有分权性质的、轮替的甲乙住持制度，使得每次的权力更迭都有法可依，不致产生纠纷。

五　附属宫观与洞霄宫甲乙住持制度

洞霄宫在宋末元初呈现出迅速扩张的态势，建立了众多附属宫观和其他附属建筑。这些附属宫观在《洞霄图志》中被称为"所管本山接待诸宫观"①。众多附属宫观在这一时期的集中出现，其实质是洞霄宫主要法系扩张势力的结果。《洞晨观记》议论洞霄宫的附属宫观称：

> 谨按东南名山，若句曲、武夷、桐柏之魁岸奇秀，皆诸宫观罗列形胜，各有所分，无得专美。而洞霄发源天目，蕴为洞天福地，大涤、天柱诸山所融结环抱者，止于一区，故其源深流长，本大枝茂。若宫、若观、若道院支分派别，远近咸有，羽流之盛，足拟一中郡。国家优异恩数，非他处敢望，主席必循序迁，不得侥幸，有得至焉，亦皆老成重厚，

---

① 〔元〕邓牧：抄本《洞霄图志》卷1《所管本山接待诸宫观》，《中国方志丛书》华中地方第559号，台北：成文出版社，1983年，第54页。

深阅世故者，是以玄风日振，代不乏人。①

这段议论点出洞霄宫与其他道教名山在宫观布局与组织上迥然不同的现象，其他道教名山往往拥有数座重要的宫观中心，各宫观间"各有所分，无得专美"。② 而洞霄宫则恰恰相反，"大涤、天柱诸山"只有一座中心宫观，其他宫观皆是洞霄宫的附属宫观。引文提及洞霄宫当时分支派别的概况，并将附属宫观的兴盛与"主席必循序迁"相联系，实为洞若观火。

总之，附属宫观的建立实为洞霄宫内部各法系竞争主席之位的延续。这种扩张既满足了各法系发展壮大的要求，也扩大了洞霄宫的影响力，符合洞霄宫的整体利益，因此形成了双赢的局面。但附属宫观的大肆扩张只在洞霄宫十八个斋中的四五个中存在，使这四五个斋与其他十余斋的贫富与实力差距越来越大，而这四五个斋日益关心本斋的利益，对洞霄宫的整体利益日渐忽视。这种特殊的住持制度将深刻影响宋元明清的洞霄宫历史。这一制度增加了洞霄宫的内部稳定性，具有相对的公平性，在宋元时起到减少内部纷争的作用。但同时也造成四支派（斋）的异常强大，他们凌驾于其他斋之上，田产、附属宫观的创建均由本斋管理支配，而非直接隶属洞霄宫，这造成离心倾向，最终导致洞霄宫在明清的快速衰落。

---

① 〔元〕邓牧：《洞霄图志》卷 6《洞晨观记》，《丛书集成初编》第 3167—3168 册，北京：中华书局，1985 年，第 86—87 页。

② 引文中提及的"句曲、武夷、桐柏"诸山中，茅山在宋元时期有元符万宁宫、崇禧万寿宫、玉晨观、崇寿观、下泊宫、华阳宫、乾元观、燕洞宫、华阳观、天圣观、栖真观、五云观、白云崇福观等互不统属的众多宫观。〔〔元〕刘大彬《茅山志》卷 17《楼观部篇》，《道藏》第 5 册，文物出版社、上海书店、天津古籍出版社，1988 年，第 624—626 页。〕

六　洞霄宫内部管理制度中的"主席"与"住山"考

"主席"与"住山"在关于洞霄宫的史料中很常见，为研究住持制，有对其进行考证必要。成文本《洞霄图志》载：

> 一在杭州仁和县赤岸，名祥符庄。宋祥符五年（1012）住山冯德之建，故名。
>
> 一在余杭县北曹桥镇，名曹镇庄。乾道二年（1166）住山潘三华建。①

《洞霄图志》：

> （孙处道）序升主席，赐号"灵济通真大师"，历二十七年（按：1238 龚卒—1264 孙卒）。②
>
> 宋淳祐年间（1241—1251），住山贝大钦买石甃路，夹树林木一十八里，至九锁山门。③
>
> 贝大钦，号懒云，余杭人。入道洞霄，住山三十年。④

杨栋《东阳楼记》作于咸淳元年（1265）中春，其载：

---

① 〔元〕邓牧：抄本《洞霄图志》卷1《诸庄》，《中国方志丛书》华中地方第559号，台北：成文出版社，1983年，第52页。
② 〔元〕邓牧：《洞霄图志》卷5《孙灵济先生》，《丛书集成初编》第3167—3168册，北京：中华书局，1985年，第61页。
③ 〔元〕邓牧：《洞霄图志》卷1《通真门》，《丛书集成初编》第3167—3168册，北京：中华书局，1985年，第3页。
④ 〔元〕邓牧：《洞霄图志》卷5《贝徐二先生传》，《丛书集成初编》第3167—3168册，北京：中华书局，1985年，第61—62页。

"（贝）灵一年八十六而卒。"① 这一年既是灵一大师贝大钦卒年，亦为其终任住持之时。按其本传所载"住山三十年"，则其"住山"开始于 1235 年前后。吴泳《演教堂记》作于淳祐三年（1243）七月，碑末载"灵一大师知宫事贝大钦、冲素大师住持都监兼通明殿焚修王大年立石"，② 则此年贝大钦尚为知宫，担任住持者为王大年。则"住山"与"主席"两术语词意相近但不同，主席包含从副知宫、知宫到住持三个职位，但能被称为"住山"的道士当指担任过住持者。"住山"之"住"当为住持之意；而任职"主席"却不一定要担任过住持。如孙处道"序升主席"，但其未及任住持就卒于"知宫"任上；③ 宋末元初洞霄宫道士周允和在宋亡后两年被授"崇道冲应清真大师""洞霄主席"，但其生前的最高道职却只为"知宫事"，而非"住持"。④

因此我们认为，任何担任过"副知宫""知宫""住持"的道士均可称为主席；"住山"则专指担任过洞霄宫最高职位"住持"的道士。之所以称为"住山"而不径称"住持"，是因为洞霄宫住持的官方正式名称在元成宗元贞年间（1295—1297）之后由简单的"住持"二字改为"洞霄宫住持提举兼管本山诸宫观事"，邓牧在编志时以后世之名加诸前代。洞霄宫以洞天福地

---

① 〔元〕邓牧：《洞霄图志》卷 6《东阳楼记》，《丛书集成初编》第 3167—3168 册，北京：中华书局，1985 年，第 82—83 页。

② 〔元〕邓牧：《洞霄图志》卷 6《演教堂记》，《丛书集成初编》第 3167—3168 册，北京：中华书局，1985 年，第 81 页。

③ 〔元〕邓牧：《洞霄图志》卷 5《孙灵济先生》，《丛书集成初编》第 3167—3168 册，北京：中华书局，1985 年，第 61 页。

④ 〔元〕邓牧：《洞霄图志》卷 5《周崇道先生》，《丛书集成初编》第 3167—3168 册，北京：中华书局，1985 年，第 50 页。

之名山著称，而且在宋末元初已经发展成宫观群，在本宫之外拥有众多附属宫观，而这些附属宫观的最高职位已称"住持"。为区别于这些下级宫观的"住持"，洞霄宫的最高职务称为"住山"更有总括性，更具准确性。根据《洞霄图志》对贝大钦职任的记载，可见后人在追述这些担任过洞霄宫最高职位的道士之经历时，往往在其未任住持时已"提前"称其为"住山"。

总之，通过对杭州洞霄宫甲乙住持制度的研究，我们认为，至迟到南宋后半期，杭州洞霄宫已经形成四大法派垄断甲乙住持、轮流任职的制度（或约定）。这种甲乙制度与常见的师徒传承不同，师徒间甲乙传承是一家独大的完全垄断，而洞霄宫的四家轮替则带有分权的性质。这种带有分权性质的甲乙制在道教中即使不是独有，也是非常罕见的。这种轮替制是在洞霄主要派系实力相当的背景下自然形成的，宫观主首人选的产生机制有一定的制度约束。这种制度有利于洞霄宫各主要派系的发展，各主要派系在追逐最高权力的同时，亦利用手中已有的权势扩大本派的势力，主要体现在南宋后期到元代洞霄宫附属宫观的大肆扩张上。这种扩张符合整个洞霄宫和各主要派系的利益。同时，四个主要派系的大肆发展也产生只关心本派系利益、不关心洞霄宫的离心倾向，为明清洞霄的衰落埋下伏笔。

附表：宋代洞霄宫住持、知宫事、同（副）知宫事名单及派系表

序号	时间	住持	知宫事	同知宫事（副知宫事）
1	？—1118 年	何士昭		
2	1119—1121 年	石自方		
3	1121—1123 年	未知	金致一 A1	吴观妙 叶彦球 A2
	1123 年后	金致一 A1	叶彦球 A2	李洞神 A3
4		叶彦球 A2	李洞神 A3	陈希声 A4
5	？—1173 年	李洞神 A3	陈希声 A4	喻天时 B2
6	1173—1176 年	陈希声 A4（1176 年卒）	喻天时 B2（1176 年卒）	章居中 C2（1176 年终任） 俞延禧 B5
7		叶彦球 A5（再充）	俞延禧 B5（1187 年退闲） 潘三华 A6	潘三华 A6 陈以明 B3
8		潘三华 A6	陈以明 B3（卒于任） 高守中 A7	高守中 A7 乙水丘居仁 B6
9		高守中 A7	乙水丘居仁 B6 王居实 A8	王居实 A8 王思明 C3（退闲） 甲龚大明 A9（1199 年始）
10		王居实 A8	甲龚大明 A9	王大年 A10
11	？—1238 年	甲龚大明 A9	王大年 A10	胡道枢 B7
12	1243 年	王大年 A10	胡道枢 B7 丙贝大钦 A11	丙贝大钦 A11 甲孙处道 B8

续表

序号	时间	住持	知宫事	同知宫事（副知宫事）
13	？—1264 年	丙贝大钦 A11	甲孙处道 B8（1264 年卒）乙杨大中 A12	乙杨大中 A12 甲龚文焕 A13
14		乙杨大中 A12	甲龚文焕 A13	乙郎道一 A14
15		甲龚文焕 A13	乙郎道一 A14	丙贝守一 A15 朱特立 B9（1270—1272 年）
16 17	1271—1285 年	乙郎道一 A14 丙贝守一 A15（同督监，1278—1280 年终任）	朱特立 B9（1272—1277 年卒于任）丙贝守一 A15 甲周允和 B10（1278—1285 年卒于任）曹至坚 A16（1279—1285 年）丁吴处仁 A17（1278—1285 年）	甲周允和 B10 曹至坚 A16 丁吴处仁 A17（1272—1278 年）乙郎如山 A18（1278—1285 年）丁舒元一 A19（1278—1285 年）
18	1285—1289 年	曹至坚 A16	丁吴处仁 A17（1285—1289 年）	乙郎如山 A18（1285—1289 年）丁舒元一 A19（1285—1289 年）
19	1289—1289 年	丁吴处仁 A17	乙郎如山 A18（1289—1290 年）	丁舒元一 A19（1289—1290 年）
20	1290—1297 年	乙郎如山 A18	丁舒元一 A19（1290—1298 年）	乙杨清一 B11 甲沈多福 A20（1290—1298 年）李元纲 C4（1290—1298 年）

续表

序号	时间	住持	知宫事	同知宫事（副知宫事）
21	1298—1304 年	丁舒元一 A19（乞闲 1304—1307 年任都提点）	乙杨清一 B11（1298—1299 年卒）甲沈多福 A20（1298—1303 年）	李元纲 C4（1298—1299 年卒）孙元吉 C5（1298—1299 年卒）高会辰
22	1303—?	甲沈多福 A20	高会辰	金常清 C6（1303—1305 年卒）胡宗老丙贝国瑞

注：甲代表龚大明法系，乙代表郎杨法系，丙代表贝大钦法系，丁代表吴处仁、舒元一法系。

第三节　洞霄宫的物产与周边市场

历史上杭州洞霄宫的演变大体经历了隐逸时期、天柱观时期和洞霄宫时期三个阶段。隐逸时期相当于东晋以下，天柱观时期相当于唐五代宋初，洞霄宫时期则相当于宋元以降。这三个阶段中，洞霄宫在东晋南朝时经历了由隐士隐居地变为民间祠庙，至唐代又由民间祠庙升格为朝廷敕建的地方道观，宋代进而成为全国著名的宫观。在洞霄宫三个阶段的发展壮大过程中，经济因素都在其间起到重要的支撑作用。

永嘉之乱后的东晋南朝时期，大量北方人口南迁到江南地区，大大促进了这一地区的社会经济发展。此时洞霄宫所在的临安、余杭二县交界处的余杭山地区，开发仍处在较为初步的阶段，比较符合郭文、许迈等隐逸之士的口味，但这并不意味着这一地区全无经济因素的存在，即使是隐士，也需要最基本的物质保障。

洞霄宫所在的大涤山、天柱山，时称余杭山或大辟山、由拳山，是浙江天目山脉的东部余脉，位于杭州以西，是由浙江东部的杭嘉湖平原向浙江西部的天目山脉过渡的低山丘陵地带。除洞霄宫所在的大涤山、天柱山外，周围还有九锁山（入山之山门所在地）、乳山、香炉山、青檀山、嶂山、青苕山、白鹿山、丹山等众多山峰。① 这些众多山峰的命名，应是宫观建立后，人类活动大大增加时，才逐渐完成的。东晋时期，他们可能只被笼统地称为余杭山。无论怎样，洞霄宫所在的余杭山地区最大的特色就是拥有众多的山地丘陵。这一地理因素也直接造成了在早期隐士阶段，洞霄宫的经济以山地经济为主。斯波义信引用杭州地方谚语称杭州四门之外为"东门菜，西门水，南门柴，北门米"。②

洞霄宫的"开山师祖"隐士郭文，在永嘉之乱后，从故乡洛阳附近地区来到江南，最终选择余杭山作为隐居地，一个重要原因可能就是这一地区物产丰富，能够在隐居避乱的同时，获得最基本的物质保障。唐修《晋书》的《郭文传》，有相当的篇幅涉及郭文隐居时的生活状况及经济因素，其记载：

> 洛阳陷，乃步担入吴兴余杭大辟山中，穷谷无人之地。

① 〔元〕邓牧：《洞霄图志》卷2《山水门》，《丛书集成初编》第3167—3168册，北京：中华书局，1985年，第14—15页。
② 〔日〕斯波义信著，方健、何忠礼译：《宋代江南经济史研究》，南京：江苏人民出版社，2012年。

倚木于树，苫覆其上而居焉，亦无壁障。时猛兽为暴，入屋害人，而文独宿十余年，卒无患害。恒着鹿裘葛巾，不饮酒食肉，区种菽麦，采竹叶木实，贸盐以自供，人或酬下价者，亦即与之。后人识文，不复贱酬。食有余谷，辄恤穷匮，人有致遗，取其粗者，示不逆而已。有猛兽杀大麏鹿于庵侧，文以语人，人取卖之，分钱与文，文曰："我若须此，自当卖之。所以相语，正以不须故也。"闻者皆嗟叹之。①

这段史料对郭文居余杭大辟山十余年的生产生活做了最全面的总结。其史源为东晋六朝时期的各家《晋书》及其他史籍中有关郭文的记载，王隐《晋书》称："郭文，字文举，河内人。隐居不仕，常居临安及吴兴余杭，依山结庐，临清涧，植谷种麻，以供衣食，常着葛巾，披鹿皮。其山多虎豹，文独无藩篱格障，然虎豹并不至。"②虞般佑《高士传》亦载："洛下将没，（郭文）步担入吴兴余杭大辟山穷谷无人之地，依木于树，苫覆其上，亦无壁鄣，时多虎，而文独积十余年，恒着鹿皮裘葛巾。"③郭文来到余杭山，"植谷种麻，以供衣食"，"依木于树，苫覆其上"，充分利用余杭山区丰富的林木及土地资源解决衣食问题。郭文"恒着鹿裘葛巾"，余杭县令可能出于郭文的名声，为郭文送去衣物，但郭文并不领情。南朝刘宋何法盛撰《晋中兴书》曰："郭文举上余杭大辟山，令顾飏以文山行，与韦袴褶

---

① 〔唐〕房玄龄等：《晋书》卷94《郭文传》，北京：中华书局，1974年，第2440—2441页。

② 〔北宋〕李昉：《太平御览》卷502，北京：中华书局，1960年，第2295页。

③ 〔北宋〕李昉：《太平御览》卷510，北京：中华书局，1960年，第2322页。

一具，文不纳，使者置衣室中而去，文亦无言，袴褶烂于户内。"[1] 首先，郭文经常"山行"于余杭山中，可能就是从事"植谷种麻"或"区种菽麦，采竹叶木实，贸盐以自供"等经济活动。其次，顾飏的使者将衣物放于"室中"，说明在余杭山隐居一段时间后，郭文已经告别了"依木于树，苫覆其上"的巢居状态，拥有了能够遮风挡雨的房屋。

一　洞霄宫一带所见狩猎活动与竹木经济

郭文活动在没有壁邬的山林地区，与经常出没于此的虎豹同居十余年，说明这一山区的蛮荒与危险，以凸显郭文的神异。唐修《晋书》载："尝有猛兽，忽张口向文，文视其口中有横骨，乃以手探去之，猛兽明旦致一鹿于其室前。"[2] "郭文抚虎"的传说在东晋时便被充分记载，后代不断层累附会。《洞霄图志》等书已将这只虎神化为郭文的坐骑，这一故事已成为郭文神通中最具代表性的一幕。真实的情况可能是余杭山确实有虎出没，而郭文确实毫发无损地在此生活了十余年。杭州古称"武林"，而"武林"原称"虎林"，乃避唐高祖李渊之父李虎讳而改，南宋叶绍翁《四朝闻见录》已有考证。[3] 直到唐玄宗时期，洞霄宫所在地区仍有虎出没。《洞霄图志》载："夏侯天师（司马承祯弟子）种药于此……一日，樵者闻圃内有物大噪，隔篱窥见天师

---

①　〔北宋〕李昉：《太平御览》第695卷，北京：中华书局，1960年，第3104页。

②　〔唐〕房玄龄等：《晋书》卷94《郭文传》，北京：中华书局，1974年，第2440—2441页。

③　〔南宋〕叶绍翁：《四朝闻见录》乙集，北京：中华书局，1989年，第45—46页。

策鞭乘一兽，似虎非虎，行疾如风，入东山而去。""有猛兽杀大麀鹿于郭文庵侧。"说明余杭山区还有鹿等动物。这则材料亦是荒诞不经的附会传说，这头死亡的大鹿亦应当不是老虎"感恩"所送，可能是偶然死于郭文居所，后人以偶然之事附会于郭文神通。这头大鹿的死亡也有可能与猎人有关。唐修《晋书》称"猎者时往寄宿，文夜为担水，而无倦色"，[①] 证明郭文与余杭山中的猎人时有来往。在有关许迈飞升的传说中，亦有关于白鹿的记载："许真君居宫北之大涤山，既而升举，预报南陵知己曰：'来日上朝玉帝矣。'至期登陵北望，果有彩云满空，真君乘白鹿冉冉而去。"[②] 后人也因此将许迈"隐居"的大涤山中峰命名为白鹿山。[③] 无论怎样，在郭文的时代，余杭山区既有虎豹等大型食肉猛兽，也有鹿等素食动物，更有位于食物链最顶端的人类（猎户）活动。这说明这一地区的野生动物较多，为猎人狩猎提供了条件，可将余杭山视为狩猎经济区。

《太平御览》载："《郭文举别传》曰：文举，河内人也，怀帝末（307—313），济江至余杭市，卖箭箬，易盐米，以树皮作囊，得米盐以内囊中。"[④] 郭文"卖箭箬，易盐米，以树皮作囊，得米盐以内囊中"，是利用余杭山区丰富的林木制造箭矢，来交换平原地区才有的盐米等生活必需品，说明余杭山山区不适合发展种植业。虽然郭文也曾"区种菽麦""植谷种麻"，但不能满

---

① 〔唐〕房玄龄等：《晋书》卷 94《郭文传》，北京：中华书局，1974 年，第 2440—2441 页。

② 〔元〕邓牧：《洞霄图志》卷 4《南陵》，《丛书集成初编》第 3167—3168 册，北京：中华书局，1985 年，第 30—31 页。

③ 〔元〕邓牧：《洞霄图志》卷 2，《丛书集成初编》第 3167—3168 册，北京：中华书局，1985 年，第 15 页。

④ 〔北宋〕李昉：《太平御览》卷 704，北京：中华书局，1960 年，第 3142 页。

足其基本需求。余杭山山区的物产以竹木为主,《太平御览》记载:"文以石为釜,以竹为甑。"① 一方面显示郭文隐居余杭山时的艰辛,另一面也显示郭文利用余杭山物产的生存适应性。

洞霄宫附近的林木资源,以竹木为多。洞霄宫附近有多处以竹为地名者,《洞霄图志》载:"紫竹坞,在青梓山西,古多紫竹,故名;苦竹坞,在青苔山下,地多苦竹,故名。"②《洞霄图志》又载:"来贤岩,在宫东南青檀山前,嵌空数丈,盘石蘩竹,可以游息。"③ 可见在草创时期具有重要经济意义的竹木,到宋代时已成为士大夫"游息"的必备之物。洞霄宫的道教氛围,加之周边竹林、泉涧之衬托,更加令文人墨客神往。至清代,洞霄宫附近的竹木仍是重要的经济作物,雍正《浙江通志》载:"洞霄宫生曲竹,可为杖。"④

"卖箭箬"中的箬,是竹的一种,也是洞霄宫附近山区之特产,从郭文开始直到清代,不断为史籍所载。清代谈迁《枣林杂俎》称:"杭州余杭县之洞霄宫竹叶,采之或不露骨,云无骨箬。"⑤《洞霄图志》载:"无骨箬,宫山周回百里,多生绀箬,昔晋许远游真君上升,语弟子曰:'吾有金丹一剂,汝等功行未圆,非可遽服,已藏山中无骨箬下,他日有缘者遇尔。'后役夫采薪,或带箬归,往往临爨得之,采时不见无骨者,有好事者攀

① 〔北宋〕李昉:《太平御览》卷757,北京:中华书局,1960年,第3362页。
② 〔元〕邓牧:《洞霄图志》卷2,《丛书集成初编》第3167—3168册,北京:中华书局,1985年,第17页。
③ 〔元〕邓牧:《洞霄图志》卷4《来贤岩》,《丛书集成初编》第3167—3168册,北京:中华书局,1985年,第28页。
④ 〔清〕嵇曾筠:《雍正浙江通志》卷101,《景印文渊阁四库全书》第521册,台北:商务印书馆,1986年,第576页。
⑤ 〔清〕谈迁:《枣林杂俎》中集,北京:中华书局,2006年,第454页。

缘幽讨，终年不得。盖仙人所藏，非宿生缘契，安可侥幸致哉。"① 这段记载是典型的后世道士的附会。根据记载，许迈只是在其隐居初期在余杭、临安等县活动，其后半生大部分时间在天台山地区活动，不可能在洞霄宫所在地飞升，但即使是后人附会，亦有某些真实的成分，比如用于藏金丹的"无骨箬"确实是洞霄宫特有之物。"有好事者攀缘幽讨，终年不得"，可见这种无骨箬即使在其产地洞霄宫，也是较罕见的。

因为有如此丰富的竹林资源，因此从东晋起，余杭山山区便是樵夫的驻足之地。前文已举例，采薪役夫曾经寻找过传说中许迈藏金丹所用"无骨箬"，证明早在东晋时期，已有不少樵夫的活动。至唐高宗末期敕建天柱观，高宗特别下旨"仍以四维之中，壁封千步，禁断樵采"。② 这种封禁政策是敕建寺观的特权，是保护敕建寺观产业的重要措施，在不少宫观史中均可见到。但其具体实施并不理想，因为国家和寺观与民争利，只要管理不严格，封禁政策便是一纸空文，特别是在政权不稳定的时期，对封禁政策的破坏更是屡见不鲜。前文所引的安史之乱其间避居天柱观的夏侯子云，是司马承祯的弟子，平日以种植草药为乐，"一日樵者闻圃内有物大噪，隔篱窥见天师策鞭乘一兽，似虎非虎，行疾如风，入东山而去"。说明樵夫不仅在天柱观周边山区活动，而且进入了夏侯子云天师种药、隐居的核心区域，意味着樵采活动的普遍与封禁政策的失败。不仅洞霄宫所在天柱山有众多

---

① 〔元〕邓牧：《洞霄图志》卷4《无骨箬》，《丛书集成初编》第3167—3168册，北京：中华书局，1985年，第33—34页。

② 〔元〕邓牧：《洞霄图志》卷1《洞霄宫》，《丛书集成初编》第3167—3168册，北京：中华书局，1985年，第2页。

樵夫，而且距离其甚近的名刹径山寺的创建还与当地樵夫有一段因缘。径山寺是唐代宗时的法钦和尚创建，《宋高僧传》中《唐杭州径山法钦传》记载：

> 法钦俗姓朱氏，吴郡昆山人也。门地儒雅祖，考皆达玄儒，而傲睨林薮，不仕……年二十有八做装赴京师，路由丹徒，因遇鹤林素禅师，默识玄鉴，知有异操，乃谓之曰："观子神府温粹，几乎生知，若能出家，必会如来知见。"钦闻悟，识本心素，乃躬为剃发，谓门人法鉴曰："此子异日大兴吾教，与人为师。"寻登坛纳戒，炼行安禅。领径直之一言，越周旋之三学，自此辞素南征，素曰："汝乘流而行，逢径即止。"后到临安，视东北之高峦，乃天目之分径，偶问樵子言："是径山。"遂谋挂锡于此，见苫盖覆，置屑近而宴居。[①]

可见法钦正是听到樵子称此山为径山，与其师之叮嘱相符，才最终选址于此。径山与天柱山同处余杭西部，相距十余里，均为林木繁茂、樵夫众多之地。

唐末，吴越王钱镠重建天柱观时，曾为天柱建祥光亭。《洞霄图志》载："祥光亭，在大涤洞口。钱武肃王微时卧巨石上，指洞曰：'余异日富贵，当建亭覆此石。'及贵作亭，营饰甚盛，而瘗石亭下。樵夫间见有仙人奕棋亭上，迫之，则失所在。"[②]樵夫的身影再次出在洞霄宫最重要的大涤洞口及祥光亭附近，并

---

① 〔宋〕赞宁撰，范祥雍点校：《宋高僧传》卷9《唐杭州径山法钦传》，北京：中华书局，1987年，第210页。

② 〔元〕邓牧：《洞霄图志》卷4《祥光亭》，《丛书集成初编》第3167—3168册，北京：中华书局，1985年，第32页。

再次破坏了仙人们奕棋的雅兴。当然，樵夫也不完全是以"破坏者"的形象出现，北宋苏轼第一次任官杭州其间，隐居洞霄宫的画家道士李颀以所画《春山》寄赠苏轼，李颀故弄玄虚，并不亲自与苏轼相见，而是雇用了一位采木为生的樵夫作为中介。北宋何薳《春渚纪闻》记载：

> 李颀字粹老，不知何许人。少举进士，当得官，弃去。乌巾布裘为道人，遍历湖湘间。晚乐吴中山水之胜，遂隐于临安大涤洞天，往来苕溪之上。遇名人胜士，必与周旋。素善丹青，而间作小诗。东坡倅钱塘日，粹老以幅绢作《春山》横轴，且书一诗其后，不通姓名，付樵者，令俟坡之出投之。坡展视诗画，盖已奇之矣。及问樵者："谁遣汝也？"曰："我负薪出市，始经公门，有一道人，与我百钱，令我呈此，实不知何人也。"坡益惊异之。①

这段引文中的樵者可能并非洞霄宫周边活动的樵夫，但李颀敢将赠予苏轼的画卷交于他，应与其在洞霄宫附近见惯了樵夫有关系。

日益"猖獗"的樵夫活动，在经济层面削弱了洞霄宫，在日常生活上亦打扰了宫观道士们读经吃斋的清修生活，破坏了洞霄宫敕建宫观的神圣性。南宋时，随着洞霄宫地位的越来越高，特别是宋高宗在乾道二年（1166）临幸之后，洞霄宫再也不能容忍樵夫们明目张胆地破坏朝廷的封禁政策，于宋高宗来访十年后的孝宗淳熙三年（1176）实行"经界"（划界）。《洞霄图

---

① 〔北宋〕何薳：《春渚纪闻》卷5，《李朱画得坡仙赏识》，北京：中华书局，1983年，第75—76页。

志》载：

> 同知宫事章居中，凡宫山岗阜，与民境接者，悉树以
> 松，亲董工役。既成，春秋二时，每指引后进，登山以识疆
> 界。经今大德乙巳（1305），一百二十余年，四山虬枝，龙
> 形环列森，立围皆丈许，真图画所不能到。其经始培植之
> 功，不可泯也。①

洞霄宫这次经界的首要目标就是通过隔离，"以识疆界"，以此区别作为"仙境"的洞霄宫和凡人住居的"凡界"，而实施这一经界的原因虽不全由于樵者违禁偷伐，但其必是重要原因之一。此次经界也是洞霄宫自我意识增强的体现。随着南宋以来人口的大量南渡，及南宋经济的日益繁荣，活动于洞霄宫的人口越来越多，越来越复杂。经界前仙民之境不分，宫产遭到侵蚀，唯有经界才能彻底解决这一问题。洞霄宫方面十分重视此次经界，经界后章居中还每年两次带领道众"登山以识疆界"，邓牧亦称赞章居中"经始培植之功，不可泯也"。正是因为施行了这一经界政策，界线才得以明晰，再加上南宋时洞霄宫得到皇室保护，势力强大，故关于樵夫的记载在此后少见于史，才使得经界之松树得以在一百二十余年后"四山虬枝，龙形环列森，立围皆丈许"，茁壮地成长起来，邓牧也为之感叹"真图画所不能到"。总之，在南宋，道观与樵夫的"战争"似乎以宫观一方暂时获胜而告终。

---

① 〔元〕邓牧：《洞霄图志》卷4《四界山松》，《丛书集成初编》第3167—3168册，北京：中华书局，1985年，第34页。

二　洞霄宫一带医药资源和对其他物产的利用

作为道教圣地，洞霄宫亦盛产药材。前文已举唐代夏侯子云药圃之例，《洞霄图志》记载："（夏侯子云）于大涤山中筑药圃，种芝术之属，尝言：'古圣人以上药养神，中药养性，下药遣病。可使人神灵，可使人性明，可使人病愈。'"还曾自作《药圃》诗："绿叶红英遍，仙经自讨论。偶移岩畔菊，锄断白云根。"① 展示了一幅桃源般的仙境。他的上中下三药说，体现了他种药既可参道又可悬壶济世的多重功能。民国《杭州府志》记载有清代孝子蒋元顺者：

> 蒋元顺，富阳人，居大源庄，四岁丧父，家贫，偕其兄，日樵采，养母兄。天母哭之瞽，终其身且得风痹。元顺负以卧起食饮便，旋无弗亲者，稍稍积卖薪资，娶妇朱，亦贤孝，食姑恒饱，己则糠覈而已。病归母家遽死。元顺惧伤母心，弗使闻。久之，母问，及乃言曰："得好妇亦易，易无苦念也。"母患头眩，医者令觅野猪脑、鲜荷叶可疗。时隆冬不可得，元顺冒风雪求之。卒宛转得于余杭山溪间，大喜遄归进。母疾若失。（咸丰五年，《旌啸古堂文集》）。②

这则故事发生在清代咸丰太平天国战争期间。蒋元顺为救母病而"觅野猪脑、鲜荷叶"，最终在"余杭山溪间"得到。余杭

①　〔元〕邓牧：《洞霄图志》卷5《夏侯天师》，《丛书集成初编》第3167—3168册，北京：中华书局，1985年，第42页。

②　李榕：民国《杭州府志》卷140。

县城以东区是杭嘉湖平原的一部分，大运河亦流经其间，只有县城以西，也就是洞霄宫、径山一带才为山区，因此此处的"余杭山溪间"当是县城西部洞霄宫附近的山区。可见至清代咸丰年间，余杭山区仍然有如野猪、鲜荷这样的野生动植物，生态环境保持得相当好。

除竹木外，洞霄宫附近山区还有不少其他珍贵物产。唐代李吉甫《元和郡县志》亦称："由拳山，晋隐士郭文举所居，旁有由拳村，出好藤纸。"① 北宋《太平寰宇记》亦称：由拳山，本余杭山也。一名大辟山。《郡国志》云：'青障山，高峻为最。在县南十八里。'山谦之《吴兴记》云：'晋隐士郭文，字文举。初从陆浑山来居之，王敦作乱，因逃归入此处。'今傍有由拳村，出藤纸。"② 可见在东晋余杭山附近已形成由拳村，并以出滕纸而闻名。由拳村的存在，对隐士郭文的生存及生产生活均产生了积极的作用。而滕纸作为一项特产和经济"产业"，必然会进入整个余杭县的贸易中。《洞霄图志》载："常有白鼠长二尺许，游于高崖，崖上产草，名玉芝，饵之长生。"③《归一许真君传》亦称："（许迈）入临安西山，登岩茹芝，渺然自得，有终焉之志。"④ 玉芝当为山区罕见的灵芝神草，这增加了余杭山区的宗教氛围。宋代左誉《洞霄枯槐再生》一诗称：

　　青山九锁溪口萦，擎天一柱何峥嵘。

① 〔唐〕李吉甫：《元和郡县志》卷25，北京：中华书局，1983年，第603页。
② 〔宋〕乐史：《太平寰宇记》卷93，北京：中华书局，2008年，第1868页。
③ 〔元〕邓牧：《洞霄图志》卷2《大涤山》，《丛书集成初编》第3167—3168册，北京：中华书局，1985年，第14页。
④ 〔元〕邓牧：《洞霄图志》卷5《归一许真君》，《丛书集成初编》第3167—3168册，北京：中华书局，1985年，第38—39页。

上同天目映寥廓，下开大涤通沧溟。

晋唐人物久寂寞，天坛石室苍苔生。

虚皇台高步虚冷，仙科玉音神所听。

自怜学道二十年，此心久与青山盟。

揭来奉祠此山下，愧无妙句如丹青。

木公金母吾未识，且待松根生茯苓。①

这证明宋代洞霄宫亦盛产"茯苓"这一重要中药材。

三　洞霄宫一带的交易场所

虽然余杭山中有各种林木及野生动物资源，但亦不能完全自给自足，郭文亦需要以物易物。郭文"济江至余杭市，卖箭箸，易盐米，以树皮作囊，得米盐以内囊中"及"区种菽麦，采竹叶木实，贸盐以自供"，可知在东晋时期余杭县设有交易的"市"。施坚雅在论述唐代及以前县级政府及市场时称："处于发展地区核心之中典型的县在很多方面来说既是经济体，又是行政管理体，这两方面的中心性功能都趋于被该县、府所垄断。按照政府法规，官方控制的正规市场应是在县城，而不是在县城之外……作为大量的非生产消费者集中地和地方交通网络的关节点县城自然成为地方产品集散地，以及远距离贸易流动的连结点。"② 我们认为，东晋余杭市应当就设在县城内。余杭山距离

①　〔元〕孟宗宝：《洞霄诗集》卷2《洞霄枯槐再生》，《丛书集成初编》第1757册，北京：中华书局，1985年，第32—33页。

②　〔美〕施坚雅著，王旭等译：《中国封建社会晚期城市研究》，长春：吉林教育出版社，1991年，第43—44页。

余杭县城约 18 里，在其贸易影响范围之内，余杭市作为余杭地区的经济节点，发挥着区域中心地的作用。郭文作为余杭山的第一位著名隐士，之所以选择余杭山作隐居地，除看中余杭山周围丰富的物产资源外，还与余杭山临近余杭市这一便利的贸易节点有着重要关系。因此，靠近贸易市场这一因素，是余杭山宗教发展的重要因素。

至唐代天柱观建立后，仍有天柱观道士至周边市场交易的相关史料。前引夏侯子云被樵夫偷窥的资料记载："药圃，在来贤岩宜霜亭下，夏侯天师种药于此，芝畦术坞，百药之植，靡所不有，常施药于廛市，随缘深浅而与之。"僧道研习医药及长生不老之术，种植草药是常见之事，夏侯子云"百药之植，靡所不有"说明其种植草药的数量众多。如此众多的药物只为本人及宫观道士服务显然供大于求，而夏侯子云隐居天柱观正当安史之乱前后，战火及瘟疫当为不可避免之事，因此民间百姓对药物的需求显然会有所增加。引文中称其为"常施药于廛市，随缘深浅而与之"，即免费赠予药物，凸显了夏侯子云救死扶伤的高尚道德，但既然是施于"廛市"，恐怕实际上仍有部分药物是用于交易的。最有意思的是文献中使用的是"廛市"一词，一般指非常设性市场草市，而非东晋时期的"余杭市"。这说明唐代洞霄宫附近经济出现新的变化，一种不易受政府行政管辖的地方市场的出现，也是唐代经济变革的具体体现。

北宋时期，洞霄宫附近市的变化更为明显。常中行是北宋前期洞霄的重要道士，是宋真宗时参与编纂《大宋天宫宝藏》的冯德之的首席弟子，他继承了冯德之之位担位洞霄宫住持。史载：

　　　　常中行，钱塘人，师河南冯德之。形貌奇伟，落魄不拘
　　　检，好饮酒及音律，箧无留金，所有一箫一笛而已……多往
　　　来余杭浣坎，得钱悉市酒。有赵道人啖瓦砾如饼，饵先生，
　　　一见爱之，引入卧内，对饮达旦，每醉则袒肩曰："皮如
　　　铁，肉如石。"①

　　常中行是一位嗜酒如命的道士，这一点与其师冯德之极为相
似。唐宋时期道士饮酒非但不会破戒，反而是一种重要的交际手
段与表现其仙骨的重要方式。引文中称其"多往来余杭浣坎，
得钱悉市酒"，说明在北宋已有浣坎这样一处重要的市易场所。
南宋《咸淳临安志》称："浣坎镇在县西一十五里，今废。按
'浣坎'当作'皖坎'，在县西南往洞霄宫必由之径，所渡之溪
即木竹河之上流，昔时竹木山货，乘舟运载，商贩聚而成镇，后
河既湮，镇亦寻废。"② 皖坎在（余杭）"县西一十五里"，"往
洞霄宫必由之径"，而据各种史料洞霄宫距余杭县 18 里，也就
意味着皖坎距洞霄宫只有约 3 里，非常之近，是洞霄宫与余杭县
城间重要的贸易节点。而"所渡之溪即木竹河之上流，昔时竹
木山货，乘舟运载，商贩聚而成镇"，反映的正是通过便利的水
路（木竹河）将上游的竹木山货运往下游的余杭及更远的杭州。
从"木竹河"的名字可以看出，其主要运输的就是"木竹山货"
之物，也正是前文强调的洞霄宫最大的物产，因此我们认为这里
的"木竹山货"绝大部分当是来自洞霄宫附近山区。由于贸易

---

　　① 〔元〕邓牧：《洞霄图志》卷 5《常先生》，《丛书集成初编》第 3167—3168
册，北京：中华书局，1985 年，第 45 页。
　　② 〔南宋〕潜说友：《咸淳临安志》卷 20，《宋元方志丛刊》第 4 册，北京：
中华书局，1990 年，第 3551 页。

这些"木竹山货"使得商贩聚集，最终形成浣坎镇，可见其交易量之巨。换句话说，洞霄宫附近有相当多的木竹被砍伐。史料中没有记载洞霄宫道士参与砍伐并贸易竹木的记载，因此我们认为浣坎镇绝大部分交易的竹木当是樵夫无视朝廷封禁之令盗采盗伐的，所以我们也更能够理解为什么南宋初年洞霄宫采取经界方式以遏制这种行为。

除以"木竹"为主要商品外，皖坎镇另一项重要的商品就是常中行所嗜的酒。在宋代，浣坎是离洞霄宫最近的一个酒类集中地，常中行经常去就是这个原因。《宋会要辑稿》记载浣坎是宋代杭州的一处酒类交易地，并常设酒税。其文称："两浙路杭州，在城八万三千八十六贯一百二十九文……余杭场一千八百一十六贯一十四文，浣坎场一千四百二十贯三百七十四文……"①可见浣坎所收酒税仅比县城所在的余杭县少两成多。

总之，浣坎因洞霄宫附近的"木竹"交易而成镇，并成为宋代杭州政府征收酒税之地。这一切都打破了唐代以前余杭县境内只以余杭县城为市的格局，意味着政府企图用行政手段限制交易场所政策的最终失败，符合施坚雅"中世纪革命说"及"唐宋变革论"等相关理论。洪迈《夷坚志》记载：

> 余杭洞霄宫昔有主首道士，诚敬感神，诵度人经，极著奇验。其侧则龙潭所在，每就彼持念。俟一老人从潭出，跪白曰："弟子即龙王也，每获听经文，无任瞻仰，但不敢辄前。今所以呈身，切有请尔。"道士曰："其说云何？"对

---

① 〔清〕徐松辑，刘琳、刁忠民等点校：《宋会要辑稿》食货22，上海：上海古籍出版社，2014年，第6471页。

曰：“师才到潭上，则水府幽祇，皆当起敬，不退殊不自安。兹愿只宴坐宫中，不妨日课。庶几百灵得以休息，若慈悲赐许，当日供鲜乳二斤以充斋膳。”道士曰：“吾意岂在斯，谨奉王戒。”老人喜谢而隐，潭上之役遂罢。翌日，厨仆报：“几案间得乳两斤，极新洁，莫测所从来，未审堪食否。”道士云：“非汝所知，宜以饷我。”小师秤之，果重二斤，其后日日皆然。数年后，忽失约，深讶焉。复诵经水次，前老人再至曰：“乳乃世间物，弟子忝为龙神，何以得之？但尘凡中有欺瞒取赢余者，我则阴摄之。此去市户董七者，好舞秤权，用十四两作斤，故即而掠取。今其人出外，厥人自主铺业，淳朴有守，未曾罔利。故无从可致乳。”道士叹息不已，谓之曰：“吾欲知其端倪，恐身有以贻谴尔。然则欺心事那可妄为。吾诵经以增之，亦亡益也。”遂周行郊关，一意道人于善。乡宿至今尚能言之，而忘其姓名及岁年矣。前监镇江和旨务率生说。①

洪迈是南宋前期人，其《夷坚志》一书多记北宋末至南宋初之神异故事，是研究宋代宗教及民间信仰的珍贵史料。这段引文虽是神异故事，但其文末特记为“前监镇江和旨务率生说”，因此其必然在某种程度上带有真实性。文中提及市户董七以卖乳为业，却“好舞秤权”，致使洞霄宫龙神得以每日偷取其乳二斤，然后奉献给洞霄宫的主首道士。既然是洞霄宫的龙神，那么其活动范围内的市应当也在洞霄宫不远处，很有可能就是上文讨

　　① 〔南宋〕洪迈：《夷坚志》壬卷 3《洞霄龙供乳》，北京：中华书局，2006年，第 1490—1491 页。

论的仅距洞霄宫三里的浣坎镇。董七以卖乳为业，说明附近存在养牛业，很可能就是以洞霄宫附近的山林为"牧场"。引文中称董七为市户，并且拥有"铺业"，说明这是一个拥有固定营业场所的市场。董七是市场内的一位坐商，而非行商，龙神能够"其后日日皆然"，显示这个市场每天都在营业，是一个成熟且完善的，并具有一定规模的市场。另外，洞霄宫龙神是南宋洞霄宫最重要的神祇之一，其在南宋先后八次得到朝廷的加封，最后被封为八字公爵。而在这段引文中，龙神却在洞霄宫道士面前毕恭毕敬，凸显了洞霄宫主首道士的权威。总之，这则故事向我们生动地展示两宋之际洞霄宫周边活跃的市场贸易的存在。

小　结

学界一般认为宋代道教与佛教相同，在主要道观内部亦采用十方住持制。而本文则认为宋代道观的主流仍然采用甲乙住持制，特别是在有着悠久历史的重要道派和道观，只有少数如南昌西山玉隆万寿宫在宋徽宗时改为十方制。

杭州洞霄宫的主席包括住持、知宫、副知宫，道士须按序晋升。宫观职一般没有任期，实行终身制（少数为提前退休）。洞霄宫不仅明确采用甲乙住持制，而且还是一种较为少见的十八斋中的四个斋轮流担任住持的体制。这四斋均来自闾丘方远教团的法系（上清院派），而这种特殊的甲乙住持制与该宫观内部某些支派在南宋时期的兴起和主要支派间的势力均衡有关。洞霄宫这种特殊的内部组织形式，使洞霄宫的主要支派间充满竞争，这构成了洞霄长期兴盛的动力，深刻地影响了其在南宋及元代道教史的地位。这四个法系还呈现家族式的特点，并大规模建立下院（附属宫观），这些下院也在本斋内部实行甲乙制（师徒间传承）。在南宋后期到元代，洞霄宫碑刻中的大部分是这种纪念下院建立的碑刻。

结　论

　　东晋时期是余杭山区有组织道观建立前的隐逸时期。郭文、何准、支遁、许迈及葛洪等著名佛教、道教徒曾在余杭山地区有频繁的宗教活动，这一时期的佛道二教关系也较为和谐。唐高宗临死前的《改元弘道诏》令全国普建道观，加上南朝以来本地区浓厚的郭文祠祀的宗教氛围，以及本地富人潘尊师的慷慨捐赠等三个因素共同促成了唐天柱观的创立。天柱观这种由隐逸仙道活动，进而发展到民间祠庙祠祀，最终成为敕建道观的过程，与茅山、南昌西山、龙虎山等著名道教圣地的创立过程类似。

　　盛唐时期，朱法满从玉清观移居天柱观，并创立后来三院之一的精思院。对于朱法满生活的时代和出身经历，学界一直有争论，有朱法满为盛唐人、中晚唐人，甚至宋代人等说法。本书认为朱法满主要生活于武则天到唐玄宗的盛唐时期，其早期入道的玉清观很可能是位于茅山的玉清观。朱法满的弟子暨齐物也是高道叶法善的弟子，他在唐都长安有过活动。暨齐物出身的暨氏家族是六朝以来余杭地区的地方豪族，而且这一家族有着浓厚的道教背景。关于唐代著名道士吴筠在安史之乱以后的最终落脚点及其活动，学界有过争论，本书认为其最终落脚点应是杭州天柱观，他最迟在大历年间已在天柱观活动。吴筠在杭州天柱观建立起了一定规模的教团组织，收纳官宦子弟为弟子，参与浙东和浙西两次诗会，与众多文人墨客频相往来，使天柱观在江南道教界的影响进一步扩大。唐末五代间丘方远源自唐代著名道士司马承祯的后传南岳天台一系。该教团依附于吴越国王钱镠，钱镠此时正在为吴越国的建立笼络各方人才，间丘方远教团则为其提供了"神道设教"的支持（斋醮活动）。钱镠之所以重建天柱观，而不是杭州城内的其他道观，与天柱观位于余杭、临安两县的交界处有关。钱镠的出生地和其赖以起家的临安都即在附近。间丘方远在天柱观创立了三院中的上清院派，此后成为宋元洞霄宫掌握实权的一派，历代住持均出自该派，占有洞霄宫十八个斋中的十四个。

学界对《大宋天宫宝藏》在《道藏》编纂史上的地位已经有过较多讨论，本书则主要从编纂者道士冯德之、张君房的人际交往、政教关系等方面入手进行考察，认为冯德之出自北方嵩山，游历过南方天台山、杭州吴山，在当时应当有一定影响力，故南北均能接受。张君房被委任参与修藏，与时任两浙漕运使的陈尧佐及其家族有着密切关系。天柱观未因修藏混乱被处罚，反而由天柱观升格为洞霄宫，是宋真宗整体考虑崇道政策的结果。选择杭州洞霄宫而非首都开封作为编纂地点，体现的是北宋前期南、北方官员群体对权力的明争暗斗。南宋高宗在乾道二年（1166）访问洞霄宫，奠定了南宋朝廷与洞霄宫关系的基础。宋高宗访问洞霄宫的背后，与宋高宗退位、宋金战争和"隆兴和议"等重大历史事件有密切关系。此外，还讨论了以提举洞霄宫为代表的宋代特有的祠禄制度，并以章惇及黄裳两位亲临提举的官员的例子，考察了亲临提举宫观对官员的影响。

学界一般认为宋代道教与佛教一样，在主要道观内部亦采用十方住持制。而本书则认为宋代道观的主流仍然采用甲乙住持制，特别是在有着悠久历史的重要道派和道观，只有南昌西山玉隆万寿宫在宋徽宗时由甲乙改为十方制。杭州洞霄宫的主席职位包括住持、知宫、副知宫，道士担任这三个职位必须按序晋升。洞霄宫在南宋不仅采用甲乙住持制，而且是一种较为少见的由十八斋中的四个斋轮流担任住持的体制。这四个斋均来自间丘方远教团的法系（上清院派），而这种特殊的甲乙住持制与该宫观内部几个斋在南宋时期的兴起和主要几个斋（支派）间的势力均衡有关。洞霄宫这种特殊的内部组织形式，使主要斋间充满竞争，最明显的体现就是南宋后期到元初洞霄宫众多附属下院的建立。这些下院并不是直属于洞霄宫本身，实际上隶属于各斋，由其建立并管理，因此，下院的迅速建立其实质是几个强势斋扩张的结果。南宋后期到元代，洞霄宫碑刻中的大部分（近十通）是这种纪念各斋建立附属下院的碑刻，这些碑的主要内容是记录本斋法系传承、本斋师祖的功业、建立下院的过程。同时，各斋新建立的下院也在内部实行甲乙制（师徒关系）。这一内部竞争是洞霄宫在南宋持续兴盛的重要动力，深刻地影响了其在南宋及元代道教史的地位。此外，这四个斋的法系还呈现家族式的特点，如龚氏、贝氏、郎氏、杨氏、水丘氏等均是邻近儿县有势力的家族，与道教史上崇尚家族传承的特点一致。但是这一体制的负面影响在元末明初洞霄宫最后一次大规模重建中体现出来，主要各斋只顾本斋利益不顾洞霄宫全宫利益。

通过以上对东晋以来洞霄宫史实的考证可知：

1. 道派归属上，洞霄宫的三院全部是广义的上清宗坛的法系。传说中许迈创立南陵院，许迈本人即来自茅山上清派的创始家族句容许氏。朱法满创立精思院，他来自茅山玉清观。闾丘方远的上清院是上清派嫡系司马承祯天台系的直系后传。洞霄宫在地域上影响的也主要是江浙地区（上清系地盘）。从唐到元，符箓派中的上清法系一直是洞霄宫的主流，直到清乾隆时期，来自北方的全真道教团重建洞霄宫时，全真法系才传入。虽然学界认为唐代对道教管理统一后，六朝以来的所谓上清、灵宝、正一等派别观日渐模糊，但其实在道教界的这种师承派系观念仍若隐若现，北宋哲宗时建立三山符箓将道教分为三大宗传承即是最明显的例证。

2. 政教关系上，洞霄宫与朝廷的关系非常紧密。唐代初创即为敕立道观，唐宋的众多官方斋醮活动在此进行，并卷入了众多的历史事件。南宋时因其在行都所在地而空前兴盛，特别是宋理宗多次赐田奠定了洞霄宫的经济基础。因此，即使洞霄宫在元代失去朝廷在政治上的扶持后，仍能在两次大火后两次重建，还兴建了众多附属宫观。元末明初，洞霄宫失去了王朝在政治上的庇护，众多田产又被当地大户占去，同时内部的十八斋中的主要斋只顾本斋利益，其最终在明中叶开始逐渐退出历史舞台。

3. 道观内部组织或住持制度上，甲乙制一直是唐宋杭州洞霄宫甚至中国道教宫观实行的主流制度。唐中后期，十方制首先在佛教禅宗中出现。宋代在佛教寺庙中推行十方制较成功，十方制本身来自禅宗，这是其在佛教中迅速推广的重要原因。但道教思想中并没有十方这一概念。在早期道教史上，无论是天师道的张氏家族、茅山上清派许氏家族、灵宝派的葛氏家族，还是帛家道、李家道，其传承都依靠传统的血缘关系或者师徒关系，表现为甲乙制。因此，道教的甲乙制是历史上一直采用的制度。宋代朝廷企图将佛教推行十方制的经验推行于洞霄宫，甚至整个道教，但这一实践并不成功。宋徽宗时曾调龙虎山道士石自方担任历来为上清法系控制的洞霄宫住持，却因方腊之变和此后的宋金战争流产（宋徽宗在主要道观推行十方制唯一成功的就是前文提及的南昌西山玉隆万寿宫。此外，大部分实行十方制的宫观都是官府完全控制的道观，如南宋杭州的十大御前道观）。此后整个南宋到元代，洞霄宫均顽固地采用甲乙传承之制，虽然是内部四个主要斋轮流坐庄，而不是普遍的、直接的师徒传承，但其均自来闾丘方远上清院派，没有任何来自外部的住持。洞霄宫在南宋不仅没有外来住持，还向外输出人才，他们担任了一些实行十方制的道观住持（南宋至元代，在杭州十座御前宫观中，有两到三座是由洞霄宫长期把持）。

附录一　《洞霄图志》的版本及其流传情况

杭州洞霄宫是宋元时期江南最重要的道观之一。关于这座宫观最基本的一部史料是元代邓牧（1247—1306）所撰《洞霄图志》,[①]研究这本书的版本及其流传情况对我们研究杭州洞霄宫具有重要意义。本文主要讨论三个问题：一是《洞霄图志》的成书年代、背景。二是该书两个主要版本的流传情况。三是比较各版本的内容，探究各版本的渊源关系及其在文献、史料方面的价值。

一　《洞霄图志》的成书与初次刊印

（一）《洞霄图志》的编纂背景及成书

在邓牧于大德年间编纂《洞霄图志》之前，杭州洞霄宫至少有过两次大规模文献编纂活动。

第一次发生在北宋末年。宋徽宗崇奉道教，洞霄宫在这一时

---

① 〔元〕邓牧：《洞霄图志》六卷。邓牧，字牧心，南宋亡后，拒不仕元。元成宗大德三年（1299），始隐居余杭洞霄宫，与宫中道士孟宗宝等编《洞霄图志》。该书六卷分别为《宫观门》《山水门》《洞府门》《古迹门》《人物门》和《碑记门》。

期得到相当大的发展，洞霄宫有数名道士北上汴京，参与徽宗的崇道活动。《洞霄图志》记载："政和二年，住持都监何士昭以宫宇颓圮，诣汴京陈乞，奉旨赐度牒三百道，两浙转运司经理。"① 这使洞霄宫修葺一新，名声大震。正是在这个洞霄宫大发展的时期，本宫道士唐子霞编纂了洞霄宫第一本志书《大涤洞天真境录》。②

第二次发生在南宋理宗年间。宋理宗时期，宋蒙联手灭金，金亡后宋朝便不得不独自面对来自蒙古的压力，大有亡国之危。面对此种危机，理宗大兴理学的同时，亦把希望寄托于崇奉道教上，这让位于国都杭州的洞霄宫得利最大。当时的洞霄宫主管道士是龚大明和孙处道师徒二人，在此二人的带领和宋理宗的支持下，洞霄宫达到了极盛。龚大明时期洞霄宫得到重建，《洞霄图志》记载："理宗朝以国事扰攘，遣内臣刘世亨等谕旨，欲铸钟以卜休咎……诏降内帑设普天醮谢恩，并钟楼改作，由是宫宇一新。"③ 在孙处道时期，洞霄宫解决了长期困扰宫观发展的粮食供给问题，孙处道"以常产素薄，请于朝。理宗赐度牒买田阳羡，筑塘立圩，不数月集事，又赐琏川田以益之。为书'洞天福地'四字，仍赐书《清静经》一卷。至今冠裳云集，供给不匮，皆其力也"。④ 正是在此极盛时期，洞霄宫组织了第二次编

---

① 〔元〕邓牧：《洞霄图志》卷1《洞霄宫》，《知不足斋丛书》本，《中国道观志丛刊》16，南京：江苏古籍出版社，2000年，第1页。

② 有关唐子霞及其《大涤洞天真境录》，见《洞霄图志》卷5《唐先生》、卷六《旧真境录后序》，《知不足斋丛书》本，第54—55页、第89页。

③ 〔元〕邓牧：《洞霄图志》卷5《龚冲妙先生》，《知不足斋丛书》本，《中国道观志丛刊》16，南京：江苏古籍出版社，2000年，第60—61页。

④ 〔元〕邓牧：《洞霄图志》卷5《孙灵济先生》，《知不足斋丛书》本，《中国道观志丛刊》16，南京：江苏古籍出版社，2000年，第61页。

纂本宫文献的活动："宋绍定间（1228—1233），住山冲妙龚先生与道士王思明裒集大涤留题，刻板行世。咸淳甲戌（1274）化为劫灰。"① 这些题刻编成后即《洞霄诗集》前六卷，而负责具体工作的则是杭州于潜人李廷忠。丁丙《善本书室藏书志》记载："廷忠于潜人，橘山其号也。淳熙八年（1181）进士，历无为教官、旌德令、夔州倅，别著《洞霄诗集》。"②

在宋理宗后，历史大环境发生了巨大变化。宋元鼎革时的咸淳十年（1274）冬，洞霄宫几乎遭到灭顶之灾，此后十年洞霄宫进行了大规模重建工作，但尚未完工便再毁于火。《洞霄图志》多次提及这两场仅隔十年的大火："咸淳甲戌冬，防虞弗慎，延燎一空。至元丙子（1276）后重建，未完复毁于甲申（1284）之夏"；"咸淳甲戌腊月，不戒于火，千础皆灰。会世运更革，归化圣朝，山中诸老，合力营之。既底于成，为力勤矣。至元甲申（1284）六月，郁攸洊作，一夕复尽，四众环视，于邑太息"。③ 咸淳十年（1274）的大火虽烧毁了《洞霄诗集》的刻板，但此前印刷出来的纸制文本得以保存下来。

十年内两次大火让洞霄宫损失惨重，不仅是宫观建筑、财物焚烧无遗，而且连许多长年隐居于此的高道逸士也离开了。但得益于理宗时期所赐大量田产，加上元朝政府拉拢宗教界的政策，以及本宫道士的共同努力，洞霄宫逐渐复兴。元元贞元年

---

① 〔元〕孟宗宝：《洞霄诗集·后序》，《知不足斋丛书》本，《中国道观志丛刊续编》18，扬州：广陵书社，2004 年。

② 〔清〕丁丙：《善本书室藏书志》第 11 册，清光绪刻本，扬州：广陵古籍刻印社，1986 年。

③ 〔元〕邓牧：《洞霄图志》卷 1《洞霄宫》、卷 6《重建洞霄宫记》，《知不足斋丛书》本，《中国道观志丛刊》16，南京：江苏古籍出版社，2000 年，第 2—3 页、第 90 页。

（1295）家铉翁《重建洞霄宫碑》记载：

> 提点宫事一山郎公如山、提举宫事桂林舒公元一……不沮不惧，宣言于众曰："吾将新之！"取木他山，运粟他所，叶心集思，鸠工度材。先建庖牴，乃筑大殿，以及余屋。元贞乙未（1295）之三月壬子告成。金碧瑰丽，照映林谷，神运鬼工，殆不是过。朝家钦崇，护持视昔有加。

洞霄宫经过这十二年的重建，到元贞元年（1295）才终于完成修复。此后，蒙元朝廷的封赏日增，云游隐居的道真隐士更是络绎不绝。

当时的主持道士沈多福等人都认为复兴后的洞霄宫不比宋理宗时的盛况差，是值得大书特书的。而之前修的两部宫志的刻板都已经毁灭，如果不及时加以整理重修，该书也有绝迹的可能。著名文人邓牧正是在这个背景下于大德三年（1299）首次来到洞霄宫，开启了与此宫观长达七八年的渊源。[①] 邓牧、孟宗宝共同接受当时洞霄宫提典沈多福的嘱托，为洞霄宫编写志文。孟宗宝主要负责续编《洞霄诗集》，由六卷续成今本十四卷，续补自宋理宗至元大德年间的题留诗文。邓氏则续写唐子霞的《大涤洞天记》，编成《洞霄图志》。两书实为姊妹篇。《洞霄诗集·后序》记载：

> 咸淳甲戌（1274），化为劫灰。今大德壬寅（1302），且三十年，废弗举。名胜入山，咸谓缺典，恨之。宗宝以介石沈公命，取旧集泊家藏诗，与本山叶君（叶林）、牧心邓

---

① 关于邓牧的个案研究，最重要的是 Lo-Shu Fu Teng Mu, A Forgotten Chinese Phi-losopher, *T'oung Pao*, Second Series, Vol. 52, Livr. 1/3 (1965), pp. 35–96。

君，暇日讨论，删定唐宋贤及今名公题咏，命工重刻。①

从这段资料我们可以窥见《洞霄诗集》编纂工作的一些细节，文中的"旧集"当指宋理宗时编纂的《洞霄诗集》，邓牧、叶林二人都参与了此事。

至于《洞霄图志》的编纂背景，该书沈多福《序》记载："政和间（1111—1118）唐子霞作《真境录》已不可考，端平（1234—1236）所辑亦复疏略，余惧灵迹奇闻久将湮没，遂俾道士孟宗宝、隐士邓牧心相与搜罗旧籍，询咨故老……作《洞霄图志》。"这几句话虽然简短，却为我们交代了编纂《洞霄图志》的原因和背景、编书所依据的资料与手段。从中我们可知宋徽宗时期的唐子霞《大涤洞天真境录》早已散佚，宋理宗绍定年间编完六卷本《洞霄诗集》后，又在其后不久的端平年间对《真境录》作了辑佚。到了元大德年间之后，洞霄宫作为全国的著名道观，却只拥有一本辑佚出来的残本宫志，这显然是与其地位不相符的。

至于《洞霄图志》的完成时间，上引沈多福《序》题写的时间为"大德九年（1305）乙巳十一月望日，大涤住山介石沈多福谨书"。叶林《跋》的题写时间则是："大德乙巳（1305）冬至前三日，大涤隐人钱塘本山叶林儒藻父谨跋。"② 按照书籍编撰的常识，写作序跋的时间应为此书完成后不久。因此我们认为《洞霄图志》的成书年代应为序、跋所提及的元大德九年

---

① 〔元〕孟宗宝：《洞霄诗集·后序》，《知不足斋丛书》本，《中国道观志丛刊续编》18，扬州：广陵书社，2004年。

② 〔元〕邓牧：《洞霄图志·序》，《丛书集成初编》第3167—3168册，北京：中华书局，1985年，第1页。

（1305）冬。《洞霄诗集》的成书在大德六年（1302），早于《洞霄图志》的大德九年（1305）。

（二）孟宗宝对《洞霄图志》的保存和续写（1306—1310）

邓牧完成此书是在大德九年冬，几个月后的大德十年（1306）春邓氏便去世了。《洞霄图志·邓文行先生》记载："时里人叶林亦隐九锁冲天观，有行窝山房中，与公（邓牧）为深交。忽一日谓同道曰：'吾二人不久他往。'似有言别意。大德丙午（1306）正月八日叶公坐蜕，公志其墓，逾半月亦无疾而化。信然剑履，石室洞下，寿六十。"① 对于叶、邓二人在短短半月内相继无疾而终，傅乐淑认为这不是道教文献中常见的羽化升天等虚构故事，她给出了令人信服的结论："如果研究过这两位重要人物现存的所有文献，我们就能够证明他们两人的死亡不是简单的虚构故事，而是一次庄严神圣的殉难行动。他们的死因是蒙元朝廷的征召。"②

叶、邓二人于大德十年（1306）春的半月内先后为"大宋"殉难而死，而《洞霄图志》中却出现了"大德十年六月"的记载，第五卷《人物门》中还出现了《续编》，《续编》中只有《叶高行先生》《邓文行先生》二传，是记载叶林和邓牧二人的传记，明显为后人增入。《四库提要》的作者亦发现了这一问题，但是称"不知续之者为谁。旧本所有，姑并存之"。笔者认为最有可能的续写者就是与邓氏一同编撰此书的洞霄宫道士孟

---

① 〔元〕邓牧：《洞霄图志》卷5《邓文行先生》，《丛书集成初编》第3167—3168册，北京：中华书局，1985年，第52—53页。

② Lo-Shu Fu Teng Mu, A Forgotten Chinese Philosopher, *T'oung Pao*, Second Series, Vol. 52, Livr. 1/3（1965），pp. 35 – 96.

宗宝。

邓牧、叶林、孟宗宝三人以诗文为友，关系甚为密切。邓、叶二人在大德十年（1306）春不到半月内相继过世，此时《洞霄图志》与《洞霄诗集》二书虽然都已编好，但皆未印行于世，增入二人传记最有可能的就是道士孟宗宝。最主要的证据之一是《洞霄图志》作者的署名，各版本《洞霄图志》均是邓、孟二人同署，如首卷题为："《洞霄图志》卷第一。本山隐士邓牧牧心编，本山道士孟宗宝集虚集。"另外《洞霄图志》吴全节《序》记载："大德九年夏，予奉旨搜贤，知叶玄文、邓牧心隐余杭天柱山，即而征之，固辞不起。……后六年，代祀南来，道士孟集虚出所编《洞霄图记》。……是编行乎世，集虚于兹山之功亦懋矣！"《洞霄图志》李洧孙《跋》也印证了这一点，其跋文曰："大涤之境为东南最，集虚孟尊师患纪载之阙，承师命撰《洞霄志》，俯仰采拾，汇成六卷，语详事核，而大涤之胜，于是乎大备！余窃读而有感焉！"①

可见，邓牧去世后，《洞霄图志》并未马上印行。吴全节于六年后再入洞霄宫时，他是从孟宗宝那里看到这本书的，并认为《洞霄图志》的作者就是孟宗宝。当然吴全节之所以称本书作者是孟宗宝，很有可能是故意抹去邓牧，因为邓牧之死很可能就是因为他奉朝廷之命强征邓氏、叶氏二人入朝造成的。李洧孙《跋》也将孟宗宝视为"《洞霄志》"的作者，完全忽视邓牧编撰此书的工作。由此可见，此书自从邓氏过世后一直保存在孟宗宝手中，而孟宗宝为邓牧、叶林两位过世的知己续编传记亦是顺

---

① 按李洧孙《跋》仅见于《知不足斋丛书》本，不见于其他版本。

理成章之事。

（三）《洞霄图志》的初次刻印

上文已经提及，《洞霄图志》虽然已在大德九年（1305）冬编好，但并未印行。在吴全节第二次访问洞霄宫时，孟宗宝向吴氏展示由他"续编"的版本后，在元朝官方的介入下才完成刊印。《洞霄图志》全书最后附有《洞霄图志题名》，[①] 除洞霄宫本宫各住持外，《题名》中的最后三个人是吴全节、张留孙、张与材三位龙虎山系的著名道士。其中张与材为第三十八代天师，吴全节、张留孙也都是系有一长串元朝官衔、具有官方背景的著名道士。

关于《洞霄图志》确切的刊刻时间，吴全节《序》的题为"至大三年（1310）六月旦日，玄教嗣师吴全节序"。李洧孙《跋》最后题为"上章阉茂中元，台李洧孙跋"。所谓太岁纪年中的"上章阉茂"，便是干支纪年中的"庚戌"，即元至大三年（1310）；中元即为七月十五。也就是说，此跋与吴全节《序》写于同一年，只是晚了一个半月。"台"是李洧孙的籍贯，他是台州宁海人。[②] 我认为，以上这些信息向我们展示的很可能就是《洞霄图志》刊印的时间和历史背景。按现存《洞霄图志》主要有《知不足斋丛书》本和"台湾成文本"两种，分别代表了刻本和抄本两个系统（有关两个版本的详细讨论，见于后文）。而

---

① 《洞霄图志题名》仅见于《知不足斋丛书》本，其他版本未见。

② 李洧孙（1243—1329），字山甫，台州宁海人，李演之子，人称为"霁峰先生"。宋咸淳甲戌（1274）进士，授迪功郎、黄州司户参军，未上而宋亡。版图归元，栖迟滨海者二十余年。大德二年（1298）强起抵京，述《大都赋》以献，名噪一时。写作这篇跋文的至大三年，李洧孙正在杭州路儒学教授任上，详见黄溍《金华黄先生文集》卷三十二续稿《霁峰李先生墓志铭》。其学术在元明之际大盛，李洧孙的学生是黄溍，黄溍的学生是宋濂，宋濂的学生是方孝孺，皆为元末明初大儒。

上文所引李洧孙《跋》和书末所附《洞霄图志题名》皆不见于作为抄本的成文本中，而仅见于作为刻本的《知不足斋丛书》本中。两个版本的这一不同之处，似乎正是在暗示我们《洞霄图志》就是刊刻于跋文所记的"上章阉茂"，即元至大三年（1310）；而吴全节《序》与李洧孙《跋》相差的一个半月可能就是刻板所用的时间。"台湾成文本"版权页上题"元至大年间旧钞本"，按照这种说法，成文本应当是与《洞霄图志》的刊刻密切相关的一个本子，成文本所呈现的可能就是刊刻前的稿本原貌。

二　《洞霄图志》的各版本及其流传情况

（一）从元代初次刊刻到明初删节本《大涤洞天记》的出现

《洞霄图志》在至大三年（1310）初次刊刻后，在元代后半期的流传情况不详。但根据后世的各种版本推测，上文提到的至大三年（1310）刻本及其前后的抄本应在私人藏书家，特别是江浙地区的私人藏书家中有小范围的流传，而洞霄宫也至少保有一个版本。

明初，此书被洞霄宫道士删节为《大涤洞天记》三卷，并请天师张宇初作序，后收入《正统道藏》。《大涤洞天记》中张宇初《序》记载："今年春，其宫道士某持其宫志，请序于予……洪武三十一年（1398）岁在戊寅正月既望，正一嗣教道合无为阐祖光范真人、领道教事四十三代天师张宇初序。"①《四

---

① 《大涤洞天记》，《中国方志丛书》华中地方第 492 号，台北：成文出版社，1983 年，第 1—3 页。

库提要》称："核其书，即牧所撰《洞霄图志》。内《宫观》
《山水》《洞府》《古迹》《碑记》五门，而删其《人物》，每门
又颇有刊削，不皆全文。卷首吴全节、沈多福二序，亦同。惟增
入洪武三十一年（1398）正一嗣教真人张宇初一序……盖明初
道流重刻时，妄以其意删节之，而改其名也。"① 据原书序文和
《四库提要》的分析，《洞霄图志》在明初被重新改版，洞霄宫
道士向张宇初索要序文，② 其目的必然是要在这一新版本中加入
当时道教界第一号人物的名字，以振其新版本的声势。但洞霄宫
道士并未按原本抄出，而是将原书删节为今本《大涤洞天记》
三卷。

　　明英宗正统十年（1445），《道藏》正式完成，后称《正统
道藏》。《正统道藏》的编刊年代，今之学者皆采陈国符先生
《道藏源流考》之说，谓明成祖即位之初，即令前文提到的天师
张宇初重编道书，永乐四五年间（1406—1407），屡下诏旨催
办。永乐八年（1501），张宇初羽化，其弟宇清继之，功未就
绪，而成祖崩殂。明仁宗、明宣宗相继嗣位，弃置未理，至英宗
正统九年（1444）始行刊板。乃诏通妙真人邵以正督校。即重
加订正，增所未备。至十年刊板事竣。都五千三百五卷、四百八
十函。是为《正统道藏》。③ 但虞万里先生利用现藏于故宫的明

---

① 《四库全书总目》卷77，北京：中华书局，1965年影印浙本。
② 王宗昱《〈洞霄图志〉的版本》认为此序是张宇初"那一年春天去大涤山时
洞霄宫宫道士拿给他看"后作的，但序文并未提及张氏去了大涤山："今年春，其宫道
士某持其宫志，请序于予。"一种可能如王先生所言，是天师张宇初去了或经过洞霄
宫，因为当时作为天师的张氏要经常往来于首都南京和龙虎山之间，而杭州正好在
其往来路线上。
③ 陈国符：《道藏源流考》（修订本），北京：中华书局，2014年，第142—
143页。

成祖《道藏经序》① 及其他史料，经过详尽的考证，基本修正了陈先生的旧说，令人信服地指出《道藏》编纂的主要工作由武当道士任自垣主持，完成于永乐十七年（1511）至二十年（1514）的三年内；明仁宗、明宣宗之世也没有将其弃置未理，而是因为《道藏》卷数众多，经板之刊刻费时甚久，自永乐二十年编成之后刊刻工作即已发其端，历仁、宣之世，继而承之，至英宗正统年间方始刻就完工。②

　　虽然最后主持编撰《正统道藏》者并非张氏兄弟，但虞先生并未否认张宇初在编撰初期搜集、整理道书的工作，任自垣也是在继承张氏成果的基础上才完成《正统道藏》的编撰工作的。张宇初在永乐四五年间首次受诏编修道书，距离其为《大涤洞天记》作序不过八九年时间，张氏很有可能将写有自己序文的那个新版本，即《大涤洞天记》收入了未来的《正统道藏》中。这也就是为什么我们今天看到的《道藏》中没有收录足本的《洞霄图志》，却收入删节本《大涤洞天记》的原因。

　　《大涤洞天记》被收入《道藏》后，便随《道藏》印行于世，现存主要有民国上海涵芬楼影印北京白云观本、大陆三家本和台湾缩印本。但此书亦有单行本流行与世，清初钱谦益《绛云楼书目》便记有《大涤洞天记》，未记卷数；③ 稍后的《千顷堂书目》亦载有此书，④ 可见其在明末清初的流传情况。在清乾隆时编修《四库全书》时，馆臣认为此书是《洞霄图志》的删节本，因此

　　① 故宫博物院编：《故宫珍本丛刊》第 526 册，海口：海南出版社，2000 年。
　　② 虞万里：《正统道藏编纂刊刻年代新考》，《文史》2006 年第 4 辑。
　　③ 〔明〕钱谦益：《绛云楼书目》卷 4《道藏类》，嘉庆抄本，第 313 页。
　　④ 〔明〕黄虞稷：《千顷堂书目》卷 8，上海：上海古籍出版社，2001 年，第 231 页。

只将其收入《四库存目》中，《四库全书总目》记载："《大涤洞天记》三卷，浙江汪汝瑮家藏本。"① 此后此书流传较广。

（二）乾隆年间编修《四库全书》使得《洞霄图志》各版本大量出现

《大涤洞天记》在被收入《正统道藏》后，在明清两代都大行其道，而足本的《洞霄图志》，在整个明代直到清乾隆时期，刊刻流传反而并不广泛，只存在于少数方志和藏书家的记录中。如嵇曾筠《浙江通志》记载："《洞霄宫图志》十四卷。《明一统志》：'邓牧著。'"② 钱谦益《绛云楼书目》记有《洞霄宫图志》，但只有书名，没有其他信息。③ 黄虞稷《千顷堂书目》记载："邓牧《洞霄宫图志》六卷，字牧心。牧元编，孟宗宝续成《诗集》十四卷。"④ 以及我们在后文将详细考查的明代嘉靖时期苏州藏书家吴岫的家藏本。从上面所引资料看，《洞霄图志》在明代至清前期似乎是以《洞霄宫图志》为名流布于世的。直到清乾隆年间编修《四库全书》向全国各地征集图书，《洞霄图志》的各种版本才大量见于记载。根据我现在所掌握的资料，四库馆臣可能搜集了三个版本的《洞霄图志》。

第一个是来自洞霄宫的版本。从明中后期到清初，洞霄宫荒废已久，直到乾隆年间，全真道士贝本恒复兴洞霄宫，其弟子陈仁恩就在此时重刻了《洞霄图志》。道士钱一清《洞霄宫怀古》

---

① 《四库全书总目》卷77，北京：中华书局，1965年影印浙本。
② 〔清〕嵇曾筠：《浙江通志》卷254。此处颇有疑问，查今李贤《明一统志》并无此记载，书名略异，卷数也与六卷不同。
③ 〔明〕钱谦益：《绛云楼书目》卷1，嘉庆抄本，第102页。
④ 〔明〕黄虞稷：《千顷堂书目》卷8，上海：上海古籍出版社，2001年，第231页。

有如下诗句:"落日照松竹,山中风气寒。我来频吊古,谁与共
还丹?……邓志喜时出,陈君镂板勤。"其最后两句原注为:
"元道士邓牧心著《洞霄图志》,不传已久。今四库采辑全书,
得副本,本宫道士陈仁恩刊以行世。"① 从诗句及注文我们可以
得到以下信息:乾隆以前《洞霄图志》不传已久,与我们上文
的分析一致。乾隆时期编《四库全书》,洞霄宫献出了一个版
本,并在此过程中对其刻板印行。但乾隆年间的这个重刻本的流
传情况史籍并无记载,似乎并未流行起来。从史源学的角度看,
这段材料见于阮元《两浙輶轩录》,而实际作者很可能是朱文
藻。朱氏参与过阮元《两浙輶轩录》的编纂,在此之前他曾致
力于续写邓牧的《洞霄图志》,最终修成《洞霄图志续》一书。
他对洞霄宫非常了解,与当时(乾隆嘉庆时期)的洞霄宫道士
非常熟悉,因此获得这首诗并非难事。

根据《四库采进书目》记载,四库馆收集到的第二个版本
是来自洞霄宫所在的余杭县赵氏小山堂本。② 赵氏小山堂在整个
四库编辑过程中献书数百种,但其所献《洞霄图志》并未被
《四库全书》采纳为底本,因此其详细情况不得而知。

四库馆臣掌握的第三个版本就是《四库全书》所收《洞霄
图志》的底本。《四库全书总目》记载:"《洞霄图志》六卷,
浙江孙仰曾家藏本。"孙仰曾也是杭州本地藏书家,有藏书楼
"寿松堂",《四库全书》采用其书十数种。此版本与《知不足斋

---

① 〔清〕阮元:《两浙輶轩录》卷40,杭州:浙江古籍出版社,2012年,第
2869页。

② 吴蔚祖校订:《四库采进书目》,北京:商务印书馆,1960年,第81页、
257页。

丛书》本文字内容基本一致，但在篇幅上明显略于《知不足斋丛书》本，两本可能源自同一祖本。

王宗昱先生《〈洞霄图志〉的版本》指出四库馆征集到的"《洞霄图志》有两个本子，一个是孙家的本子，另一个是赵氏小山堂写本"。同时，他还发现了《文渊阁四库全书》本与《四库提要》所提及的版本并不一致。《四库提要》记载"此书第五卷后附《住持知宫等题名》"，[①] 而《文渊阁四库全书》所收的《洞霄图志》却没有《住持知宫等题名》。因此王先生"推测，四库提要作者用的是孙家的本子，但是《文渊阁四库全书》抄录的显然不是孙氏藏本的原貌"。[②]

（三）鲍氏《知不足斋丛书》本的印行

《洞霄图志》现流行最广的版本是《知不足斋丛书》本。由于版本选择优良，刻板前校勘精审，故《知不足斋丛书》本印行后流传甚广。流传于今的《洞霄图志》大部分源于这一版本，包括《丛书集成初编》本、《中国道观志丛刊》本、《笔记小说大观续编》本、《百部丛书集成》本。由于这些版本基本出现于现当代，因此在全国各主要图书馆、世界各主要汉学研究机构均有保存，在此不一一叙述。

《知不足斋丛书》本的出现是否与《四库全书》的编撰有关？清代钱泳《履园丛话》记载："鲍廷博，字以文，安徽歙县人。少习会计，流寓浙中，因家焉。以冶坊为世业，而喜读书，载籍极博。乾隆三十八年（1773）诏求天下遗书，廷博独得三

[①] 《四库全书总目》卷70，北京：中华书局，1965 年影印浙本。
[②] 王宗昱：《〈洞霄图志〉的版本》，《天台山暨浙江区域道教国际学术研讨会论文集》，杭州：浙江古籍出版社，2008 年，第397—398 页。

百余种，赍浙江学政王杰上进。奉旨以内府所刻《图书集成》
一部赐廷博，乡里荣之。廷博尝校刻《知不足斋丛书》二十四
集。"①《洞霄图志》便被编入第十五集，上题："宋邓牧撰，元
刊本。"我们知道，《知不足斋丛书》是根据《四库全书》编成
后退还鲍氏的善本刻印而成，因此我们很容易得出鲍氏《洞霄
图志》曾被献于四库馆的结论，但事实并非如此。

朱文藻（1735—1806）所著《洞霄图志续》朱氏《自序》
记载："余自庚子（1780）秋游洞霄，见闻人氏（指闻人儒）所
纂《洞霄宫志》，体例凡近。每思重为考订，以资观览。后客吴
门，与鲍绿饮（即鲍廷博）从书肆中购得旧抄本邓牧心《洞霄
图志》及孟宗宝《洞霄诗集》，欣然携归，付之剞劂。"② 从这
个时间我们可知，朱氏和鲍氏在苏州得到这个版本必定在"庚
子"年（1780）之后，而为编修《四库全书》大征图书却在乾
隆三十七年（1772）到四十三年（1778）间③，因此苏州的这个
版本，也就是后来成为鲍氏《知不足斋丛书》本的《洞霄图志》
就不可能献于朝廷，这就是四库本使用的是版本上并不尽如人意
的孙仰曾本的原因。

王宗昱还指出朱、鲍二人从苏州买回的《洞霄图志》和
《洞霄诗集》是出自浙江另一位藏书家厉鹗（1692—1752）之
手，并在注文中注明："朱文藻曾经为厉鹗作年谱，年谱后序中
称朱文藻是厉鹗同乡。……他们是同乡，那么在苏州买到他的藏

书，是偶然的吗？"① 王先生的疑问是有道理的，但他并没有继续深入探索朱文藻、厉鹗与洞霄宫的关系。

厉鹗是雍正、乾隆时期杭州地区重要的藏书家和学者，浙西词派的集大成者。他编著《宋诗纪事》100卷，其中大量征引了《洞霄诗集》的作品，并引用《洞霄图志》中的人物传记作"纪事"。现在我们终于明白其中原因，原来他手头上就有这两本在当时流传并不广的书籍。朱文藻作为乾嘉时期杭州著名学者，与阮元、王昶、孙星衍、鲍廷博等人关系密切。他曾参加过《四库全书》的编校工作，不知《四库提要》中的《洞霄图志提要》与他有没有关系，是否是因他根据厉鹗本（即后来《知不足斋丛书》本）写成提要，造成了提要与《文渊阁四库全书》实际所收书不符。朱氏曾还与孙星衍研讨金石，订成《山左金石志》。晚年，他先后参加阮元主持的《两浙輶轩录》、王昶主持的《西湖志》《金石萃编》等书的编写工作；他还对杭州地区的著名宫观有所研究，前文已经引用了他的《洞霄图志续》；他还编过一本道教宫观书《金鼓洞志》，这座道院也位于杭州。② 而最有意思的是，我们上面引用的嘉庆《余杭县志》的作者正是朱文藻，他把自己所作的《洞霄图志续》收入自己编的《余杭县志》的《艺文志》中，但是令人十分惋惜的是，他那部《洞霄图志续》已佚，但其主体内容被《余杭县志》保存了下来。其实历史上还有一部著名的《余杭县志》，就是明万历时期戴日强编修

---

① 王宗昱：《〈洞霄图志〉的版本》，《天台山暨浙江区域道教国际学术研讨会论文集》，杭州：浙江古籍出版社，2008年，第403页。

② 〔清〕朱文藻编：《金鼓洞志》，《中国道观志丛刊》18，南京：江苏古籍出版社，2000年。金鼓洞鹤林道院位于今杭州西湖边的栖霞岭北、葛岭以西，该道院因吕祖画像和吕祖题"飞来野鹤"著名。

本。与朱文藻惊人相似的是，戴氏也专门修过一部《洞霄志》，并作为他这部《余杭县志》的末卷，附于全书最后。这部《洞霄志》现存有《四库存目丛书》本，其内容元代以前大体抄邓志，但为我们保留了大量元后期到明万历时期的洞霄宫史料。①

（四）抄本："台湾成文本"

《洞霄图志》的各版本皆祖于邓牧去世后由孟宗宝保存并续写的元本，我们认为主要有代表刻本系统的《知不足斋丛书》本、代表删节本系统的《大涤洞天记》以及代表抄本系统的台湾成文本。现存最为流行的《知不足斋丛书》本即根据元刻本刊印，而台湾成文出版社《中国方志丛书》本的情况较为复杂。

台湾成文本虽然名为《洞霄图志》，却与《洞霄诗集》前六卷合为一书。其版权页题为"元至大年间旧钞本"，全书最后一页为明嘉靖时期苏州藏书家吴岫的题记，原文为："洞霄宫乃宋大臣休养之所，其胜可观。《洞霄图志》六卷，元人邓牧所编；《洞霄诗集》六卷，本山孟宗宝编，此元刻本也，后人续刻八卷，并行于世。吴岫识。"② 版权页与题记关于版本的记载有明显的矛盾。首先，我们可以肯定的是，成文本不是元代本，因为书中有三处明洪武年号，显示这一版是在明洪武年间续写的。那么版权页和吴岫题跋都认为其是元代版本又是怎么回事呢？其实吴岫的这段题记有几种理解方式：一种可以认为"此元刻本也"中的"元"字是"原"字的通假字，这种情况在古书中经常出

---

① 〔明〕戴日强：《余杭县志》，《四库存目丛书》史部第 210 册，济南：齐鲁书社，1996 年。此本《余杭县志》为残本，缺卷一、卷七和卷八，但该书末卷《洞霄志》仍存在。

② 〔元〕邓牧：《洞霄图志》，《中国方志丛书》华中地方第 559 号，台北：成文出版社，1983 年，第 307 页。

现，这段文字便可理解为这本书是最初的刻本或根据最初的刻本形成的手抄本；另外一种理解是，这个"此元刻本也"仅是用来修饰《洞霄诗集》的，而与《洞霄图志》无关。我认为作后一种理解的可能性较大，因为在"此元刻本也"这句话后面还有一句"后人续刻八卷，并行于世"。现存《洞霄诗集》就是十四卷本，此处"续刻八卷"，与成文本所存《洞霄诗集》六卷相加，刚好为十四卷，而"此元刻本也"这句话正好夹在描述《洞霄诗集》卷数的这两句话之间，必定也是用来修饰《洞霄诗集》的。

尽管成文本和其他版本依据的并非同一本，但《洞霄图志》很可能与孟宗宝所撰《洞霄诗集》并为一书同时流行。成文本就是将两者合为一本，这显然并非成文出版社所为，而是抄本的原貌。因为书的最后一页吴岫的题记有如下记载："《洞霄图志》六卷，元人邓牧心所编；《洞霄诗集》六卷，本山孟宗宝编。"①陆心源《皕宋楼藏书志》为《洞霄诗集》所写的提要为："《大涤洞天记》者，即今《洞霄图志》也，《记》本邓牧著，而《序》（指上引吴全节序）以为孟宗宝者，疑当日两书本合行耳。"②可见陆氏也注意到了这一问题。同时，我们之前引用鲍廷博与朱文藻在苏州购得的厉鹗本时，也提到《图志》和《诗集》是一同购得的，这似乎也在暗示两书已合为一本。

王宗昱《〈洞霄图志〉的版本》对此也有类似的疑问，并认为"这些问题要等待见到景印本根据的原件或许能得到一些新

---

① 〔元〕邓牧：《洞霄图志》，《中国方志丛书》华中地方第559号，台北：成文出版社，1983年，第307页。

② 〔清〕陆心源：《皕宋楼藏书志》卷116，光绪万卷楼藏本。

的信息"。① 但他并没有向我们指出成文本所根据的祖本为何本。笔者在互联网上偶然查到成文本所根据的正是台湾"国家"图书馆所藏的《洞霄图志》。

根据台湾数字典藏联合目录查到的信息，成文本就是根据台湾"国家"图书馆所藏《洞霄图志》影印。首先，该网站上提到"〔明〕吴岫"，与成文本合；其次，其网站上版本一栏也是标为"旧钞本"，与成文本合。最后，网站上提供了一页书影（此书影见文末），为《洞霄图志》正文第一卷第一页，与成文本同卷同页相比，行款、版式、字迹皆完全一致，只是台湾成文本上的历代藏书印已经模糊不清，而网站书影上的印记则清晰可见，这应当是台湾成文出版社影印此书时造成的。虽然互联网只为我们提供了一页书影，但却为我们研究整个版本的流传情况提供了重要线索。

台湾"国家"图书馆为其馆藏古籍善本编有《"国家"图书馆善本书志初稿》一书，其中《洞霄图志》（编号为03812）为我们揭示其流传情况提供了可能。《书志初稿》首先肯定该馆藏《洞霄图志》为"手钞本"。在提及其前后五篇序跋后，其总结道："此序均系就元刻影写，书法雄健。"其实这段引文正是成文本版权页上"旧钞本"三个字的来源。通过以上信息我们可以确认台湾成文本的祖本的确为手钞本。"书中钤有'"国立中央"图/书馆收藏'朱文长方印、'古潭州/袁卧雪/庐收藏'白文方印、'吴岫'白文长方印、'芹圃/收藏'朱文长方印、'张印/乃熊'白文方印、'芹/伯'朱文方印、'礼培/私印'白文方

---

① 王宗昱：《〈洞霄图志〉的版本》，《天台山暨浙江区域道教国际学术研讨会论文集》，杭州：浙江古籍出版社，2008年，第399页。

印、'埽尘/斋积/书记'朱文方印、'方/山'朱文方印、'吴
岫'朱文长方印。①"经过笔者的初步研究,这十枚印文分别属
于以下五位收藏者或收藏机构:

收藏者	时代	印文
吴岫	明嘉靖年间	"吴岫"白文长方印、"方/山"朱文方印、"吴岫"朱文长方印
袁芳瑛	？—1859	"古潭州/袁卧雪/庐收藏"白文方印
王礼培	1864—1943	"礼培/私印"白文方印、"埽尘/斋积/书记"朱文方印、"方/山"朱文方印
张乃熊	1891—1942	"芹圃/收藏"朱文长方印、"张印/乃熊"白文方印、"芹/伯"朱文方印
台湾"国图"	1941—今	"'国立中央'图/书馆收藏"朱文长方印

有关吴岫的传记资料并不多,我们现在只知道他是明代藏书
家,嘉靖诸生,字方山,号濠南居士,吴县(今江苏苏州)人。
家多贮书,前后收书逾万卷,有藏书楼"尘外轩"。所藏书扉页
有"尘外轩读一过""方山吴岫"等印。撰有《姑苏吴氏书目》
一卷,已佚。我们在前面已经指出,台湾成文本中有洪武年号,
因此这个本子在明初仍留在洞霄宫中,由本宫道士续写。至于其
流于市井的时间,根据吴岫活动的年代,最晚也要在明嘉靖时
期。在明吴岫与清袁芳瑛之间有着三百年左右的空白期,由于没
有印文留下,我们已经无从考证其流传情况。

---

① 《"国家"图书馆善本书志初稿》,台湾"国家"图书馆,1997年,第127页。

有关第二组印文的所有者袁芳瑛，丁丙《善本书室藏书志》记载："卧雪庐者，长沙袁漱六太守藏书处也。漱六名芳瑛，道光乙巳（1845）进士，官松江府知府。其卧雪庐藏书极富，即《汉书》一种宋元刻本，藏至十余部，余可知矣。著有《卧雪庐书目》。"[①] 袁氏在 1845 年中进士后，一直在北京担任翰林院编修，在此期间他的收书癖好就已显现出来。他与曾国藩关系密切，是同乡，更是儿女亲家。1851 年太平天国起事后，曾国藩在湖南组建湘军。1854 年袁芳瑛任松江知府，在打仗时也不忘记读书，"从巡抚督师，犹载书自随。军溃，尽失之"。这些书都是袁氏大半辈子的积蓄，大多应当是在北京期间收得，千里迢迢从北京运到松江任所，不料竟因战而失，袁氏当时的心境可以想见。但"天下藏书悉出在上海，列肆市之。上海，松江属县，所得俸入尽以买补，视旧藏更倍"。[②] 台湾成文本就是由他在上海书肆中购得，那么上海这批书的来源有没有什么线索呢？著名藏书家叶德辉不止一次提及袁氏的藏书："咸丰时东南士大夫藏书有名者三人，一朱学勤、一丁日昌、一袁芳瑛。袁书得之兰陵孙氏（孙星衍）祠堂者十之三，得之杭郡故家者十之二，得之官编修时者十之四五。"《洪亮吉论藏书有数等》记载："与洪同时者，尚有毕制军沅经训堂、孙观察星衍平津馆岱南阁五松园，后均入金陵孙忠愍祠堂，著有孙祠书目，书前有印文曰'孙忠愍祠堂藏书记'。粤匪乱后，其书多归吾县袁芳瑛卧雪庐，吾见

① 〔清〕丁丙：《善本书室藏书志》卷 3，扬州：江苏广陵古籍刻印社，1986 年，第 2 册，第 23 页。

② 〔清〕王闿运：《光绪湘潭县志》卷 8，长沙：岳麓书社，2010 年，第 308—309 页。

之甚多。"① 从上面几段资料中我们可知袁氏藏书的构成，其在北京任编修时所购书籍仍占"十之四五"，在上海购得占十之五六，其又可分为孙星衍十之三和"杭郡故家十之二"两部分。也就是说，来自孙氏的书占了他在上海购书的一大半。我们查阅孙星衍（1753—1818）《孙氏祠堂书目》，其卷二中有"《洞霄图志》六卷宋邓牧撰"。② 袁芳瑛收购的《洞霄图志》很可能就是来自著名学者孙星衍的藏书，前文提到朱文藻也参与了孙氏编写《山左金石志》。由于该书没有孙氏藏书印，我们只能推测如此。

那么成文本是如何从袁芳瑛流入王礼培手中的呢?③ 袁氏在1859 年死于松江任上，其夫人将藏书全部护送入湘。至其夫人去世后，藏书由其子袁榆生（娶曾国藩女）掌握。袁榆生乃一纨绔子弟，不喜读书，将袁氏藏书分批卖出，大部卖给湖南巡抚之子李盛铎（字木斋），④ 也有相当部分卖给了叶奂彬、王礼培、李瑞奇等人。⑤

王礼培并非富豪之家，他的藏书屡聚屡散。民国初他将部分书携至南京，庋于次子王传麟住所，后又转至上海行寓。国民政府行政院长谭延闿、商务印书馆王云五先后登门拜访，动员其捐出或以价售出，均遭谢绝。后因生活所迫，上海行寓之书悉数售

---

① 〔清〕叶德辉：《书林清话》卷9，上海：上海古籍出版社，2008 年，第189 页。

② 〔清〕孙星衍：《孙氏祠堂书目》卷2，《丛书集成初编》第40 册，北京：中华书局，1985 年，第62 页。

③ 王礼培（1864—1943），字佩初，号潜虚老人，室名小招隐馆，湖南湘乡人，曾任船山学社董事长。1893 年乡试中举，1905 年出任湘乡新学学监，和禹之谟领导了湘乡历史上第一次学潮，禹被捕牺牲后，王礼培流亡日本，加入同盟会。辛亥后不入仕，专从事古籍收藏、诗歌创作及理论研究。

④ 李盛铎著有《木犀轩收藏旧本书目》，李氏死后，其子李滂于1940 年把父辈藏书全部卖给北京大学，奠定了北京大学古籍善本的规模。

⑤ 黄濬：《花随人圣庵摭忆》，上海：上海古籍书店，1983 年。

于易培基，而易氏江湾楼毁于“一·二八事变”日军轰炸。[①] 成文本《洞霄图志》的祖本现存于世，也就是说，这本书并未长时间存于易培基的江湾楼，而是在1932年“一·二八事变”前转入张乃熊之手。

张乃熊，字芹伯、芹圃，张钧衡子，浙江吴兴人，藏书家。其继承乃父遗愿，搜书之兴不下其父。[②] 在其父张钧衡的《适园藏书志》中我们还找不到《洞霄图志》，可见此书是在张乃熊时代收入张氏藏书的，时间应早于1932年。现存藏书印只有张乃熊的印记而无其父的印记也可佐证此观点。1937年全面抗战爆发后，张氏家族及其藏书移入上海租界内。1941年，著名藏书家郑振铎等人组织的“文献保存同志会”，冒着生命危险潜回上海孤岛购买古籍善本，张氏适园藏书是其重要目标。太平洋战争爆发前，张乃熊仍在犹豫是否要将藏书售与“文献保存同志会”，但最终还是售出了藏书。

“文献保存同志会”于1941年底将最重要的2000多部23000余册甲类善本邮寄至香港冯平山图书馆，打算经由香港转运至美国国会图书馆。不料书刚寄到香港，太平洋战争就爆发了，香港沦陷。“同志会”以为这批书已经毁于战火。战后，怀着一线希望，国民政府派员至日本寻访被劫掠的文物，竟然在日本帝国图书馆发现了这批古籍。几经辗转，随着国民政府的败

---

① 参见郑伟章、姜亚沙：《湖湘近现代文献家通考·王礼培》，长沙：岳麓书社，2007年。

② 关于张氏家族的藏书史已有多种，最近的研究参见黄庭硕：《张乃熊藏书研究》，台湾大学图书信息学研究所硕士论文，2009年。赵琮诚：《张钧衡〈适园藏书志〉研究》，“国立”台北大学古典文献学研究所硕士论文，2008年。张南琛、宋路霞：《张静江、张石铭家族：一个传奇家族的历史纪实》，重庆：重庆出版社，2008年，第76—84页。

退，它们最终落户在台北市新建的"中央"图书馆里。① 这批张氏适园藏书成为台湾"国家"图书馆最大宗且最完整的故家旧藏，且深具版本及研究价值。

通过以上对藏书印的分析，我们可以得到台湾成文本《洞霄图志》从明嘉靖年间直到民国时期的传承情况，特别是从清代中后期到民国时期，其流传的脉络是相当清晰的：

> 吴岫（明嘉靖）——孙星衍（嘉庆、道光）——袁芳瑛（咸丰）、妻、袁榆生（同治、光绪）——王礼培——易培基（1932年前）——张乃熊（1941年底）——香港、日本东京（1941年底——1945年）——台北"国家"图书馆（1949年以后）——成文出版社印行（1983年）

三　小结

通过以上讨论，并结合前人的研究，我们可以得出以下结论：作为删节本的《大涤洞天记》没有多少版本价值。《文渊阁四库全书》本比《知不足斋丛书》本内容要少得多，而且缺少的都是入元以后的内容。《知不足斋丛书》本应为这几版本中最为完整的。《知不足斋丛书》本与成文本相比较，两个系统有几个明显不同之处。首先，两个版本最大不同之处在卷一，成文本

---

① 有关"文献保存同志会"的研究和文献十分丰富，如刘哲民、陈政文编：《抢救祖国文献的珍贵记录——郑振铎先生书信集》，上海：学林出版社，1992年。沈津：《郑振铎致蒋复璁信札》（上、中、下），《文献》2001年第3—4期、2002年第1期。卢今、李华龙：《郑振铎日记》，太原：山西教育出版社，1997年。郑尔康：《郑振铎》，北京：文物出版社，2007年。陈福康编著：《郑振铎年谱》，北京：书目文献出版社，1988年。

有三张地图，分别为《洞天福地形盛之图》《天柱山源派图》
《宫宇图》，这也是《洞霄图志》称为"图志"的原因。但现存
其他版本（主要指《知不足斋丛书》本）皆无图。四库馆臣在
撰写该书提要时，曾不无惋惜地写道："又书称'图志'，而此
本乃有志无图，当为传写所脱佚，无可校补，亦姑仍其阙焉。"
其次，成文本没有上文提到过的《洞霄图志题名》，而《知不足
斋丛书》本则有。

　　《洞霄图志》的成书年代约为邓牧去世前的大德九年
（1305）冬，邓牧去世后，洞霄宫道士孟宗宝保存并续写了《洞
霄图志》。在元朝官方的介入下，《洞霄图志》初次刻印于至大
三年（1310）。初次刊刻后，该书在江南地区私人藏书家手中有
小范围的流传。明初，《洞霄图志》被洞霄宫道士删节为《大涤
洞天记》三卷，并请天师张宇初作序，后收入《正统道藏》流
传至今。乾隆年间编修《四库全书》让各种版本的《洞霄图志》
大量出现，之后不久鲍氏《知不足斋丛书》本印行，成为现今
流传最广的版本。最晚出版的台湾成文本来自台湾"国家"图
书馆，为明洪武年间续写本，虽然并非原始的本子，但它所依据
的底本却很可能是最接近原本的。

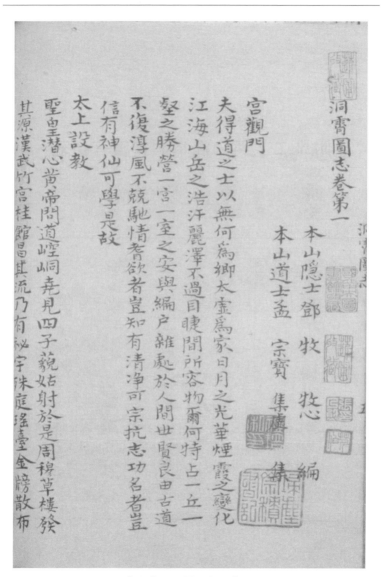

洞霄圖志卷第一

本山隱士鄧 牧 恕心 編

本山道士孟 宗寶 集傳

宮觀門

夫得道之士以無何爲鄉太虛爲家日月之光華煙霞之變化
江海山岳之浩汗麗澤不過目睫間所容物爾何待占一丘一
壑之勝營一宮一室之安與編戶雜處於人間世賢良田古道
不復淳風不兢馳情奢欲者豈知有清淨可宗抗志功名者豈
信有神仙可學是故
太上設教
聖皇王潛心黃帝問道崆峒堯見四子藐姑射於是周穆草樓發
其源漢武竹宮桂館昌其流乃有祕宇珠庭瑤臺金榜散布

成文本《洞霄圖志》書影

附录二　两宋提举洞霄宫官员表

时间	姓名	任祠官前之职官	任祠官原因	原始文献	文献出处
宋神宗熙宁中(1068—1077)	俞康直	郎中	秩满奉祠	初奉祠时年五十七,暨祠禄再满,遂请休致	南宋佚名《京口耆旧传》卷2,《苏文忠公全集》卷6,《洞霄诗集》
熙宁七年(1074)六月二十一日以前	沈衡	由登闻检院出知润州,陛对赐三品服	以疾得请	由登闻检院出知润州,陛对赐三品服。到郡以疾得请提举杭州洞霄宫。以熙宁七年六月二十一日终于苏州之居第,享年六十八	《苏魏公集》卷55《职方郎中沈君墓表》

续表

时间	姓名	任祠官前之职官	任祠官原因	原始文献	文献出处
熙宁七年(1074)二月甲寅	鞠真卿	知河中府、太常丞、集贤校理	以察访使李承之言其在郡不治,一岁中燕饮九十余会故也	二月己卯,知河中府、太常丞、集贤校理鞠真卿,落职管勾洞霄宫,以察访使李承之言其在郡不治,一岁中燕饮九十余会故也。王安石白上:旧俗大抵多如此,陛下躬服勤俭,此俗已顿革。在京两制,非复往时,但务过从而已。上曰:馆阁亦一变矣。诏自今五路安抚使以下,提举教阅诸军、义勇保甲官,岁一遣使按视,具优劣以闻而诛赏之,其修治、排垛、城池、军器按视准此,如有违慢,帅臣以下,取旨降黜	《续资治通鉴长编》卷250
熙宁八年(1075)十月庚寅	毛维瞻	开封府推官、度支郎中	维瞻上殿札子误用字及不如式也	庚寅,开封府推官、度支郎中毛维瞻提举洞霄宫。维瞻上殿札子误用字及不如式也	《续资治通鉴长编》卷269
元丰四年(1081)七月壬辰	元耆宁	崇文院校书、馆阁校勘	耆宁校书未二年,以父绛致仕,特恩也。诏旨特命二子分领鸿庆、洞霄二宫,俾居家就养	壬辰,崇文院校书元耆宁为馆阁校勘,勾当洞霄宫,令随侍。耆宁校书未二年,以父绛致仕,特恩也	《续资治通鉴长编》卷314,《宋会要辑稿》选举33,《苏魏公集》卷52

续表

时间	姓名	任祠官前之职官	任祠官原因	原始文献	文献出处
元丰四年(1081)九月庚子	章衡	朝奉大夫、宝文阁待制、知成德军	落职,守本官。坐纵指使回易公使,及亲昵小吏。御史朱服言其丑迹,下本路体量,得实也	庚子,诏朝奉大夫、宝文阁待制、知成德军章衡落职,守本官提举洞霄宫。坐纵指使回易公使,及亲昵小吏。御史朱服言其丑迹,下本路体量,得实也	《续资治通鉴长编》卷316,《宋会要辑稿》选举66
元丰六年(1083)七月	郑穆(第一次)	朝散大夫、集贤校理、知越州	未满秩告老	六年,请老,提举洞霄宫。敕过门下,给事中范祖禹言:穆虽年出七十,精力尚强。古者大夫七十而致仕,有不得谢,则赐之几杖。祭酒居师资之地,正宜处老成,愿毋轻听其去。不报	《嘉泰会稽志》卷2,《范太史集》卷43《宝文阁待制郑公墓志铭》

续表

时间	姓名	任祠官前之职官	任祠官原因	原始文献	文献出处
宋哲宗元祐元年(1086)十一月二十四日	章惇	正议大夫、知汝州	宣仁后临朝，用司马光、吕公著更革弊事。惇与宰相蔡确，不肯引咎去位，窥伺得失。惇尤谴悔光，争论决法，光不能堪。苏辙为谏官，上疏论其奸恶，惇与确皆逐去	十一月壬寅十八日，诏章惇依旧知汝州。十一月二十四日提举洞霄宫。旧录云：光庭言，惇在枢密府，于帘前悖慢，失人臣礼。责官未逾年，遽移大郡，窃恐迁升无名，假借太甚，乞罢扬州。新除以协公议。诏章惇依旧知汝州。章惇女婿窦讷作惇行状云：自汝州移知扬州，行至国门，以言者攻罢，复还汝州	《续资治通鉴长编》卷316，杜大珪《名臣碑传琬琰集》下卷18《章丞相惇传》
元祐元年(1086)	张诜	知杭州、迁正议大夫	御史言其昏耄(实为党争)	元丰四年(1081)四月乙酉，以龙图阁直学士、知成都府张诜知杭州，本传字枢言，浦城人。既除知杭州，将行，诏权知熙州、经略熙河事，既而赴杭州。哲宗即位，迁正议大夫，请解郡事，除提举杭州洞霄宫。御史言其昏耄，罢之仍提举洞霄宫	《乾道临安志》卷3

续表

时间	姓名	任祠官前之职官	任祠官原因	原始文献	文献出处
元祐中（1086—1094）	卢秉	知荆南、降待制	刘安世论其行盐法虐民（党争）	元祐中，知荆南。刘安世论其行盐法虐民，降待制、提举洞霄宫，卒	《宋史》卷331
元祐四年（1089）九月二日	何正臣	宝文阁待制、知饶州	朝廷如以正臣昨来提举宫观出于自请，今复与之，不复示责，即乞坐言者所论，别除宫观差遣	乃出知潭州。时诏州县听民以家资易盐，吏或推行失指。正臣条上其害，谓无益于民，亦不足以佐国用，遂寝之，民以为便。后历刑部侍郎，知宣州，卒	《续资治通鉴长编》卷432，《宋史》卷329
元祐六年（1091）五月	郑穆（第二次）	宝文阁待制、国子祭酒	三上表乞骸骨	六年，请老，提举洞霄宫。敕过门下，给事中范祖禹言：穆虽年出七十，精力尚强。古者大夫七十而致仕，有不得谢，则赐之几杖。祭酒居师资之地，正宜处老成，愿毋轻听其去。不报	《续资治通鉴长编》卷390、卷392、卷408、卷409，范祖禹《范太史集》卷3《送郑闳中待制提举洞霄宫》、卷43《宝文阁待制郑公墓志铭》
绍圣间（1094—1098）	杨畏	集贤殿修撰、知襄州，移荆南	入元祐党	寻落职知虢州，入元祐党。后知郓州，复集贤殿修撰、知襄州，移荆南，提举洞霄宫，居于洛。未几，知邓州，再丐祠，以言者论列落职，主管崇禧观	《宋史》卷355

续表

时间	姓名	任祠官前之职官	任祠官原因	原始文献	文献出处
绍圣年间(1094—1098)	姚勔	知信州、奉议郎	言者论其阿附吕大防、范纯仁	奉议郎管勾杭州洞霄宫姚勔,向附凶邪,为出死力,沮害良善,助成奸谋。虽示小惩,未厌公论,宜从分务,聊称明刑,益自省循,服我宽贷。可依前官守尚书水部员外郎分司南京,衢州居住	《宋朝大诏令集》卷208
元符三年(1100)十一月	蔡京	知江宁府	落职	蔡京,字符长,仙游人。元符三年十一月,以知江宁府落职为提举	《宋朝大诏令集》卷210
宋徽宗建中靖国元年(1101)三月癸亥	吕惠卿	观文殿学士、右银青光禄大夫	党争	吕惠卿,建中靖国元年三月癸亥,以观文殿学士、右银青光禄大夫为提举	《宋史》卷471
建中靖国元年(1101)	周邦彦	知顺昌府		周邦彦,字美成,钱塘人。徽宗即位,累知顺昌府,提举洞霄宫	《宋史》卷444

续表

时间	姓名	任祠官前之职官	任祠官原因	原始文献	文献出处
崇宁元年(1102)	蔡薿	显谟阁待制、翰林学士	坐妄议政事,罢为提举	蔡薿,字文饶,开封人。显谟阁待制、翰林学士。崇宁元年,坐妄议政事,罢为提举	《宋史》卷354
崇宁二年(1103)之后	蒋静	知睦州	移病	以显谟阁待制知寿州,徙江宁府。茅山道士刘混康以技进,赐号"先生"。其徒倚为奸利,夺民苇场,强市庐舍,词讼至府,吏观望不敢治,静悉抵于法。徙睦州,移病,提举洞霄宫。越九年,召为大司成,出知洪州	《宋史》卷356
崇宁四年(1104)之前	韦骧	知明州	将代,乞闲	召为尚书主客郎中,久之,出为夔州路提点刑狱。秩满,知明州。将代,乞闲,遂提举杭州洞霄宫。其子寿隆,知衢州,迎公就养。公因告老,以本官致仕。崇宁四年卒	《钱塘集》末附陈师锡所撰《墓志铭》
崇宁五年(1106)正月,大观二年(1108)再领	黄裳(第一次)	龙图阁直学士、知郓州	落职,以言者论其因昏不事事,营饰台榭,不恤军民	(崇宁)五年正月二十六日,诏龙图阁学士、知郓州黄裳落职提举杭州洞霄宫,以言者论其因昏不事事,营饰台榭,不恤军民,故有是命	《宋会要辑稿》职官68之11

续表

时间	姓名	任祠官前之职官	任祠官原因	原始文献	文献出处
大观二年(1108)	吴执中	御史中丞	以论事,罢为提举	吴执中,字子权,松溪人。大观二年,官御史中丞,以论事,罢为提举。	《宋史》卷356
大观三年(1109)五月	叶梦得	知汝州	得罪童贯	五月戊午,遂以龙学出少蕴汝州,继又落职领洞霄祠。少蕴时得君甚中,以阴事始克去之华,原意以轧异己,不知适以张阉宦之威也。少蕴自志其事,以余观之,三公论道,官虽曰检校,亦不若终沮以正之,均为一去云。洞霄在中朝,从官常莅之,不专以处宰执,南渡以后乃不然也	《挥史》卷4
大观四年(1110)	毛注	御史	以与张商英交通	毛注,字圣可,西安人,官御史。大观四年,以与张商英交通,罢为提举	《宋史》卷348
政和中(1111—1118)	上官均	集贤院修撰		上官均,字彦衡,邵武人。政和中,以集贤院修撰为提举	《宋史》卷355

续表

时间	姓名	任祠官前之职官	任祠官原因	原始文献	文献出处
政和五年(1118)八月	陈邦光	中书舍人兼太子詹事	得罪蔡京	先是,邦光以中书舍人兼太子詹事,会蔡京献太子以大食琉璃酒器,罗列宫廷,太子怒曰:"天子大臣,不闻道义相训,乃持玩好之具,荡吾志邪!"命左右击碎之。京闻邦光实激太子,含怒未发,遂因事斥之	《宋通鉴长编纪事本末》卷311
政和八年(1118)	贺铸	判太平州,迁奉议郎,年五十八致仕,甫二年复起,管洞霄宫		崇宁初以宣议郎通判泗州,迁宣德郎,改判太平州。大观三年(1109)以承议郎致仕,居苏州、常州。宣和元年(1119)致仕。七年,卒于常州僧舍,年七十四	《宋史》卷443
宣和元年(1119)七月	黄裳(第二次)	知福州	任满,离职奉祠	政和四年(1114),以龙图阁直学士起知福州,历二任,除龙图阁学士。于是复以提举杭州洞霄宫,居钱塘。至宣和七年(1125),除端明殿学士,再领宫祠	《三山志》卷22《神道碑》
宣和六年(1124)	黄裳(第三次)			宣和六年,再领宫祠	《三山志》卷22《神道碑》

续表

时间	姓名	任祠官前之职官	任祠官原因	原始文献	文献出处
徽宗时（1101—1125）	张近	知太原府	以疾	出镇高阳八年，累加显谟阁待制、直学士，徙知太原府，以疾，提举洞霄宫	《宋史》卷353
徽宗时（1101—1125）	辛炳	自监察御史责监南剑州新丰场	言忤蔡京	辛炳，字如晦，侯官人。徽宗时，言忤蔡京，自监察御史责监南剑州新丰场，寻提举	《宋史》卷372
徽宗时（1101—1125）	曾开	中书舍人		曾开，字天游，河南人。徽宗时，以中书舍人罢为提举	《宋史》卷473
徽宗时（1101—1125）	钱即	历显谟阁直学士、知兴仁府，徙太原	以疾	钱即，字中道，吴越王诸孙。历显谟阁直学士、知兴仁府，徙太原。以童贯宣抚本道，辞不许。居二年，以疾为提举	《宋史》卷317
徽宗时（1101—1125）	林摅	知滁州	被黜	林摅，字彦振，福州人。官右光禄大夫，被黜知滁州，又罢为提举	《宋史》卷351

续表

时间	姓名	任祠官前之职官	任祠官原因	原始文献	文献出处
徽宗时（1101—1125）	蔡崈	集英殿修撰		蔡崈，京族子。京去位，削籍。京复相，复集英殿修撰，旋还显谟阁待制、提点洞霄宫。宣和中卒	《宋史翼》卷40
徽宗时（1101—1125）	蔡肇	显谟阁待制、知明州	议辟雍夺职	蔡肇，字天启，丹阳人。以议辟雍夺职，提举	《宋大诏令集》卷210
徽宗时（1101—1125）	傅穆卿	知舒州		傅穆卿，山阴人。以京城守御使出知舒州，为提举	《嘉庆余杭县志》
宋高宗即位（1127）	杨时	工部侍郎兼侍读	连章丐外	杨时，字中立，将乐人。高宗即位，官工部侍郎兼侍读，连章丐外，以龙图阁直学士为提举	《宋史》卷428
建炎（1127—1130）初	吴敏	观文殿学士、知潭州	以祖母年老，辞潭州、辞免丐祠	吴敏，字符中，真州人。观文殿学士。建炎初，知漳州，辞免丐祠，以资政殿学士为提举	《宋史》卷352，《北山集》

续表

时间	姓名	任祠官前之职官	任祠官原因	原始文献	文献出处
建炎（1127—1130）初	胡交修	徽猷阁待制		胡交修，字己楸，晋陵人。政和中，历右文殿修撰。建炎初，改徽猷阁待制，为提举	《宋史》卷378
高宗即位（1127）	沈晦（第一次）	徽猷阁待制	以言者论	沈晦，字符用，钱塘人。高宗即位，除集英殿修撰，进徽猷阁待制。以言者论，降集贤殿修撰，为提举	《宋史》卷378
建炎元年（1127）五月	耿南仲	自门下侍郎罢为观文殿大学士		耿南仲，字晞道，开封人。建炎元年五月，自门下侍郎罢为观文殿大学士	《宋史》卷352
建炎元年（1127）八月	李纲	自左丞相罢为观文殿大学士	为高宗不喜	李纲，字伯纪，邵武人。建炎元年八月，自左丞相罢为观文殿大学士，为提举	《宋史》卷359
绍兴四年（1134）	沈晦（第二次）	知镇江府	不为韩世忠所乐，复提举	寻复徽猷阁待制。绍兴四年，起知镇江府。不为韩世忠所乐，复提举	《宋史》卷378
建炎元年（1127）八月	许翰	自尚书右丞罢为资政殿学士		许翰，字崧老，襄邑人。建炎元年八月，自尚书右丞罢为资政殿学士，为提举	《宋史》卷363

续表

时间	姓名	任祠官前之职官	任祠官原因	原始文献	文献出处
建炎元年(1127)	滕庚	集英殿修撰		滕庚,字子济,宋城人。建炎元年,以集英殿修撰为提举	《建炎以来系年要录》卷9
建炎元年(1127)	卫肤敏	中书舍人、授集英殿修撰	建炎元年知贡举,有进士对策,谬称臣,为谏官所论	卫肤敏,字商彦,华亭人。官中书舍人。建炎元年知贡举,有进士对策,谬称臣,为谏官所论,授集英殿修撰,为提举	《宋史》卷378
建炎元年(1127)	谢克家	自参知政事罢为述古殿直学士		谢克家,字任伯,上蔡人。建炎元年,自参知政事罢为述古殿直学士,为提举	《宋史全文》卷18上
建炎元年(1127)	吕好问	资政殿学士		建炎元年,除资政殿学士,为提举	《宋史》卷362
建炎二年(1128)五月	许景衡	自尚书右丞罢为资政殿大学士		许景衡,字少伊,瑞安人。建炎二年五月,自尚书右丞罢为资政殿大学士	《宋史》卷363

续表

时间	姓名	任祠官前之职官	任祠官原因	原始文献	文献出处
建炎二年(1128)	董耘	自兵部尚书罢为延康殿学士	殿中侍御史张浚言其纳贿	殿中侍御史张浚言：兵部尚书董耘谄事童贯南征北伐，首尾幕中，纳贿赂以市官资，饰表章以肆欺罔，海内咸怨。陛下总师济郓，仍缘获进，盖有所自，岂可滥居高选。丙申，以耘为延康殿学士，提举洞霄宫	《宋中兴纪事本末》卷4
建炎二年(1128)五月	路允迪	资政殿学士		路允迪，字公弼，宋城人。建炎二年为资政殿学士	《宋史》卷213
建炎三年(1129)	詹乂	徽猷阁学士，改御营平寇左将军随军转运判官	以亲老乞祠	詹乂，字持国，缙云人。建炎三年，以徽猷阁学士为提举	《宋中兴纪事本末》卷9,《南轩集》卷39《直秘阁詹公墓志》
建炎三年(1129)	季陵	官徽猷阁待制、知临安府	沈与求劾以承望宰执风旨，斥罢为提举	李陵，字延仲，龙泉人。官徽猷阁待制、知临安府。建炎三年，沈与求劾以承望宰执风旨，斥罢为提举	《宋史》卷377
建炎三年(1129)	李邴	自参知政事授资政殿学士			《李文敏公邴神道碑》

续表

时间	姓名	任祠官前之职官	任祠官原因	原始文献	文献出处
建炎三年(1129)	颜岐	同知枢密院	朋附苗傅刘正彦	苗傅刘正彦作乱,及今上反正,宰臣朱胜非与一时执政俱罢,其后二凶伏诛,有诏岐落职,提举杭州洞霄宫。又诏曰:澂方二凶,在朝朋附之迹久而著明可落职	《宋宰辅编年录》卷14
绍兴元年(1131)正月	李光(第一次)	徽猷阁待制		李光,字泰发,上虞人。绍兴元年正月,除徽猷阁待制,为提举	《宋史》卷363
绍兴九年(1139)	李光(第二次)	自参知政事罢为资政殿学士		九年,自参知政事罢为资政殿学士,复提举	《宋史》卷363
绍兴元年(1131)七月	范宗尹	自右相罢为观文殿大学士		范宗尹,字觉民,邓城人。绍兴元年七月,自右相罢为观文殿大学士,为提举	《宋史》卷362
绍兴元年(1131)十一月	富直柔	自同知枢密院事,以端明殿学士为提举		富直柔,字季申,河南人。绍兴元年十一月,自同知枢密院事,以端明殿学士为提举	《宋史》卷375
绍兴元年(1131)	卢法原	自吏部尚书罢为显谟阁待制		卢法原,字立之,德清人。绍兴元年,自吏部尚书罢为显谟阁待制,为提举	《名臣碑传琬琰集》中卷33

续表

时间	姓名	任祠官前之职官	任祠官原因	原始文献	文献出处
绍兴元年(1131)	汪伯彦	自观文殿学士为提举		汪伯彦,字廷俊,祁门人。绍兴元年,自观文殿学士为提举	《宋史》卷232
绍兴元年(1131)八月	张守	自参知政事罢为资政殿大学士		张守,字子固,晋陵人(《题名》作滁州人。今从史传)。绍兴元年八月,自参知政事罢为资政殿大学士,(史传无"大"字。今从史表。)为提举	《宋史》卷375
绍兴二年(1132)六月	翟汝文	自参知政事致仕	与秦桧不和,得罪秦桧	翟汝文,字公巽,丹阳人。显谟阁学士。绍兴二年六月,自参知政事致仕	《宋史》卷372
绍兴三年(1133)	吕颐浩	自左相罢为镇南军节度使		吕颐浩,字符直,齐州人。绍兴三年,自左相罢为镇南军节度使	《宋史》卷362
绍兴三年(1133)	韩肖胄	端明殿学士	与朱胜非不合,求去为提举	韩肖胄,字似夫,安阳人。绍兴三年,历端明殿学士,与朱胜非不合,求去为提举	《宋史》卷379
绍兴二十五年(1155)十二月	张浚	特进、提举江州太平兴国宫、永州居住张浚,降授左朝请大夫		绍兴二十五年十二月,特进,提举江州太平兴国宫、永州居住张浚,降授左朝请大夫,提举临安府洞霄宫	《宋史》卷361

续表

时间	姓名	任祠官前之职官	任祠官原因	原始文献	文献出处
绍兴四年(1134)四月	徐俯	自端明殿学士、签书枢密院事,罢为提举		徐俯,字师川,分宁人。绍兴四年四月,自端明殿学士、签书枢密院事,罢为提举	《宋史》卷372
绍兴四年(1134)	朱胜非	自右相罢为观文殿大学士	候母服阕	三年,潜善伯彦罢。以胜非为宣奉大夫、尚书左仆射,值苗傅刘正彦擅废立,胜非狐趋鼠拱,行二人之意而已。上复辟,罢为观文殿学士,提举临安府洞霄宫	《三朝北盟会编》卷213
绍兴四年(1134)九月之前	富直柔	同知枢密院事		十一月戊戌,富直柔罢同知枢密院事,中大夫提举临安府洞霄宫	《宋宰辅编年录》卷15
绍兴五年(1135)闰二月	胡松年	自端明殿学士权参知政事	以疾为提举	端明殿学士、左朝散大夫、提举临安府洞霄宫胡松年,父增赠少师制	张扩《东窗集》卷7
绍兴六年(1136)二月	沈与求	自参知政事罢为资政殿学士、知明州,寻提举	与张浚不和	六年,张浚复欲出视师,不告之同列。及得旨,乃退而叹曰:"此大事也,吾不与闻,何以居位?"遂丐祠,罢,出知明州	《宋中兴纪事本末》卷36

续表

时间	姓名	任祠官前之职官	任祠官原因	原始文献	文献出处
绍兴六年(1136)三月	折彦质	端明殿学士、签书枢密院事折彦质乞罢,丙午诏仍旧职提举洞霄宫		彦质自绍兴六年三月除签书枢密院事,是月乞罢。诏仍旧职提举洞霄宫,执政凡九月	《宋中兴纪事本末》卷39,《宋宰辅编年录》卷15
绍兴七年(1137)	刘大中	参知政事丁巳以为资政殿学士知处州	萧振论:参知政事刘大中与父不睦,何以事君,望正典刑,以厚风俗。大中亦累章乞罢	丙辰,右仆射秦桧上之侍御史萧振论参知政事刘大中与父不睦,何以事君,望正典刑,以厚风俗。大中亦累章乞罢。丁巳,以为资政殿学士,知处州。振再论,遂改提举洞霄宫	《宋中兴纪事本末》卷46,《宋宰辅编年录》卷15
绍兴八年(1138)三月	陈与义	自参知政事罢为资政殿学士	请闲为提举	公疾益侵,遂请闲提举临安府洞霄宫。是年冬,疾大甚。十一月某甲子,薨于乌墩之僧舍。年四十九,讣闻,赠某官令,有司给葬事	《紫微集》卷35《陈公资政墓志铭》

续表

时间	姓名	任祠官前之职官	任祠官原因	原始文献	文献出处
绍兴八年(1138)	赵鼎	观文殿大学士、尚书左仆射	辟和议，与桧不合	(建炎)四年，累言颐浩之过，罢之。擢签书枢密院。是冬，罢为提举洞霄宫。(绍兴)八年，加特进王伦使自金还，敌复遣人来议和。右相秦桧遂请臣之，鼎争不从，乞罢。乃以检校少保奉国军节度，使知绍兴府兼浙江安抚使，再罢为提举洞霄宫。金叛盟，鼎上言时政，桧方专朝政，大忌其能，必欲杀之，讽中丞王次翁诬言其罪	《三朝北盟会编》卷216
绍兴十一年(1141)四月	孙近	自参知政事罢为资政殿学士		参知政事孙近请，召知福州。张浚都督诸军，秦桧素忌浚。闻近言，大恶之。至是中丞何铸言近之过，近引疾乞罢。己卯，以为资政殿学士，提举洞霄宫，后再论遂落职	《宋中兴纪事本末》卷56
绍兴十二年(1142)六月前	王庶			六月，安置提举临安府洞霄宫王庶于道州。秦桧意也	陈桱《通鉴续编》卷16

续表

时间	姓名	任祠官前之职官	任祠官原因	原始文献	文献出处
绍兴十三年（1143）闰四月	王次翁	自参知政事授资政殿学士		十三年闰四月二十八日，左太中大夫、参知政事王次翁罢为资政殿学士、提举临安府洞霄宫。次翁以老自请故也	《宋会要辑稿》职官78
绍兴十三年（1143）六月	程克俊	自端明殿学士、签书枢密院事，罢为提举		闰四月乙卯，王次翁罢参知政事、资政殿学士，提举洞霄宫。次翁自绍兴十年（1140）七月除参知政事，至是年闰四月，以老求去位而罢执政，凡二年余	《宋宰辅编年录》卷16
绍兴二十一年（1151）十一月	余尧弼	自参知政事罢为资政殿学士，为提举		俞尧弼（史表作余尧弼，未详孰是），字致勋，上饶人。绍兴二十一年十一月，自参知政事罢为资政殿学士，为提举	《宋史》卷213
绍兴二十二年（1152）	章（张）复	以端明殿学士为提举	及为签书枢密，桧曰：我眼底觑不得章复。台谏闻而上言，复遂罢，为端明殿学士、提举洞霄宫	张复，字季常，宁国人。绍兴二十二年，以端明殿学士为提举	《宋宰辅编年录》卷16

续表

时间	姓名	任祠官前之职官	任祠官原因	原始文献	文献出处
绍兴二十三年(1153)十月	宋朴	自签书枢密院事罢为端明殿大学士		宋朴,绍兴二十三年十月,自签书枢密院事罢为端明殿大学士,(《题名》无"大"字。今从史表。)为提举	《宋史》卷232
绍兴二十七年(1157)十一月	史才	历枢密院签书,罢职,以端明殿学士为提举		史才,历枢密院签书,罢职,以端明殿学士为提举	《宋史》卷232
绍兴二十七年(1157)十一月	汤鹏举	自知枢密院事罢为资政殿学士,为提举		汤鹏举,字致远,金坛人。绍兴二十七年十一月,自知枢密院事罢为资政殿学士,为提举	曾几《送绍兴帅汤相得请洞霄宫归括苍》
绍兴二十九年(1159)六月	沈该	自左仆射罢为观文殿大学士,为提举		沈该,字守约,吴兴人。绍兴二十九年六月,自左仆射罢为观文殿大学士,为提举	《宋史》卷474
绍兴三十年(1160)	王纶	以资政殿大学士为提举		王纶,字德言,建康人。绍兴三十年,以资政殿大学士为提举	《宋史》卷372

续表

时间	姓名	任祠官前之职官	任祠官原因	原始文献	文献出处
绍兴三十二年(1162)三月	杨椿	以端明殿学士为提举		杨椿,字贯未详。绍兴三十二年三月,以端明殿学士为提举	《宋史全文》卷23下
绍兴末(1162)	曾几	累官秘书少监、权礼部侍郎,为提举		曾几,字吉甫,赣人。累官秘书少监、权礼部侍郎,为提举	曾几《喜得洞霄》诗,陆游《跋奏议稿》
隆兴元年(1163)五月	汪彻(第一次)	自参知政事罢为资政殿大学士,为提举		汪彻(旧《县志》作"澈"),字明远,浮梁人。隆兴元年五月,自参知政事罢为资政殿大学士,为提举。明年,知建康府,寻除枢密院。乾道二年(1166)四月(《题名》作乾道元年。今从史表),以观文殿学士复提举	《舆地纪胜》卷第71
隆兴元年(1163)六月	辛次膺	自参知政事罢为资政殿学士		辛次膺,字起季,莱州人。隆兴元年六月,自参知政事罢为资政殿学士,为提举	《宋史》卷383
隆兴元年(1163)	叶义问	义问落知枢密院事,依前提举兴国宫,饶州居住。后复改资政殿学士,提举洞霄宫		叶义问,字审言,寿昌人。隆兴元年,以资政学士为提举	《宋宰辅编年录》卷17

续表

时间	姓名	任祠官前之职官	任祠官原因	原始文献	文献出处
隆兴二年(1164)闰十有一月	周葵	自参知政事罢为资政殿学士,为提举		周葵(周必大《平园续稿》撰神道碑作周蔡),字立义,宜兴人。隆兴二年闰十有一月,自参知政事罢为资政殿学士,为提举	《平园续稿》
乾道道元年(1165)八月	钱端礼	自参知政事除资政殿大学士、提举万寿观,德寿宫兼侍读,改提举洞霄宫		钱端礼,字处和,临安人,吴越王裔孙。乾道元年八月,自参知政事除资政殿大学士,提举万寿观。此本史表。据本传云德寿宫兼侍读,改提举洞霄宫	《宋宰辅编年录》卷17
乾道二年(1166)五月	叶禺	自参知政事罢为资政殿学士,为提举		叶禺,字子昂,仙游人。乾道二年五月,自参知政事罢为资政殿学士,为提举	道光《广东通志》卷240
乾道四年(1168)七月,七年(1171)再提举	蒋芾	知绍兴府		蒋芾,字子礼,宜兴人。乾道四年七月,自左仆射以母丧去位。服阕,除观文殿大学士,(《题名》无"大"字。今从史传。)知绍兴府,为提举。寻以言者论落职,建昌军居住。期年(《题名》作七年。今从史传),有旨自便,再提举	《宋史》卷384

续表

时间	姓名	任祠官前之职官	任祠官原因	原始文献	文献出处
乾道七年(1171)	陈俊卿	自左仆射罢为观文殿大学士		陈俊卿,字应求,兴仁人。自左仆射罢为观文殿大学士(《题名》无"大"字。今从史表)。乾道七年,(《题名》作四年。考史传,俊卿官左仆射在乾道五年,明年罢为观文,帅福州。又明年为提举。则是七年,非四年。)为提举	《宋史》卷383
乾道八年(1172)	魏杞	以观文殿学士、左宣奉大夫为提举		魏杞,字南夫,寿春人。乾道八年,以观文殿学士为提举	《宋宰辅编年录》卷17
乾道九年(1173)正月	王炎	自枢密院使罢为观文殿学士		王炎,字晦叔,婺源人。乾道九年正月,自枢密院使罢为观文殿学士,为提举	《宋史全文》卷26上
淳熙元年(1174)十一月	曾怀	自右丞相罢为观文殿大学士		曾怀,字钦道,温陵人。淳熙元年十一月,自右丞相罢为观文殿大学士,为提举	《宋史全文》卷26上
淳熙元年(1174)	洪遵	自资政殿学士为提举		洪遵,字景卢,鄱阳人。淳熙元年(《题名》作乾道九年。今从史传),自资政殿学士为提举	《宋史》卷33

续表

时间	姓名	任祠官前之职官	任祠官原因	原始文献	文献出处
淳熙元年(1174)秋	史浩	以观文殿大学士为提举		史浩,字直翁,鄞县人。淳熙元年,以观文殿大学士为提举	《宋宰辅编年录》卷17
淳熙二年(1175)九月	叶衡	罢右丞相,依前中奉大夫、知建宁府		右司谏汤邦彦论:右丞相叶衡惟务险佞,以为身谋变乱是非,遂有此命	《宋宰辅编年录》卷18
淳熙五年(1178)	李彦颖	自参知政事除资政殿学士、知绍兴府,为提举		李彦颖,字秀叔,德清人。淳熙五年(《题名》作九年。今从史表),自参知政事除资政殿学士知绍兴府,为提举	《宋史》卷386
淳熙五年(1178)	范成大	资政殿学士、知婺州		淳熙五年四月,以中大夫参知政事。才两月,除资政殿学士、知婺州。公请以本官奉祠,诏如所乞,提举临安府洞霄宫	周必大《范公成大神道碑》
淳熙六年(1179)	梁克家	资政殿大学士、为提举		梁克家,字叔子,晋江人(《题名》作温陵人。今从史传)。淳熙六年,以资政殿大学士为提举	《宋史》卷384
淳熙十年(1183)	范成大(再领)	起知明州,寻帅金陵	为言者所论,自夏徂秋,五上章求闲。上不得已,奉祠	范成大,字致能,吴郡人。淳熙十年,以资政殿学士为提举	《宋史》卷386

续表

时间	姓名	任祠官前之职官	任祠官原因	原始文献	文献出处
淳熙十五年(1188)五月	王淮	自左丞相罢为观文殿大学士,判衢州。力辞,改提举		王淮,字季海,金华人。淳熙十五年五月,自左丞相罢为观文殿大学士,判衢州。力辞,改提举	《宋史》卷396
淳熙十五年(1188)	钱良臣	以资政殿大学士为提举		钱良臣,字师魏,华亭人。淳熙十五年,以资政殿大学士为提举	《南宋馆阁续录》卷7
淳熙十六年(1189)正月	萧燧	权知枢密院,除资政殿学士,为提举		萧燧,字照邻,临江军人。淳熙十六年正月,权知枢密院,除资政殿学士,为提举	《宋史》卷385
绍熙元年(1190)	黄洽	以资政殿学士为提举		黄洽,字德润,侯官人。绍熙元年,以资政殿学士为提举	《宋史》卷387
绍熙三年(1192)	范成大(三领)	加资政殿大学士、知太平州		下车逾月,幼女将有行而逝,公追悼致切,遂请纳禄,复得洞霄而归	周必大《范公成大神道碑》
绍熙五年(1194)	葛邲	以观文殿大学士为提举		葛邲,字楚辅,吴兴人。绍熙五年,以观文殿大学士为提举	《宋史》卷385

续表

时间	姓名	任祠官前之职官	任祠官原因	原始文献	文献出处
绍熙五年(1194)	施师点	罢为资政殿大学士、知泉州,为提举		施师点,字圣与,上饶人。绍熙五年,以参知政事、知枢密院事,罢为资政殿大学士、知泉州,为提举	《宋史》卷385
绍熙五年(1194)	王蔺	以观文殿学士为提举	何澹论罢	王蔺,字谦仲,庐江人。绍熙五年,以观文殿学士为提举	《宋史》卷386
庆元元年(1195)二月	赵汝愚	自右丞相罢为观文殿学士、知福州	台臣乞寝命,遂以大学士为提举	赵汝愚,字子直,宋宗室,居余干。庆元元年二月,自右丞相罢为观文殿学士、知福州。台臣乞寝命,遂以大学士为提举	《宋史》卷392
庆元二年(1196)四月	余端礼	自右丞相罢为观文殿大学士。与郡,辞,诏提举洞霄宫		余端礼,字处恭,龙游人。庆元二年四月,自右丞相罢为观文殿大学士,为提举	《宋史》卷398
嘉泰元年(1201)七月	何澹	参知政事、知枢密院事,罢为资政殿大学士,为提举		何澹,字自然,龙泉人。嘉泰元年七月,自参知政事、知枢密院事,罢为资政殿大学士,为提举	《宋史》卷394
嘉泰三年(1203)	傅伯寿	以端明殿学士为提举		傅伯寿,字景仁,泉州人。嘉泰三年,以端明殿学士为提举	《宋史》433

续表

时间	姓名	任祠官前之职官	任祠官原因	原始文献	文献出处
开禧三年(1207)正月	邱崈	自签书枢密院事督江淮军马	以台论罢	邱崈,字宗卿,江阴人。端明殿学士。开禧三年正月,自签书枢密院事督江淮军马,以台论罢,为提举	《宋史》卷398
开禧三年(1207)十一月	李壁	自同枢密院事削三秩,谪居抚州。后令自便,复为提举		李壁,字秀章,丹陵人。开禧三年十一月,自同枢密院事削三秩,谪居抚州。后令自便,复为提举	《宋史全文》卷29下
开禧三年(1207)	卫泾	以端明殿学士为提举		卫泾,字清叔,昆山人。开禧三年,以端明殿学士为提举	《宋史翼》卷15
嘉定元年(1208)	钱象祖	以观文殿大学士为提举		钱象祖,字伯同,临海人。嘉定元年,以观文殿大学士为提举	《宋史》卷474
嘉定二年(1209)八月	娄机	自参知政事告老,以资政殿学士知福州,力辞,为提举		娄机,字彦发,嘉兴人。嘉定二年八月,自参知政事告老,以资政殿学士知福州,力辞,为提举	《宋史》卷410

续表

时间	姓名	任祠官前之职官	任祠官原因	原始文献	文献出处
嘉定八年(1215)	曾从龙	除端明殿学士、签书枢密院事、太子宾客,改参知政事	胡榘嗾言者劾罢,以前职为提举	曾从龙,字君锡,南丰人。嘉定八年(《题名》以提举在嘉定二年。《宋史宰辅表》不详去位何年,而其除端明、任枢密,则在八年。是二年之误显然矣),除端明殿学士、签书枢密院事、太子宾客,改参知政事。胡榘嗾言者劾罢,以前职为提举	《宋史》卷419
绍定五年(1232)	赵善湘	累官资政殿学士,九疏乞归。绍定五年,进大学士,为提举		赵善湘,字清臣,宋宗室,居明州。累官资政殿学士,九疏乞归。绍定五年,进大学士,为提举	《宋史》卷413
端平二年(1235)六月	葛洪	自参知政事罢为资政殿大学士		葛洪,字容父,东阳人。端平二年六月,自参知政事罢为资政殿大学士(《题名》无"大"字。今从史表),为提举	《宋史》卷415
端平二年(1235)十二月	魏了翁	自签书枢密院事力辞,改资政殿学士、湖南安抚使、知潭州。复力辞,诏提举		魏了翁,字华父,蒲江人。端平二年十二月,自签书枢密院事,力辞,改资政殿学士、湖南安抚使、知潭州。复力辞,诏提举	《宋史》卷437

续表

时间	姓名	任祠官前之职官	任祠官原因	原始文献	文献出处
端平三年(1236)	宣缯	九召赴阙,升资政殿大学士,为提举		宣缯,字宗禹,庆元府人。嘉定十五年(1222),参知政事。以资政殿学士奉祠。端平三年,九召赴阙,升大学士,为提举	《宋史》卷419
端平三年(1236)九月	郑清之	自左丞相、枢密院使,罢为观文殿大学士、醴泉观使兼侍读,四疏辞,十二月为提举		郑清之,字德源。初名燮,字文叔,鄞人。端年三年九月,自左丞相、枢密院使,罢为观文殿大学士、醴泉观使兼侍读,四疏辞,十二月为提举	《宋史》卷414
嘉熙元年(1237)	邹应龙	以端明殿学士、签书枢密院事,进资政殿学士、知庆元府兼沿海制置使,依旧职为提举		邹应龙,字景初,邵武人。嘉熙元年,以端明殿学士、签书枢密院事,进资政殿学士、知庆元府兼沿海制置使,依旧职为提举	《宋史》卷419
嘉熙三年(1239)八月	许应龙	自中大夫试礼部尚书,除端明殿学士、签书枢密院事。累辞,为提举		许应龙,字恭甫,闽人。嘉熙三年八月,自中大夫试礼部尚书,除端明殿学士、签书枢密院事。累辞,为提举	《宋史》卷419

续表

时间	姓名	任祠官前之职官	任祠官原因	原始文献	文献出处
嘉熙三年(1239)	崔与之	历官至广东经略安抚使兼知广州,以观文殿大学士为提举	乞致仕	崔与之,字正子,广州人。历官至广东经略安抚使兼知广州。嘉熙三年,乞致仕,以观文殿大学士为提举	《宋史》卷406
淳祐二年(1242)正月	游似	以游似为资政殿大学士、知绍兴府、浙东安抚使,寻提举洞霄宫	从所请	游似,字景仁,南充人。淳祐二年正月,自资政殿大学士为提举	《宋史》卷417
淳祐二年(1242)六月	徐荣叟	自权吏部尚书拜端明殿学士、签书枢密院事,以资政殿大学士提举	乞归	徐荣叟,字茂翁,浦城人。淳祐二年六月,自权吏部尚书拜端明殿学士、签书枢密院事,乞归,以资政殿大学士为提举	《金石萃编》卷151
淳祐三年(1243)八月	林略	自端明殿学士、同签书枢密院事,罢为提举		林略,字孔英,永嘉人。淳祐三年八月,自端明殿学士、同签书枢密院事,罢为提举	《宋史》卷419

续表

时间	姓名	任祠官前之职官	任祠官原因	原始文献	文献出处
淳祐三年(1243)	赵葵	累官端明殿大学士、知福州	葬母,乞追服终制,命提举洞霄宫,不拜	赵葵,字南仲,衡山人。淳祐三年,累官端明殿大学士知福州。葬母,乞追服终制,命提举洞霄宫,不拜	《宋史》卷417
淳祐四年(1244)	杜范	以资政殿学士为提举		杜范,字成巳,黄岩人。淳祐四年,以资政殿学士为提举	《宋史》卷417
淳祐五年(1245)三月	刘伯正	自参知政事罢授资政殿学士,为提举		刘伯正,字直卿,余干人。淳祐五年三月。自参知政事罢授资政殿学士,为提举	《宋史》卷419
淳祐六年(1246)二月	范钟	自左丞相罢为观文殿大学士		范钟,字仲和,兰溪人。自左丞相罢为观文殿大学士。淳祐六年二月,为提举	《宋史》卷417
淳祐七年(1247)七月	吴潜	同签书枢密院事,罢为资政殿学士,为提举		吴潜,字毅夫,宁国人。淳祐七年七月,同签书枢密院事,罢为资政殿学士,为提举。自右丞相罢为观文殿大学士,复提举	《宋史》卷418
淳祐九年(1249)闰二月	陈韡	历官至参知政事、知枢密院事、知潭州。以观文殿学士为提举。		陈韡,字子华,侯官人。历官至参知政事、知枢密院事、知潭州。淳祐九年闰二月,以观文殿学士为提举	《宋史》卷460

续表

时间	姓名	任祠官前之职官	任祠官原因	原始文献	文献出处
淳祐九年(1249)十一月	应㒦	官参知政事。乞归田里,以资政殿学士、知平江府,为提举		应㒦,字之道,昌国人。官参知政事。淳祐九年十一月,乞归田里,以资政殿学士知平江府,为提举	《宋史》卷420
淳祐十二年(1252)	李性传	端明殿学士、签书枢密院事兼权参知政事。十二年,以资政殿大学士为提举		李性,字成之,隆州人。淳祐五年十二月,拜端明殿学士、签书枢密院事兼权参知政事。寻同知枢密院事。未几落职,与郡。十二年,以资政殿大学士为提举	《宋史》卷420
淳祐十二年(1252)	李曾伯	自福建安抚使辞免,授资政殿大学士,为提举		李曾伯,字长孺,嘉兴人。淳祐十二年,自福建安抚使辞免,授资政殿大学士,为提举	《宋史》卷420
宝祐二年(1254)九月	徐清叟	官参知政事、知枢密院事。宝祐二年八月,除资政殿大学士、提举玉隆万寿宫。九月,洞霄宫,复以朱熠论罢。久之,以旧职为提举	以朱熠论罢	徐清叟,字直翁,浦城人。官参知政事、知枢密院事。宝祐二年八月,除资政殿大学士、提举玉隆万寿宫。九月,洞霄宫,复以朱熠论罢。久之,以旧职为提举	《宋史》卷420

续表

时间	姓名	任祠官前之职官	任祠官原因	原始文献	文献出处
宝祐三年(1255)六月	王埜	自端明殿学士、签书枢密院事，罢为主管		王埜，字子父，金华人。宝祐三年六月，自端明殿学士、签书枢密院事，罢为主管	《宋史》卷420
宝祐三年(1255)七月	谢方叔	自左丞相罢为观文殿大学士，为提举		谢方叔，字德方，威州人。宝祐三年七月，自左丞相罢为观文殿大学士，为提举	《宋史》卷417
宝祐四年(1256)七月	董槐	自右丞相罢为观文殿大学士，为提举		董槐，字庭植，定远人(《题名》作濠州人。今从史传)。宝祐四年七月，自右丞相罢为观文殿大学士，为提举	《宋史》卷414
宝祐四年(1256)十二月	蔡抗	参知政事落职，予祠。未逾年，复端明殿学士，为提举		蔡抗，字仲节，建宁人。宝祐四年十二月，参知政事落职，予祠。未逾年，复端明殿学士，为提举	《宋史》卷420
宝祐五年(1257)	马天骥	自端明殿学士、同签书枢密院事，罢为提举		马天骥，字德夫，衢州人。宝祐五年，自端明殿学士、同签书枢密院事，罢为提举。景定后，升大学士、知庆元府兼沿海制置使，再提举	《宋史》卷420

续表

时间	姓名	任祠官前之职官	任祠官原因	原始文献	文献出处
宝祐六年四月(1258)	程元凤	自右丞相罢为观文殿大学士,为提举		程元凤,字申甫,徽州人。宝祐六年四月,自右丞相罢为观文殿大学士	《宋史》卷418
开庆元年(1259)	林存	以资政殿学士为提举		林存,字以道,闽州人。开庆元年,以资政殿学士为提举	《宋史》卷420
开庆元年(1259)	高定子	以端明殿学士为提举		高定子,字瞻叔,蒲江人。开庆元年,以端明殿学士为提举	《宋史》卷409
景定元年(1260)	饶虎臣	拜参知政事,罢为资政殿学士,为提举		饶虎臣,字宗召,宁国人。景定元年拜参知政事,罢为资政殿学士,为提举	《宋史》卷420
景定元年(1260)	厉文翁	以端明殿学士为提举		厉文翁,金华人。景定元年,以端明殿学士为提举	《宋史》卷45
景定二年(1261)	沈炎	拜同知枢密院事兼权参知政事,罢为资政学士		沈炎,字若晦,嘉兴人。景定二年,拜同知枢密院事兼权参知政事,罢为资政学士,为提举	《宋史》卷420
景定二年(1261)十二月	江万里(第一次)	自守吏部尚书,除端明殿学士、同签书枢密院事。十二月罢为提举		既至,拜左丞相兼枢密使。丐祠,加观文殿大学士知福州,辞,依旧职,提举洞霄宫。又授知潭州、湖南安抚大使,加特进,寻予祠	《宋史》卷175

续表

时间	姓名	任祠官前之职官	任祠官原因	原始文献	文献出处
咸淳元年(1265)正月	杨栋	参知政事,寻授资政殿大学士、知建宁府,为提举		杨栋,字元极,眉州人。景定三年十月,拜参知政事,寻授资政殿大学士、知建宁府,不拜	《宋史》卷421
咸淳元年(1265)正月	皮龙荣	自参知政事罢为湖南安抚使,以资政殿大学士为提举		皮龙荣,字起霖,一字季远,醴陵人。景定三年(1262),自参知政事罢为湖南安抚使。咸淳元年正月,依旧职,以资政殿大学士为提举	《宋史》卷420
咸淳二年(1266)四月	姚希得	自参知政事罢为资政殿学士,为提举		姚希得,字逢原,一字叔刚,潼川人。咸淳二年四月,自参知政事罢为资政殿学士,为提举	《宋史》卷421
咸淳二年(1266)	吴满	累官资政殿大学士、知宁国府。丐祠,为提举		吴满,字道父,溧水人。咸淳二年,累官资政殿大学士、知宁国府。丐祠,为提举	
咸淳二年(1266)	程公许	以观文殿大学士为提举		迁中书舍人,进礼部侍郎。嵩之免丧,以观文殿大学士提举洞霄宫,台谏、给舍交章论奏	《宋史》卷155

续表

时间	姓名	任祠官前之职官	任祠官原因	原始文献	文献出处
咸淳五年(1269)五月	赵与篡(第二次)	自参知政事再提举		金华人。景定四年(1263)四月,自同知枢密院事罢为观文殿学士,为提举。咸淳五年五月,自参知政事再提举	《宋史》卷423
咸淳八年(1272)十一月	马廷鸾	自右丞相罢为观文殿大学士、知饶州,寻改提举		五年(1269),进参知政事兼同知枢密院事,进右丞相兼枢密使。八年,九疏乞罢政。九年,依旧观文殿大学士、知绍兴府、浙东安抚大使。上疏辞免,依旧职提举临安府洞霄宫	《宋史》卷414
咸淳十年(1274)	江万里(第二次)	自观文殿大学士知福州,依旧职再提举	舆疾	既至,拜左丞相兼枢密使。丐祠,加观文殿大学士知福州,辞,依旧职,提举洞霄宫。又授知潭州、湖南安抚大使,加特进,寻予祠	《宋史》卷175

参考文献

一、基本史料

〔南朝宋〕刘义庆撰，〔南朝梁〕刘孝标注，余嘉锡笺疏：《世说新语笺疏》，北京：中华书局，2007 年。

〔南朝梁〕僧祐编撰，刘立夫、胡勇译注：《弘明集》，北京：中华书局，2011 年。

〔南朝梁〕释慧皎撰，汤用彤校注：《高僧传》，北京：中华书局，1992 年。

〔唐〕杜佑：《通典》，北京：中华书局，1988 年。

〔唐〕房玄龄：《晋书》，北京：中华书局，1974 年。

〔唐〕李吉甫：《元和郡县图志》，北京：中华书局，1983 年。

〔唐〕闾丘方远：《太平经钞》，《道藏》，文物出版社、上海书店、天津古籍出版社，1988 年。

〔唐〕吴筠：《宗玄集》，《景印文渊阁四库全书》，台北：台湾商务印书馆，1986 年。

〔唐〕许嵩撰，张忱石点校：《建康实录》，北京：中华书局，1986 年。

〔唐〕赵璘：《因话录》，《景印文渊阁四库全书》，台北：台湾商务印书馆，1986 年。

〔唐〕朱法满：《要修科仪戒律钞》，《道藏》，文物出版社、上海书店、天津古籍出版社，1988 年。

〔五代〕杜光庭：《墉城集仙录》，《道藏》，文物出版社、上海书店、天津古籍出版社，1988 年。

〔五代〕杜光庭：《道德真经广圣义》，《道藏》，文物出版社、上海书店、天津古籍出版社，1988 年。

〔五代〕罗隐：《甲乙集》，北京：中华书局，1983 年。

〔五代〕沈汾：《续仙传》，《道藏》，文物出版社、上海书店、天津古籍出版社，1988 年。

〔后晋〕刘昫：《旧唐书》，北京：中华书局，1975 年。

〔北宋〕晁补之：《鸡肋集》，《景印文渊阁四库全书》，台北：商务印书馆，1986 年。

〔北宋〕钱俨：《吴越备史》，《景印文渊阁四库全书》，台北：商务印书馆，1986 年。

〔北宋〕胡寅：《斐然集》，《景印文渊阁四库全书》，台北：台湾商务印书馆，1986 年。

〔北宋〕乐史：《太平寰宇记》，北京：中华书局，2007 年。

〔北宋〕李昉：《太平广记》，北京：中华书局，1961 年。

〔北宋〕李昉：《太平御览》，北京：中华书局，1960 年。

〔北宋〕李昉：《文苑英华》，北京：中华书局，1966 年

〔北宋〕欧阳修：《新唐书》，北京：中华书局，1975 年。

〔北宋〕欧阳修：《新五代史》，北京：中华书局，1974 年。

〔北宋〕潘阆：《逍遥集》，《景印文渊阁四库全书》，台北：台湾商务印书馆，1986 年。

〔北宋〕司马光：《资治通鉴》，北京：中华书局，1956 年。

〔北宋〕苏轼：《东坡志林》，北京：中华书局，1986 年。

〔北宋〕王钦若：《册府元龟》，北京：中华书局，1960 年。

〔北宋〕王禹偁：《小畜集》，《景印文渊阁四库全书》，台北：台湾商务印书馆，1986 年。

〔北宋〕薛居正：《旧五代史》，北京：中华书局，1976 年。

〔北宋〕姚铉：《唐文粹》，上海：商务印书馆，1924 年。

〔北宋〕赞宁撰，范祥雍点校：《宋高僧传》，北京：中华书局，1987 年。

〔北宋〕张继先撰，〔明〕张宇初编：《三十代天师虚靖真君语录》，《道藏辑要》，成都：巴蜀书社，1995 年。

〔北宋〕张君房编：《云笈七签》，北京：中华书局，2003 年。

〔南宋〕白玉蟾：《玉隆集》，《道藏》，文物出版社、上海书店、天津古籍出版社，1988 年。

〔南宋〕曹勋撰，〔清〕杭世骏订：《松隐集》，嘉业堂刻本。

〔南宋〕陈思辑，〔元〕陈世隆补辑：《两宋名贤小集》，《景印文渊阁四库全书》，台北：台湾商务印书馆，1986 年。

〔南宋〕陈葆光：《三洞群仙录》，《道藏》，文物出版社、上海书店、天津古籍出版社，1988 年。

〔南宋〕陈耆卿：《嘉定赤城志》，台北：成文出版社，1983 年。

〔南宋〕陈思：《宝刻丛编》，《丛书集成初编》，上海：商务印书馆，1922 年。

〔南宋〕方夔：《富山遗稿》，《景印文渊阁四库全书》，台北：台湾商务印书馆，1986 年。

〔南宋〕高似孙：《剡录》，《宋元方志丛刊》，北京：中华书局，1990 年。

〔南宋〕洪咨夔：《平斋词》，《景印文渊阁四库全书》，台北：台湾商务印书馆，1986 年。

〔南宋〕洪咨夔：《平斋文集》，《景印文渊阁四库全书》，台北：台湾商务印书馆，1986 年。

〔南宋〕黎靖德：《朱子语类》，北京：中华书局，1994 年。

〔南宋〕李焘：《续资治通鉴长编》，北京：中华书局，2004 年。

〔南宋〕刘一止：《苕溪集》，《景印文渊阁四库全书》，台北：台湾商务印书馆，1986 年。

〔南宋〕楼钥：《攻媿集》，《四部丛刊初编》，上海：商务印书馆，1922 年。

〔南宋〕陆游：《渭南文集》，《四部丛刊初编》，上海：商务印书馆，1922 年。

〔南宋〕吕太古：《道门通教必用集》，《道藏》，文物出版社、上海书店、天津古籍出版社，1988 年。

〔南宋〕潜说友：《咸淳临安志》，台北：成文出版社，1970 年。

〔南宋〕施谔：《淳祐临安志》，《中国方志丛书》，台北：成文出版社，1983 年。

〔南宋〕汪应辰：《文定集》，上海：学林出版社，2009 年

〔南宋〕王象之：《舆地纪胜》，杭州：浙江古籍出版社，2012 年。

〔南宋〕王应麟：《姓氏急就篇》，北京：国家图书馆出版社，2006 年。

〔南宋〕吴自牧：《梦粱录》，台北：文海出版社，1967 年。

〔南宋〕叶绍翁：《四朝闻见录》，北京：中华书局，1997 年。

〔南宋〕叶适：《叶适集》，北京：中华书局，2010 年。

〔南宋〕周必大：《文忠集》，《景印文渊阁四库全书》，台北：台湾商务印书馆，1986 年。

〔南宋〕周淙：《乾道临安志》，台北：成文出版社，1983 年。

〔南宋〕周文璞：《方泉先生诗集》，国光社影印本，清宣统元年（1909）。

〔南宋〕朱熹：《朱子全书》，上海：上海古籍出版社，2002 年。

〔金〕元好问：《遗山集》，《景印文渊阁四库全书》，台北：台湾商务印书馆，1986 年。

〔元〕陈旅：《安雅堂集》，《景印文渊阁四库全书》，台北：台湾商务印书馆，1986 年。

〔元〕陈著：《本堂集》，《景印文渊阁四库全书》，台北：台湾商务印

书馆，1986 年。

〔元〕邓牧：《大涤洞天记》，《中国方志丛书》，台北：成文出版社，1983 年。

〔元〕邓牧：《洞霄图志》，《丛书集成初编》，北京：中华书局，1985 年。

〔元〕邓牧：《洞霄图志》，《中国方志丛书》，台北：成文出版社，1983 年。

〔元〕邓牧：《伯牙琴》，北京：中华书局，1959 年。

〔元〕家铉翁：《则堂集》，《景印文渊阁四库全书》，台北：台湾商务印书馆，1986 年。

〔元〕刘大彬：《茅山志》，《道藏》，文物出版社、上海书店、天津古籍出版社，1988 年。

〔元〕陆友仁：《研北杂志》，《景印文渊阁四库全书》，台北：台湾商务印书馆，1986 年。

〔元〕马端临：《文献通考》，北京：中华书局，1986 年。

〔元〕孟宗宝：《洞霄诗集》，《中国道观志丛刊续编》，扬州：广陵书社，2004 年。

〔元〕脱脱：《宋史》，北京：中华书局，1977 年。

〔元〕吴景奎：《药房樵唱》，《景印文渊阁四库全书》，台北：台湾商务印书馆，1986 年。

〔元〕吾丘衍：《闲居录》，《景印文渊阁四库全书》，台北：台湾商务印书馆，1986 年。

〔元〕虞集：《道园学古录》，《四部丛刊初编》，上海：商务印书馆，1922 年。

〔元〕张伯淳：《养蒙文集》，《景印文渊阁四库全书》，台北：台湾商务印书馆，1986 年。

〔元〕赵孟𫖯：《松雪斋集》，《四部丛刊初编》，上海：商务印书馆，1922 年。

〔元〕郑元祐：《遂昌杂录》，《景印文渊阁四库全书》，台北：台湾商务印书馆，1986 年。

〔元〕周密：《癸辛杂识》，北京：中华书局，1997 年。

〔元〕赵道一：《历世真仙体道通鉴》，《道藏》，文物出版社、上海书店、天津古籍出版社，1988 年。

〔明〕白云霁：《道藏目录详注》，《道藏》，文物出版社、上海书店、天津古籍出版社，1988 年。

〔明〕陈子龙：《安雅堂稿》，沈阳：辽宁教育出版社，2003 年。

〔明〕戴日强：《万历余杭县志》，《四库存目丛书》，济南：齐鲁书社，1994—1997 年。

〔明〕李贤等撰：《明一统志》，《景印文渊阁四库全书》，台北：台湾商务印书馆，1986 年。

〔明〕徐象梅：《两浙名贤录》，《北京图书馆古籍珍本丛刊》，北京：书目文献出版社，1991 年。

〔明〕徐一夔撰，徐永恩校注：《始丰稿校注》，杭州：浙江古籍出版社，2008 年。

〔明〕张正常：《汉天师世家》，《道藏》，文物出版社、上海书店、天津古籍出版社，1988 年。

〔清〕曹寅、彭定求等：《全唐诗》，北京：中华书局，1960 年。

〔清〕董诰等：《全唐文》，北京：中华书局，1983 年。

〔清〕黄宗羲：《宋元学案》，北京：中华书局，1986 年。

〔清〕厉鹗：《宋诗纪事》，上海：上海古籍出版社，1983 年。

〔清〕阮元：《两浙金石志》，杭州：浙江古籍出版社，2012 年。

〔清〕嵇曾筠：《浙江通志》，上海：上海古籍出版社，1991 年。

〔清〕孙星衍：《寰宇访碑录》，清嘉庆七年刻本。

〔清〕闻人儒：《洞霄宫志》，《中国道观志丛刊续编》，扬州：广陵书社，2004 年。

〔清〕吴士鉴：《晋书斠注》，北京：中华书局，2008 年。

〔清〕吴之振：《宋诗钞》，北京：中华书局，1986 年。

〔清〕严可均：《全上古三代秦汉三国六朝文》，北京：中华书局，1958 年。

〔清〕朱文藻：《嘉庆余杭县志》，上海：上海书店，1993 年。

〔清〕朱彝尊：《曝书亭集》，长春：吉林文史出版社，2009 年。

冯承钧译，沙海昂注：《马可波罗行纪》，北京：中华书局，2012 年。

曾枣庄：《全宋文》，上海：上海辞书出版社，2006 年。

陈垣编，陈智超、曾庆瑛校补：《道家金石略》，北京：文物出版社，1988 年。

《余杭文物志》编纂委员会：《余杭文物志》，北京：中华书局，2000 年。

钱钟书：《宋诗纪事补订》，北京：生活·读书·新知三联书店，2005 年。

［美］洪业：《宋诗纪事著者引得》，北京：哈佛燕京学社，1934 年。

二、研究论著

蔡林波：《苏颂与道教》，《中国道教》2011 年第 2 期。

曹家齐：《南宋临安府周围之邮传系统——立足于具体背景和设置状况的考察》，《文史》2008 年第 3 期。

曹家齐：《北宋熙宁间地方行政一瞥——以杭、台二州对日僧成寻之接待为中心之考察》，《江西社会科学》2010 年第 4 期。

陈兵：《元代江南道教》，《世界宗教研究》1986 年第 2 期。

陈国符：《道藏源流考》（修订本），北京：中华书局，2014 年。

陈寅恪：《金明馆丛稿初编》，北京：生活·读书·新知三联书店，2011 年。

陈寅恪：《三国志曹冲华佗传与佛教故事》，《清华大学学报》1930 年第 1 期。

陈垣：《南宋初河北新道教考》，北京：中华书局，1962 年。

陈垣：《中国佛教史籍概论》，上海：上海书店出版社，1999 年。

陈垣：《元西域人华化考》，上海：上海古籍出版社，2000 年。

程民生：《宋代地域文化》，开封：河南大学出版社，1997 年。

程越：《金元时期全真道宫观研究》，济南：齐鲁书社，2012 年。

戴环宇：《朱文藻及〈说文系传考异〉研究》，宁夏大学硕士论文，2013 年。

丁煌：《叶法善在道教史上地位之探讨》，《成功大学历史学系历史学报》1988 年第 1 期。

丁煌：《汉唐道教论集》，北京：中华书局，2009 年。

丁希宇：《教派与权争：静安寺住持传继纠纷（1922—1923）》，《世界宗教研究》2012 年第 4 期。

付海晏：《1930 年代北平白云观的住持危机》，《近代史研究》2010 年第 2 期。

冯千山：《宋代祠禄与宫观》上、下，《宗教学研究》1995 年第 3、4 期。

郭峰：《晚清杭州玉皇山福星观传戒研究——以光绪二十二年传戒为中心》，华中师范大学硕士论文，2013 年。

郭武：《〈净明忠孝全书〉研究——以宋元社会为背景的考察》，北京：中国社会科学出版社，2005 年。

郭武：《道教与民间宗教关系综述》，《江西社会科学》2001 年第 12 期。

郭武：《净明道与传统道派关系考述》，《云南社会科学》2005 年第 3 期。

郭武：《罗隐〈太平两同书〉的社会政治思想》，《宗教学研究》2006 年第 3 期。

郭武：《明清净明道与全真道关系略论——以人物交往及师承关系中

心》，《全真道研究》2011 年第 1 期。

何忠礼、徐吉军：《南宋史稿》，杭州：杭州大学出版社，1999 年。

胡孝忠：《北宋前期京外敕差住持制度研究》，《宗教学研究》2010 年第 4 期。

胡孝忠：《北宋山东〈敕赐十方灵岩寺碑〉研究》，《北京理工大学学报》（社会科学版）2011 年第 2 期。

黄敏枝：《宋代佛教社会经济史论集》，台北：学生书局，1989 年。

黄敏枝：《南宋四明史氏家族与佛教的关系》，载《宋史研究论文集——国际宋史研讨会暨中国宋史研究会第九届年会》，石家庄：河北大学出版社，2002 年。

黎志添编著：《图像、考古与仪式——宋代道教的演变与特色》，香港：香港中文大学出版社，2016 年。

景安宁：《道教全真派宫观、造像与祖师》，北京：中华书局，2012 年。

贾晋华：《唐代集会总集与诗人群研究》，北京：北京大学出版社，2001 年。

姜伯勤：《唐五代敦煌寺户制度》，北京：中华书局，1987 年。

姜伯勤：《敦煌艺术宗教与礼乐文明》，北京：中国社会科学出版社，1996 年。

孔凡礼：《苏轼年谱》，北京：中华书局，1998 年。

雷闻：《郊庙之外——唐代国家祭祀与宗教》，北京：生活·读书·新知三联书店，2009 年。

雷闻：《山林与宫廷之间：中晚唐道教史上的刘玄靖》，《历史研究》2013 年第 6 期。

雷闻：《唐代道教与国家礼仪——以高宗封禅活动为中心》，《中华文史论丛》2001 年第 4 期。

雷闻：《五岳真君祠与唐代国家祭祀》，荣新江主编：《唐代信仰与社会》，上海：上海辞书出版社，2003 年。

连晓鸣主编：《天台山暨浙江区域道教国际学术研讨会论文集》，杭州：浙江古籍出版社，2008 年。

梁天锡：《宋代祠禄制度考实》，台北：学生书店，1978 年。

黎志添主编：《香港及华南道教研究》，香港：中华书局，2005 年。

黎志添：《广东地方道教研究——道观、道士及科仪》，香港：香港中文大学出版社，2007 年。

黎志添：《广东道教历史要述——以正一派、全真教及吕祖道坛为中心兼论三者之间的互动关系》，《全真道研究》2011 年第 1 期。

李登详：《北宋官方〈道藏〉编纂初探》，《道教学探索》10，"国立"成功大学历史系道教研究室出版，1997 年。

林正秋：《杭州道教史》，北京：中国社会科学出版社，2011 年。

刘长东：《论宋代的甲乙与十方寺制》，《四川大学学报》（哲学社会科学版）2005 年第 1 期。

刘俊文主编，许洋主等译：《日本学者研究中国史论著选译》第七卷，北京：中华书局，1993 年。

刘凯：《唐末五代杭州天柱观与江南道教发展论考——以钱镠所撰〈天柱观记〉为中心》，《中山大学学报》（社会科学版）2014 年第 2 期。

刘全波：《〈云笈七签〉编纂者张君房事迹考》，《中国道教》2008 年第 4 期。

刘晓：《元代道教公文初探——以〈承天观公据〉与〈灵应观甲乙住持札付碑〉为中心》，《东方学报》第 86 册，2011 年 8 月。

刘屹：《近年来道教研究对中古史研究的贡献》，《中国史研究动态》2004 年第 8 期。

［美］刘子健著，赵冬梅译：《中国转向内在——两宋之际的文化转向》，南京：江苏人民出版社，2002 年。

柳存仁：《张君房与宋代道书》，《和风堂文集》中册，上海：上海古籍出版社，1991 年。

柳立言：《何谓"唐宋变革"?》，《中华文史论丛》2006年第1期。

柳立言：《南宋政治初探——高宗阴影下的孝宗》，《"中央"研究院历史语言研究所集刊》第57本第3分册，1986年。

柳立言：《宋辽澶渊之盟新探》，《"中央"研究院历史语言研究所集刊》第61本第3分册，1990年。

卢仁龙：《张君房事迹考述》，《世界宗教研究》1990年1期。

卢仁龙：《吴筠生平事迹著作考》，《中国道教》1990年第4期。

陆岸：《十方住持制与南宋径山寺的兴盛》，《历史教学问题》2012年第6期。

路成文：《宋代上梁文初探》，《江海学刊》2008年第1期。

逯耀东：《魏晋史学的思想与社会基础》，北京：中华书局，2006年。

马里扬：《宋人事迹考证五则——以黄裳交游为中心》，《中国典籍与文化》2010年第4期。

马里扬：《北宋词人黄裳考证》，《文学遗产》2014年第2期。

马晓坤：《东晋的名士和道术——许迈与鲍靓交游考论》，《西南民族大学学报》（人文社科版）2007年第4期。

蒙文通：《道书辑校十种》，成都：巴蜀书社，2001年。

蒙文通：《佛道散论》，北京：商务印书馆，2011年。

宁可：《唐代宗初年的江南农民起义》，《历史研究》1961年第3期。

皮庆生：《宋代民众祠神信仰研究》，上海：上海古籍出版社，2008年。

卿希泰：《天心正法派初探》，《世界宗教研究》1999年第3期。

卿希泰主编：《中国道教史》（修订本）第2、3卷，成都：四川人民出版社，1992、1993年。

任继愈主编：《中国道教史》，北京：中国社会科学出版社，2001年。

任继愈、钟肇鹏主编：《道藏提要》，北京：中国社会科学出版社，1991年。

沈松勤：《北宋文人与党争——中国士大夫群体研究之一》，北京：人民出版社，1998 年。

沈松勤：《南宋文人与党争》，北京：人民出版社，2005 年。

孙克宽：《宋元道教之发展》，台中：东海大学出版社，1965 年。

孙齐：《唐前道观研究》，山东大学博士论文，2014 年。

谭景玉、韩红梅：《宋元时期泰山灵岩寺佛教发展状况初探》，《山东农业大学学报》（社会科学版）2010 年第 1 期。

谭其骧：《中国历史地图集》，北京：中国地图出版社，1982 年。

唐代剑：《论林灵素与"徽宗失国"》，《宗教学研究》1993 年第 3 期、4 期。

唐代剑：《论林灵素创立神霄派》，《世界宗教研究》1996 年第 2 期。

唐代剑：《〈宋史·林灵素传〉补正》，《世界宗教研究》1992 年第 3 期。

唐代剑：《宋代道冠披戴制度》，《宗教学研究》1998 年第 3 期。

唐代剑：《宋代道教管理制度研究》，北京：线装书局，2000 年。

汤用彤：《汉魏两晋南北朝佛教史》，北京：中华书局，1983 年。

汤用彤：《隋唐佛教史稿》，北京：北京大学出版社，2010 年。

陶晋生：《宋辽关系史研究》，北京：中华书局，2008 年。

田余庆：《秦汉魏晋史探微》（重订本），北京：中华书局，2011 年。

万钧：《江淮荆襄等处道教都提点所小考》，《宗教学研究》2014 年第 3 期。

万毅：《云门宗法脉归属问题试探——文偃与南岳怀让系禅师的渊源》，《中山大学学报》（社会科学版）2006 年第 5 期。

汪圣铎：《宋朝对释道二教的管理制度》，《中国史研究》1991 年第 2 期。

汪圣铎：《宋代释道披剃制度研究》，《浙江大学学报》1991 年第 3 期。

汪圣铎：《宋代僧道官制度考》，《古籍整理与研究》第 6 辑，1991 年。

汪圣铎：《关于宋代祠禄制度的几个问题》，《中国史研究》1998 年第

4 期。

汪圣铎:《宋代僧人受戒制度研究》,《中国史研究》2007 年第 4 期。

汪圣铎、马元元:《北宋的年号寺观》,载《宋史研究论丛》第 8 辑,石家庄:河北大学出版社,2007 年。

汪圣铎、王德领:《宋代寺院宫观中的御书阁、本命殿》,《河北科技大学学报》(社会科学版) 2008 年第 4 期。

汪圣铎:《宋代政教关系研究》,北京:人民出版社,2010 年。

王超:《〈厨院新池记〉作者确系李玄卿——与张晓芝、黄大宏先生商榷兼谈文献研究方法》,《西安石油大学学报》(社会科学版) 2014 年第 1 期。

王承文:《唐代罗浮山地区文化发展论略》,《中山大学学报》(社会科学版) 1992 年第 3 期。

王承文:《葛洪晚年隐居罗浮山事迹释证——以东晋袁宏〈罗浮记〉为中心》,载《道家文化研究》第 21 辑,北京:生活·读书·新知三联书店,2006 年。

王承文:《敦煌古灵宝经与晋唐道教》,北京:中华书局,2002 年。

王承文:《唐五代罗浮山道教宫观考》,载《香港及华南道教研究》,香港:中华书局,2005 年。

王承文:《论隋唐道教统一的宗教神学理论基础》,载《唐代国家与地域社会研究》,上海:上海古籍出版社,2008 年。

王承文:《晚唐高骈开凿安南"天威遥"运河事迹释证——以裴铏所撰〈天威遥碑〉为中心的考察》,《"中央"研究院历史语言研究所集刊》第 81 本第 3 分册,2010 年。

王承文:《汉晋道教"静室"与斋戒制度的渊源考释》,载第 6 回日中学者中国古代史论坛《中国史の時代区分の現在》(东京:2014 年 5 月)。

王聪聪:《周必大年谱长编》,华东师范大学博士论文,2014 年。

王大伟:《宋元禅寺中住持的象征与权力》,《陕西师范大学学报》(哲学社会科学版）2013 年第 5 期。

王方：《元代江南的道士与文士》，华中师范大学硕士论文，2014 年。

王见川：《张天师之研究：以龙虎山一系为考察中心》，台湾中正大学历史研究所博士论文，2003 年。

王丽英：《广州道书考论》，武汉：华中师范大学出版社，2010 年。

王士伟：《楼观道源流考》，西安：陕西人民出版社，1993 年

王文章：《明清时期杭州道观经济浅探》，《宗教学研究》2013 年第 2 期。

王小盾：《从朝鲜半岛上梁文看敦煌儿郎伟》，《古典文献研究》2008 年。

王永平：《道教与唐代社会》，北京：首都师范大学出版社，2002 年。

王兆鹏：《北宋隐士词人潘阆生平考索》，《文史哲》2006 年第 5 期。

王仲尧：《南宋临安宫观及其管理制度若干问题》，载《昆仑山与全真道——全真道与齐鲁文化国际学术研讨会论文集》，北京：宗教文化出版社，2005 年。

王仲尧：《南宋临安及明清杭州道教宫观考》，《杭州师范学院学报》（社会科学版）2005 年第 6 期。

辛德勇：《唐代都邑的钟楼与鼓楼——从一个物质文化侧面看佛道两教对中国古代社会的影响》，《文史哲》2011 年第 4 期。

吴小红：《南宋御前宫观在元代的变迁——兼论江南几个道派的沉浮》，载《马可波罗游历过的城市——Quinsay：元代杭州研究文集》，杭州：杭州出版社，2012 年。

吴亚魁：《江南全真道教》，香港：中华书局，2006 年。

吴亚魁：《江南全真道门所见之诸真宗派与传承谱系》，《全真教研究》2011 年第 2 期。

吴羽：《道教与宋代皇室女性罪犯——以瑶华宫与洞真宫为中心》，《中山大学研究生学刊》（社会科学版）2005 年第 3 期。

吴羽：《唐宋世俗人士穿着道服考》，《晋阳学刊》2009 年第 5 期。

吴羽：《宋代太一宫及其礼仪——兼论十神太一信仰与晚唐至宋的政治、社会变迁》，《中国史研究》2011 年第 3 期。

吴羽：《杜光庭〈广成集〉所载表、醮词写作年代丛考》，《魏晋南北朝隋唐史资料》第 28 辑，上海：上海古籍出版社，2012 年。

吴羽：《晋唐天师道变迁视野下的〈赵思礼常阳天尊造像〉》，《艺术史研究》第 14 辑，广州：中山大学出版社，2012 年。

吴羽：《唐宋道教与世俗礼仪互动研究》，北京：中国社会科学出版社，2013 年。

吴真：《从六朝故事看道教与佛教进入地方社会的不同策略》，《河南教育学院学报》2007 年第 3 期。

吴真：《唐代社会关于道士法术的集体文学想象》，《武汉大学学报》（社会科学版）2010 年第 3 期。

吴真：《为神性加注：唐宋叶法善崇拜的造成史》，北京：中国社会科学出版社，2012 年。

吴真：《近二十年日本道教文学研究综述》，《武汉大学学报》（社会科学版）2012 年第 6 期。

吴真：《正一教权象征“天师剑”的兴起与传说》，《华南师范大学学报》（社会科学版）2014 年第 3 期。

吴中明：《两晋名僧与名士交往研究——兼论中古〈放光经〉传播的若干问题》，中山大学博士学位论文，2010 年。

奚柳芳：《洞霄宫遗址考实》，《浙江师范学院学报》1985 年第 1 期。

夏承焘：《唐宋词人年谱》，北京：商务印书馆，2013 年。

萧潇：《隋唐道教宫观体系与出家理论初探》，中山大学硕士学位论文，2013 年。

萧百芳：《南宋道教的“洞天福地”研究》，成功大学博士学位论文，2007 年。

徐规：《王禹偁事迹著作编年》，北京：商务印书馆，2003 年。

徐雪凡：《道教碑刻揭示的浙江道教史》，《浙江社会科学》2006 年第 4 期。

许起山：《黄裳与〈万寿道藏〉在福州的雕版》，《闽江学院学报》2014 年第 3 期。

许蔚：《断裂与建构：净明道的历史与文学》，复旦大学博士学位论文，2013 年。

严耕望：《魏晋南北朝佛教地理稿》，上海：上海古籍出版社，2007 年。

严耕望：《严耕望史学论文选集》，北京：中华书局，2006 年。

严耕望：《唐代交通图考》，上海：上海古籍出版社，2007 年。

杨曦：《颜真卿与湖州文人群体》，河北师范大学硕士论文，2010 年。

余英时：《朱熹的历史世界：宋代士大夫政治文化的研究》，北京：生活·读书·新知三联书店，2011 年。

郁贤皓：《李白丛考》，西安：陕西人民出版社，1982 年。

袁志鸿：《道教正一派授箓与全真派传戒之比较研究》，《世界宗教研究》2003 年第 4 期。

詹石窗：《南宋金元的道教》，上海：上海古籍出版社，1989 年。

詹石窗：《吴筠师承考》，《中国道教》1994 年第 3 期。

张超然：《系谱、教法及其整合：东晋南朝道教上清经派的基础研究》，台湾政治大学博士学位论文，2007 年。

张广保：《蒙元时期全真大宗师传承研究》，载于《全真道与老庄学国际学术研讨会论文集》上册，武汉：华中师范大学出版社，2009 年。

张慕华：《论宋代上梁文演进中的"正"、"变"二体》，《江西社会科学》2010 年第 1 期。

张希清、田浩、穆绍珩、刘乡英主编：《澶渊之盟新论》，上海：上海人民出版社，2007 年。

张晓芝、黄大宏：《〈厨院新池记〉作者新考》，《四川师范大学学报》（社会科学版）2011 年第 3 期。

张昭炜：《〈东阳楼记〉中透视的周敦颐思想之精义》，《湖南大学学报》（社会科学版）2013 年第 4 期。

张泽洪：《宋代道教斋醮》，《宗教学研究》1996 年第 1 期。

张泽洪：《閤皂山灵宝派初探》，《中国道教》2004 年第 2 期。

张泽洪：《道教灵宝派授箓论略》，《世界宗教研究》2010 年第 4 期。

张泽洪：《早期天师世系与龙虎山张天师嗣教》，《社会科学研究》2012 年第 6 期。

赵玉玲：《王屋山道教研究——以碑刻资料为基础的分析》，河南大学硕士学位论文，2013 年。

曾国富：《道教与五代吴越国历史》，《宗教学研究》2008 年第 2 期。

郑群辉、庄万翔：《阄选住持：一个独特的僧官选举现象》，《宗教学研究》2003 年第 3 期。

郑浙民、褚树青编著：《近代西方人眼中的杭州》，杭州：杭州出版社，2004 年。

朱镜静：《南宋道教管理思想及宫观制度研究》，杭州师范大学硕士学位论文，2007 年。

朱玉麒：《唐人道教人物三考》，《中国道教》1995 年第 2 期。

［德］马克斯·韦伯著，洪天富译：《儒教与道教》，南京：江苏人民出版社，2010 年。

［俄］陶奇夫著，邱凤侠译：《道教——历史宗教的试述》，济南：齐鲁书社，2011 年。

［法］傅飞岚著，吕鹏志译：《二十四治和早期天师道的空间与科仪结构》，《法国汉学》第七辑，北京：中华书局，2002 年。

［法］索安著，吕鹏志、孙平等译：《西方道教研究编年史》，北京：中华书局，2002 年。

［美］韩明士著，皮庆生译：《道与庶道——宋代以来的道教、民间信仰和神灵模式》，南京：江苏人民出版社，2007年。

［美］贾志扬著，赵冬梅译：《天潢贵胄：宋代宗室史》，南京：江苏人民出版社，2010年。

［美］田浩：《朱熹的思维世界》，南京：江苏人民出版社，2011年。

［日］都筑晶子著，付晨晨译，魏斌校：《六朝后期道馆的形成——山中修道》，《魏晋南北朝隋唐史资料》第二十五辑，上海：上海古籍出版社，2009年。

［日］都筑晶子著，李济仓译：《六朝时代的江南社会与道教》，载于谷川道雄主编：《魏晋南北朝隋唐史学的基本问题》，北京：中华书局，2010年。

［日］蜂屋邦夫著，钦伟刚译：《金代道教研究——王重阳与马丹阳》，北京：中国社会科学出版社，2007年。

［日］福井康顺等监修，朱越利等译：《道教》（1—3卷），上海：上海古籍出版社，1990—1992年。

［日］近藤一成主编：《宋元史学的基本问题》，北京：中华书局，2010年。

［日］久保田和男著，郭万平译，董科校译：《宋代开封研究》，上海：上海古籍出版社，2010年。

［日］秋月观暎著，丁培仁译：《中国近世道教的形成：净明道的基础研究》，北京：中国社会科学出版社，2005年。

［日］斯波义信著，何忠礼、方健译：《宋代江南经济史研究》，南京：江苏人民出版社，2012年。

［日］石川重雄著，韩昇译：《宋元时代漳州的开发与寺僧》，《法音》2003年第5期。

［日］石川重雄：《东福寺藏〈佛鉴无准禅师行状〉——南宋寺院制度补论》，《国际社会科学杂志》（中文版）2009年第3期。

［日］松田佳子：《宋代上梁文初探》，《宋代文化研究》第八辑，1999 年。

［日］土田健次郎著，朱刚译：《道学之形成》，上海：上海古籍出版社，2010 年。

［日］漥德忠著，萧坤华译：《道教史》，上海：上海译文出版社，1987 年。

［日］小林正美著，王皓月、李之美译：《唐代的道教与天师道》，济南：齐鲁书社，2013 年。

［日］小林正美著，王皓月译：《中国的道教》，济南：齐鲁书社，2010 年。

［日］竺沙雅章著，方建新译：《宋朝的太祖和太宗——变革时期的帝王》，杭州：浙江大学出版社，2006 年。

［英］巴瑞特著，曾维加译：《唐代道教——中国历史上黄金时期的宗教与帝国》，济南：齐鲁书社，2012 年。

高橋文治：《張留孫の登場前後—伝授文書から見たモンゴル時代の道教》，《東洋史研究》，第五十六卷第一號，1999 年。

高橋文治：《承天観公據について》，《追手門學院大學文學部紀要》，第三十五號，1999 年。

高雄義堅：《宋代仏教史の研究》，京都：百華苑，1975 年。

吉岡義豊：《道教経典史論》，東京：道教刊行會，1955 年。

吉川忠夫編：《唐代の宗教》，京都：朋友書店，2000 年。

金井德幸：《宋代禪刹の形成過程—十方住持の法制化》，《駒澤大學禪研究所年報》第十五號，2003 年。

麥谷邦夫：《吳筠事跡考》，京都：《東方學報》第 85 冊，2010 年。

宋代史研究会編：《宋代の社会と宗教》，東京：汲古書院，1985 年。

竺沙雅章：《宋代官僚の寄居について》，《東洋史研究》41 卷 1 號，1982 年 6 月。

Edward H. Schafer, *Mao Shan in T'ang Times*, SSCR Monograph No. 1 Reviesed edition, 1990.

Franciscus Verellen, *Du Guangting* (850—933): *taoiste de cour à la fin de la Chine médiévale*, Paris: Collège de France, Institut des hautes écoles, En vente, De Boccard, 1989.

J. M. Boltz, *A Survey of Taoist Literature: Tenth to Seventeenth Centuries*, China Research Monograph 32, Berkeley: University of California Press, 1987.

Kristofer Schipper and Franciscus Verellen, *The Taoist Canon: A Historical Companion to the Daozang* (*Daozang tongkao*), Chicago: University of Chicago Press, 2004 (2005).

Lo-Shu Fu, *Teng Mu: A Forgotten Chinese Philosopher T'oung Pao*, Second Series, Vol. 52, Livr. 1/3 (1965), pp. 35-96.

Soymié, *Le Lo-Feou chan, etude de géographie religieuse*, Bulletin de l'Ecole Française d'Extrême-Orient, 1956.

Piet van der Loon, *Taoist Books in the Libraries of the Sung Period: A Critical Study and Index*, Oxford Oriental Institute Monographs, No. 7, London: Ithaca Press, 1984.

Stephen Bokenkamp, *Ancestors and Anxiety: Daoism and the Birth of Rebirth in China*. Berkeley: University of California Press, 2007.

后 记

2003 年 9 月，我从遥远的北国长春来到四时温暖、风景如画的中山大学，没想到这一待便是漫长的十余年，人生最美好的时光都是在中大珠海校区和康乐园中度过的。

大一我是外国语学院日语专业的一员，大二我转入历史学系。感谢日语专业的各位老师开明地同意我转系，感谢 03 级日语班的 30 位同学对我的照顾和支持。感谢时任历史学系辅导员胡海峰老师，他帮我办理转系的各种繁复手续。

大三我从珠海回到美丽的康乐园，选修了王承文老师的隋唐史课程，被王老师深厚的学养和一丝不苟的治学态度吸引，在王老师的指导下一口气写了学年论文和本科毕业论文。之后不久更是承蒙王老师错爱，我拜在他门下硕博连读。

在研究生阶段，博士论文的写作充满艰辛，王老师对我的论文付出了大量心血，从论文选题到文章结构，甚至文字语言都逐一修改。王老师不仅在学问上，而且在做人做事上也给我指导。博士延期之后，我失去了经济来源，王老师在经济上给了我非常大的帮助，保障我能继续完成学业。老师自己有不少课题和研究要做，还有繁重的教学任务，而我这么多年让他操了不少心。古话说一日为师，终身为父，千言万语也说不尽对王老师的感激。

感谢向群老师，他的敦煌学课程让我受益匪浅，在平时的学习和生活中，向老师也给了我很多帮助。感谢万毅老师，万老师是我论文预答辩委员之一，对论文的写作提出了重要的修改意见。感谢吴羽老师，他从道教研究的专业角度指出我论文的不足，并提醒我应当读哪些重要的著作和道教文献。

感谢曹家齐老师，大一时正是听了他的宋史课让我对历史学产生了浓厚兴趣，才下定转专业的决心，同时曹老师也是我的论文预答辩委员之一。感谢华南师范大学的陈长琦教授，暨南大学的勾利军教授，本系的景蜀慧老师、黄国信老师和温春来老师五位老师，他们是我的毕业论文答辩委员，对我的论文提出了非常专业和重要的修改意见，给我博士毕业的机会。感谢李丹婕老师在百忙之中抽出时间担任我的答辩秘书。

感谢刘勇老师，博一和博二跟随他做了两年的助教，还旁听了他的文献学课程，论文的附录一《〈洞霄图志〉的版本及其流传情况》就曾得到过刘老师的帮助和指正。感谢历史学系吴义雄主任、吴滔老师、谢湜老师、曹天忠老师、安东强老师、陈喆老师、林英老师、蔺志强老师、朱卫斌老师、温强老师，深圳大学的肖荣老师，陕西师范大学的权家玉老师，他们或在论文写作，或在平时生活中予以我照顾和指导，在此一并感谢。

感谢历史学系负责行政工作的龙波老师、徐泽洪老师、任虹老师、黄欣老师、贾虹老师、赖雪枫老师、何丽绵老师，她们在我身上花费了不少时间。感谢中大图书馆四楼古籍部的诸位老师，给我查阅古籍提供了不少方便。

　　感谢广东社科院的罗焱英老师，五邑大学的付艳丽老师，中大历史学系的张琰琰博士、宋平博士、戴方晨博士，清华大学的王斌博士，他们不仅对我的论文有所指正，而且对我的生活也有所照顾。感谢中大历史学系的豆兴法博士和张晓雷博士担任我的预答辩和正式答辩的秘书，这耽误了他们不少宝贵的学习时间。还要感谢历史学系其他关心过我的学长学弟。感谢博士班的十八位同学，相互砥砺，共同进步。

　　最后，感谢我的父母，还有老家的各位长辈，这十余年我不事生产，没有尽应有之孝，反而连累他们吃了很多苦，但他们没有一点怨言。

　　由于时间仓促，可能遗漏了很多关心和照顾过我的人，在此一并感谢，祝好人一生平安！

刘　凯

2015 年 11 月于康乐园

《儒道释博士论文丛书》已出书目

四川仁寿元皇派研究　　张军龙 著

老子哲学关系范畴研究　王　婧 著

图书在版编目（CIP）数据

杭州洞霄宫研究/刘凯著 . --成都：巴蜀书社，
2024.11. --ISBN 978-7-5531-2283-0

Ⅰ.B957.255.3

中国国家版本馆 CIP 数据核字第 20246EV393 号

杭 州 洞 霄 宫 研 究

HANGZHOU DONGXIAOGONG YANJIU

刘凯 著

责任编辑　王　楠
责任印制　田东洋　谷雨婷
出　　版　巴蜀书社
　　　　　成都市锦江区三色路 238 号新华之星 A 座 36 层
　　　　　邮政编码：610023
　　　　　总编室电话：（028）86361843
网　　址　www.bsbook.com
发　　行　巴蜀书社
　　　　　发行科电话：（028）86361852
经　　销　新华书店
印　　刷　四川宏丰印务有限公司
　　　　　电话：（028）84622418　13689082673
版　　次　2024 年 11 月第 1 版
印　　次　2024 年 11 月第 1 次印刷
成品尺寸　203mm×140mm
印　　张　12
字　　数　300 千字
书　　号　ISBN 978-7-5531-2283-0
定　　价　60.00 元

本书如有印装质量问题，请与印刷厂调换